LÉON DAUDET

La France

EN

ALARME

« C'est ma mère, je la
défends..... »

PARIS

ERNEST FLAMMARION, ÉDITEUR

26, RUE RACINE, 26

LA FRANCE EN ALARME

DU MÊME AUTEUR

LE PAYS DES PARLEMENTEURS

Un vol. in-18 jésus (15e mille). . . .   3 fr. 50

ÉMILE COLIN, IMPRIMERIE DE LAGNY (S.-ET-M.)

LÉON DAUDET

La France en Alarme

« C'est ma mère, je la défends. »

PARIS

ERNEST FLAMMARION, ÉDITEUR

26, RUE RACINE, 26

Droits de traduction et de reproduction réservés pour tous les pays,
y compris la Suède et la Norvège.

A JULES LEMAITRE

qui sacrifia héroïquement son repos pour défendre

la patrie menacée.

Admiration et affection.

LÉON DAUDET.

LA
FRANCE EN ALARME

LA SCIENCE ET LA CROYANCE

Je m'excuse pour ce titre prétentieux. Mais en vérité les niaiseries débitées d'un ton docte, par les pontifes de l'école du soir, à propos de la mort du Pape, sur le prétendu antagonisme de la science et de la croyance, ces calembredaines de primaires grimés en philosophes, appellent une réfutation. Je tâcherai qu'elle soit aussi nette et catégorique que possible.

Il n'y a pas, il ne peut pas y avoir d'antagonisme entre la science et la croyance, alors que les savants ne sont pas des fanatiques déguisés. La science relève de la raison et la croyance de la sensibilité. Dira-t-on qu'il y a antagonisme entre le verbe *apprendre* et le verbe *sentir*? La science, qui ne s'occupe et ne doit s'occuper que du *comment*, étudie les relations entre les phénomènes, les causes et les effets. La croyance, qui a trait au *pourquoi*, présuppose résolue la plus grande énigme de l'univers, ce qui laisse tout son champ à la résolution successive de toutes les petites énigmes partielles.

Ceci explique que de très grands savants aient été des

"

croyants sincères et qu'un Pascal au dix-septième siècle
et un Pasteur au dix-neuvième aient pu, à l'abri de la
religion, déployer leur puissant génie, sans aucune
entrave.

L'homme ne peut vivre par l'esprit et s'élever sans un
idéal. Cet idéal doit être assez haut pour qu'on ne puisse
l'atteindre, assez net pour que tous puissent le voir,
assez simple pour que chacun le sente et puisse l'aimer.
Les croyants sont des hommes qui ont fixé leur idéalisme, la position de l'étoile qui les guidera. Il n'y
a rien, dans cette précaution, qui les empêche d'être
des savants, c'est-à-dire de se frayer la route dans la
réalité, de tracer des chemins et des sentes, de déter-
miner des repères prochains.

Le fait de s'agenouiller pour la prière du soir indique,
toute question de dogme mise à part, que l'on s'humilie
devant la puissance suprême qui rend l'univers intelligible. Cette attitude vaut infiniment mieux, pour la
connaissance de l'erreur, qu'une attitude inverse d'orgueil et de confiance en soi.

J'admire l'inaptitude philosophique de ce remarquable
chercheur qu'est M. Elie Metchnikoff quand il écrit en
conclusion de ses *Etudes sur la nature humaine* : « *Pour
modifier la nature humaine, il faut aussi, avant tout, se
rendre compte de l'idéal auquel on veut aboutir, après
quoi on doit mettre en œuvre toutes les ressources dont
dispose la science pour arriver à ce résultat.* » Apprenez,
docteur, qu'un *idéal* auquel on *aboutit* cesse aussitôt
d'être un idéal et que, si l'humanité aboutissait jamais
à son idéal, elle ne pourrait plus que périr et disparaître
sur le champ, faute de stimulant pour progresser. Car
elle ne saurait demeurer stationnaire. Il y a quelque
arrogant enfantillage, de la part d'un esprit sérieux, à
décréter que la foi de l'avenir ne pourra être que *la foi
dans la puissance de la science*. Le champ du doute ne
s'étend-il pas à mesure qu'on le défriche ? Que serait la
foi dans une science dont la faiblesse nous apparaît quotidiennement et concurremment à la puissance ? Allons,

allons, le laboratoire, salutaire à celui qui constate, est mauvais pour celui qui, hâtivement, généralise.

Dans le fait quand le savant (et non la science) s'oppose à la croyance et la combat, c'est qu'il y a en lui un reliquat d'ancienne irritation religieuse, un dépôt hérétique, dissident ou schismatique qui fermente, même à son insu, et fait de lui un partisan, un belligérant, dans le moment qu'il s'imagine être un observateur impartial, froid et désintéressé.

Notre époque, où l'incrédulité est à la fois une mode, une forme de l'orgueil et un moyen de parvenir, notre époque turbulente et prétentieuse fourmille de ces faux esprits forts qui ne sont que des esprits faibles, intolérants et mal désaffectés, qui apportent à la critique des choses de la religion leurs aigreurs, leurs rancunes, leurs préjugés d'antan ou, par l'hérédité, les aigreurs, rancunes et préjugés de leurs ancêtres.

Il me faut, quant à moi, cinq minutes pour reconnaître, dans ce médecin, dans ce biologiste, dans ce physicien, dans ce chimiste si sûr de lui, si tranchant dans ses affirmations antichrétiennes, matérialistes, athées, etc., le fanatisme huguenot, ou la colère de l'ancien croyant révolté contre sa croyance, ou la sombre vindicte israélite. Je vous engage à en faire autant, chers lecteurs, pour les personnes de votre entourage qui, s'occupant de science, déclarent la croyance inadmissible et intolérable, et vous serez bientôt de mon avis. C'est un joli jeu de société.

Ni un individu, ni une famille ne sortent de la croyance *de plano* pour entrer tranquillement dans l'indifférence dite philosophique, s'étendre mollement et pacifiquement sur l'oreiller du doute de Montaigne. Il y a des stades inéluctables, des phases successives auxquelles correspondent des états d'esprit bien connus et des préoccupations déterminées. Ceux qui, au seizième siècle, ont quitté l'église pour le temple, partagent aujourd'hui leur zèle mal affranchi entre le temple et le laboratoire ou la bibliothèque. Je veux dire que leur incrédulité à forme scientifique a conservé l'ardeur de la Réforme et sa combativité.

Ceux qui prétendent avoir quitté définitivement la Synagogue pour le laboratoire, la banque ou la bibliothèque, n'ont pas oublié, n'oublieront jamais la Synagogue. D'ailleurs ici il s'agit d'une race, non plus seulement d'un tempérament religieux, et la race est indélébile.

Ceux enfin qui ont quitté l'Eglise en claquant la porte et vociférant des blasphèmes, gardent dans la bouche le goût du blasphème ; leur ton faussement calme ne saurait nous tromper. Nous percevons, sous leur ironie, le tremblement de leur voix irritée. La science doucereuse de Renan conserve une saveur d'apostasie.

Ces faux sceptiques, ces faux impassibles, ces faux indifférents, ces savants de la croyance reniée, non oubliée, secouent furieusement l'oreiller du doute comme s'ils étouffaient, sous lui, tantôt le cri de leur conscience inquiète, tantôt un vieux blasphème. La Science (avec un grand S) est un vernis de culture et d'instruction qui ne modifie en rien la structure morale, la condition spirituelle de l'âme sur laquelle elle est appliquée. Les moindres frissons et tressaillements de cette âme font craquer le vernis, qui s'écaille et laisse à nu la Sincérité.

C'est la religion qui modifie l'homme, le creuse, le fouille, le façonne, puissante auxiliaire de la race. La science passe sur lui sans le pénétrer. Elle est un souffle qui gonfle l'orgueil, tandis que la croyance est un flot qui bat, ronge et sculpte la conscience.

Or, aujourd'hui, plus que jamais, la croyance est nécessaire à l'homme. Car la surcharge des connaissances et le progrès de l'*analyse* (force distincte de la science, forme de scrupule désaffecté, mais qui utilise l'outil de la science) entraînent l'Humanité vers un fatalisme qui serait pour elle le pire fléau. La lutte de ce fatalisme et de l'orgueil inhérent à la nature conduirait vite l'être chez qui elle se produirait à la déchéance et à la folie. Tel fut le cas de Frédéric Nietzsche, l'athée type de notre temps, lequel perdit sa raison orgueilleuse, que ne sauvegardait nulle croyance, dans les tourments de l'analyse.

Ceux qui respectent en eux la croyance traditionnelle et transmise, comme une sauvegarde de l'esprit, ceux qui laissent à la haute sensibilité son domaine pieux et réservé, ceux-là ont donc l'immunité contre les poisons de l'analyse. Ils sont mieux aptes à être des savants véritables, à étendre leur expérience, à raisonner et à induire, que les sectaires ou les renégats qui mènent hypocritement une guerre religieuse sous le couvert et par le subterfuge de la sérénité scientifique.

DANS LA PRIÈRE ET DANS LA LUTTE

Tel est le titre d'un récent volume de vers de François
Coppée et ce titre se justifie dès les premières lignes de
la première pièce, *le Devoir nouveau* :

> Oui, je les vois hocher la tête,
> Mes compagnons du temps ancien,
> Et s'étonner que le poète
> Veuille finir en citoyen.

Les compagnons du temps ancien auraient tort de ho-
cher la tête. Il n'est pas de spectacle plus noble et plus en-
courageant que celui d'un grand écrivain, chargé d'honneurs et d'une juste gloire, qui se hasarde en pleine
mêlée, méprise les vaines injures et libère son âme de
patriote chrétien en criant, dans quel beau rythme, ce
que d'autres osent à peine murmurer.

Ce sera l'honneur des lettres françaises, ce sera la
rançon de l'ignoble Affaire et de ses conséquences plus
ignobles encore que des François Coppée, des Jules Lemaître soient apparus tout à coup, au-dessus des lâches,
des veules, des discutants, des ergoteurs et des timides,
comme les plus hardis et les plus braves. Ils nous ont
montré le chemin, nous ont sortis de notre torpeur. Ils
ont, sans nul espoir d'ambition personnelle — que pou-

vaient-ils bien espérer de plus que ce qu'ils tiennent ? — fait passer leur devoir profond, celui que formule l'instinct de la race, par-dessus les vieilles camaraderies, les vieilles routines, les vieilles hésitations. Ils ont dompté l'amour d'un repos bien gagné, dans les lauriers faciles et les flatteries. Je m'incline, pour ma part, avec une respectueuse admiration devant cès véritables guides.

Sans doute en eux la flamme veillait. Le goût de l'hé-roïsme — *Severo Torelli, Pour la couronne* — s'associe chez François Coppée au sens délicat et puissant de la pitié et de la douleur. Ceux qui traitaient Lemaître de sceptique ne voyaient de lui qu'une apparence. Le sourire sied aux audacieux. Il supplée la grimace de l'effort, donne au combattant un charme de plus. La force d'ironie et de gaieté mesure bien la valeur humaine.

Dans une pièce admirable et simple intitulée l'*Ombre de la Croix*, Coppée s'écrie :

> Mais, s'allongeant devant le soleil qui décline,
> L'ombre de cette croix lointaine, tout là-bas,
> Vient à notre rencontre en nous tendant les bras.

Il est des pensées, il est des formes sentimentales vers lesquelles nous tendons sans cesse de toute notre volonté, de toute notre énergie, et que parfois nous n'atteignons jamais. Il en est d'autres qui viennent au-devant de nous, comme mues par une nécessité mystérieuse. L'ombre de la croix et ce qu'elle enferme est de celles-là. L'indifférent s'aperçoit tout à coup que les branches croisées de son *peut-être*, que le carrefour de son *que sais-je* ont pris l'aspect miraculeux du calvaire. Un Dieu est à la place du doute.

Minute grave et sublime et qui nous change l'aspect du monde. Minute impérieuse, car elle commandera désormais toutes nos réflexions et tous nos actes. Comme l'amour humain incline la mémoire en ses plus voltigeantes parcelles vers l'objet aimé et souhaité, l'amour divin entraîne vers la foi et le sacrifice tout le réseau moral de l'être.

Il met en rapport, cè nouvel enthousiasme, des régions lointaines, même dissidentes de l'âme. Il fait diffuser vers le sensible le cercle étroit de l'intelligence. Il joint l'évidence à la ferveur. D'où une joie de renouvellement qui éclate à chaque page de cette œuvre lyrique : *Dans la prière et dans la lutte.* Mais il s'agit là d'un lyrisme aisé, presque familier, rythmé par les battements du cœur, non des vagues emportements où se complut naguère le Parnasse.

Lisez *Dans une église de village,* lisez *Une preuve,* lisez *Trois ans après.* En toutes ces pièces, sous les vers amples et touchants, volontairement dépouillés d'effet, vous percevrez l'émouvant murmure d'une harmonie intime et discrète. Quelque chose est né chez le poète qui rattache ses moindres paroles aux plus lointaines origines de la tradition. Il est parfumé de légende.

Le son des cloches dépasse toute musique parce qu'en nous, sous le flot mobile de la vie, il suscite l'âme prolongée, apaisée, en nappe de nos ancêtres, il fait briller les antiques reflets de la croyance et de l'espérance. Il a frappé tant et tant d'oreilles parmi ceux qui nous précédèrent qu'il est en nous à l'état latent pour ainsi dire depuis la naissance, et que, lorsque les cloches sonnent, le réel rejoint son fantôme.

L'amour de la patrie, pour des raisons voisines, dépasse en nous toute autre forme de l'admiration ou de la tendresse. Il se retrouve, se redécouvre en nous, par les circonstances, lorsqu'il y a amoindrissement ou péril national.

O triste philosophie de l'évolution telle que la comprennent les matérialistes et les sectaires, telle que l'exploitent les sinistres primaires à la manière de Léon Bourgeois, les doctrinaires de l'urne électorale, les affichés et les affichables, les théoriciens du comptoir ! Elle prétendit tout expliquer, cette « logeomachie » des francs-maçons, et tout réfuter en trois points. Allons, messieurs, soyez ministres, mais de grâce ne professez pas. Cuistres gracieux, à vos maroquins ! Laissez les gros livres tranquilles.

Elle n'a jamais compris, cette lamentable philosophie de l'évolution dont nous accable toute la séquelle, dont se targuent les navrants Bourgeois devenus de pires socialistes, que l'esprit humain ne se satisferait pas d'une histoire naturelle — abrégée d'ailleurs, sommaire et défaillante — comme explication de l'univers. Elle a confondu Darwin, qui fut un grand biologiste, avec Herbert Spencer, lequel ne fut qu'un scribe studieux, un généralisateur sans envergure. Quand un Léon Bourgeois, gonflé de sa sotte didactique, commente un Herbert Spencer, il commente un commentateur. On voit de quels ultimes rogatons ce qu'on colle sur nos murs est le déchet.

Quel soulagement aussi quand on entend le son d'une âme sincère, comme est celle de François Coppée, cristal où sont en suspension les plus fines qualités françaises, celles que le temps ne corrompt pas ! Quel réconfort qu'une strophe comme celle-ci :

> Vos ancêtres et vous avez mis dans ces pierres
> Un don surnaturel par vos saintes prières.
> Sous cette voûte, à tous les angles du granit,
> Divins oiseaux de l'âme, elles ont fait leur nid.

Les misérables qui croient profitable à leur intérêt de souiller, d'exploiter, de corrompre un pays tel que le nôtre ne se doutent pas des surprises que leur ménagent en ce pays les tempéraments et les caractères autochtones. Il est infiniment probable que les persécutions dirigées contre les militaires feront lever d'ici peu un grand capitaine, que les persécutions dirigées contre les religieux susciteront d'ici peu un grand orateur catholique. Les coquins croient bouleverser le sol. Ils le retournent et le fument et préparent la croissance du héros. Ainsi l'oppression jacobine, non pas la boueuse d'aujourd'hui, mais bien la vieille et la sanglante, favorisa l'essor de Chateaubriand et de Napoléon.

En attendant, nos tyranneaux ont transformé les écrivains et les poètes par l'indignation qu'ils inspirent. Que peuvent-ils penser du courroux d'un Coppée ? En public, ils haussent les épaules, le traitent de bondieusard, de vieux grognard. Mais seuls, en présence de ce qui leur sert de conscience, comment interprètent-ils ce libre renoncement d'un glorieux à tous les avantages de la tour d'ivoire, cette révolte acharnée d'un doux, d'un pacifique?

On manque d'en-avant dans la secte. On insulte bien les Sœurs de charité et les Frères des écoles chrétiennes. C'est là un sport peu dangereux. Mais quand il s'agit d'indépendants et qui ont bec et plume, Homais matamore rentre sa colichemarde et son pistolet de paille. C'est comique, c'est bouffon, mais c'est ainsi : il y a des gens que le ruban du grand salaire — ex-Légion d'honneur — ne tente plus et qui mettent n'importe quel décrotteur à cent pieds au-dessus de n'importe quel ministre de défense républicaine.

Dans la prière et dans la lutte, ce sont maintenant les deux champs clos de tous ceux qui aiment leur patrie.

Elle est curieuse à observer la transformation, même physique, de ceux qui, reconquérant leur personnalité vraie, faisant affleurer les forces profondes, se laissent porter à la bagarre par le vif courant traditionnel. Ils n'agissent plus, ils sont agis. Ils dépouillent tout le secondaire. Le principal, et qui les meut, c'est leur généreux objectif, la délivrance de la patrie.

Certes, François Coppée fut toujours un esprit rayonnant et un cœur enthousiaste. Même dans ses œuvres de début, on retrouve en lui, sous une apparence familière et discursive, cette puissance de sympathie, de compassion qui est la marque des prédestinés, cette tendresse vaillante sans laquelle il n'est pas de poète véritable. Il semble qu'au point de vue purement littéraire, une réaction poétique commence à se manifester qui nous ramènera des puérilités symboliques, des extases mornes devant soi-même, des nourritures compliquées à ce qui, dans tous les temps, fut le pain des poètes : l'impressionnabilité lyrique. Impressionnabilité qui s'attache à tous les motifs d'émotion, frisson qui va du froid au chaud et récolte, en chaque zone, des images justes, amples, di-

verses. On se rappelle la belle parole de Lamartine :
« Cette extraordinaire susceptibilité présage du génie,
si elle ne sombre dans la passion. »

Nous pourrions ajouter : si elle n'est soutenue, verté-
brée, par cet axe résistant, la tradition. Sans elle le poète
oscille et vacille. Il est une feuille dans la tempête, et rien,
après l'orage, ne saurait le ramener à la norme. Ce qui
donne à Verlaine un goût immuable, c'est le christianisme.
Ce qui donne le sien à Mistral, c'est l'amour de la petite
patrie provençale inclus dans celui de la grande patrie. Il
ne faut pas qu'un poète soit un nomade — fût-il de génie
comme Henri Heine — qu'il plante sa tente ici et là, dans
tous les domaines du sensible et dans tous les pays du
monde. La saveur de terroir est aux lyriques, ainsi qu'aux
vins, indispensable.

Or, chez François Coppée, cette saveur de terroir est
devenue saveur de frontière. Il est là, toujours prêt, sur
la zone dangereuse, porté par tous les beaux sentiments
que suscitent le danger et le voisinage de l'ennemi, et le
souffle de la foi l'anime. C'est pourquoi son trépied vibre
bien. C'est pourquoi de gloire littéraire il est devenu
gloire nationale.

LE BESOIN DE CROIRE

Les anticléricaux ont célébré la « Noël Humaine », sous la présidence de M. Gabriel Séailles, professeur à la Sorbonne, duquel nous attendons avec impatience une bonne biographie de Mœrdès, digne couronnement de ses longs travaux. Qu'est-ce que la Noël Humaine, sinon une parodie, à prétentions philosophiques, des fêtes de la Nativité, une mascarade mystico-matérialiste ? Cependant un congrès de la libre-pensée tient ses assises solennelles et maçonniques sous la présidence de M. Marcellin Berthelot. Académicien des deux académies, sénateur, ancien ministre, M. Marcellin Berthelot est insatiable. Quand il dort, il rêve portefeuille, et, réveillé, il quémande, implore et obtient, pour lui-même ou son entourage, places, sinécures, missions, gratifications. Il ne renonce à son cher laboratoire que pour stationner dans les antichambres. Actuellement, il croit que les Apaches sont les maîtres de la situation — ce qui n'est pas si mal supposé : c'est pourquoi il préside leurs travaux, accroche au-dessus des trophées de surins sa cornue-aumônière bienveillante et pacificatrice : « Pour les pauvres avides de l'Institut, s'il vous plaît... »

Voici, d'autre part, M. Anatole France — pourquoi diable s'appelant Thibaut, a-t-il choisi ce pseudonyme qui lui convient si peu ! — voici l'auteur de *Thaïs* et du *Lys rouge* passé par les offices à l'emploi de scribe de l'Intérieur, devenu préfacier de Combes. Celui qui fut un homme d'esprit et un écrivain de talent plante l'orme du mail place Beauvau et attend que le ministre — et quel ministre ! — sorte, pour lui offrir humblement ses services. On n'imagine pas un tel châtiment, une semblable déchéance. Voilà où mènent la débilité du caractère, les tâtonnements de conscience, le penchant à la servilité.

Ces faits et bien d'autres sont significatifs. Analogues et fréquents, ils témoignent d'un état révolutionnaire des esprits, sinon de la société. MM. Gabriel Séailles, Marcellin Berthelot et Anatole France, par leur intrigue ou leur faiblesse, sont des réactifs de la décomposition qui nous environne, gagne, s'étend et menace de tout submerger. La lèpre anticléricale est allée chercher chez eux, dans leurs bibliothèques et leurs fauteuils honorifiques, ces malheureux qui se croient des sages ou des habiles, et elle les avilit devant nous. Ils méritent plus encore notre pitié que notre indignation.

Mais il est un autre côté de la question. Les anticléricaux, les « penseurs » qui s'intitulent libres — parce qu'ils molestent la liberté des autres — me paraissent sacrifier singulièrement au principe d'autorité quand ils confient la présidence à des personnages connus ou célèbres. Que ne se contentent-ils de leurs Rabier, de leurs Gustave-Adolphe Hubbard, silhouettes vagues, falotes, presque anonymes qui rôdent par les limbes parlementaires ? S'entêteraient-ils dans ces vieilles habitudes surannées, bonnes pour de vulgaires traditionnels, qui consistent à reconnaître des chefs, des guides, des porte-drapeau ?

Comment, voilà des Apaches métaphysiciens, des spiritualistes du scalp qui organisent des fêtes avec solos de violons, récitations poétiques et le concours ineffable de divers artistes, et ils intitulent cette kermesse « Noël Humaine » ! Leur vocabulaire est-il donc si pauvre qu'ils

doivent recourir au cérémonial et à la liturgie d'un
dogme détesté ? Ils ont de la musique, à l'instar des
églises, des prédicateurs, à l'instar des églises ; ils
entonnent des hymnes de révolte, des cantiques rouges.
Ils adorent une idole en bois, bien fruste, bien grossière,
l' « Humanitarisme », la « Raison », la « Libre-Pensée »
— ils ne savent pas trop, — à laquelle ils prêtent leurs
naïfs préjugés, leurs poncifs, leurs superstitions à
rebours, à laquelle ils sacrifient, en tant que législateurs
ou maîtres de législateurs, des prêtres, des moines, des
Sœurs de charité. Ils récitent leurs prières sur l'Acropole,
sur le Pélican blanc, sur le caïman. Ils brandissent la
truelle maçonnique en maudissant le goupillon. Ils
excommunient et ils bénissent.

Ce faisant, ils ne s'aperçoivent pas, dans leur furieuse
candeur, que, menés par des apostats, des renégats, des
infortunés que leur ancienne tonsure brûle et affole
ainsi qu'un fer rouge, ils adoptent en tout et pour tout,
dans leurs manifestations, leurs paroles, leur conduite,
ce faux semblant, ce simulacre, cette interversion sacrilège qui est le stigmate de l'apostasie. Ils emboîtent le
pas à leurs mauvais pasteurs, se lèvent à l'ordre de la
clochette diabolique, se rasseyent au commandement.
Ce qui m'offusque chez ces derviches-hurleurs, qui sont
aussi des derviches-suiveurs, c'est la maigreur de leur
invention. Ils s'en tiennent désespérément au contre-
pied et pastichent la tête en bas.

Nietzsche, qui fut un négateur pour de bon, tellement
que, privée du contrepoids divin, son intelligence bas-
cula, renversa dans la folie ses métaphores, Nietzsche
raconte en son *Zarathoustra* que d'anciens croyants
devenus athées sous l'inspiration de l'Antéchrist, puis
laissés seuls, livrés à eux-mêmes, se mirent à adorer un
âne. Les anticléricaux de la « Noël Humaine » sont
comme les disciples de Zarathoustra. Ils célèbrent la
naissance de cet âne rouge, le matérialisme primaire,
selon un rite transmis par de mauvais prêtres.

Ceci nous prouve une fois de plus, chers lecteurs, que

le besoin de croire, aussi vif que la faim et la soif, est inhérent au cœur de l'homme et que tel qui croit l'arracher ne fait naïvement que le fausser. Ce qu'il y a de plus rare au monde — je ne dis pas de plus enviable — c'est un vrai sceptique, un être que, dans ses ancêtres les schismes, dans son individu les scrupules et tiraillements de conscience aient privé de l'appétit du divin. La médecine connaît des damnés qui ne sentent plus la joie ni la douleur, physique ni morale, qui n'éprouvent plus ni l'amour ni la haine, et qui donneraient leur triste vie pour une souffrance, une angoisse authentique. Le sceptique foncier appartient à cette catégorie. Il est un cas et non un type, un monstre qui ne forme pas de groupes.

En revanche, le croyant-à-l'envers pullule dans notre époque de transition, d'instruction laïque et obligatoire et de diffusion des lueurs. Chez lui, la foi devient crédulité et la mauvaise foi fanatisme. Son mysticisme, désormais sans emploi, aigri et tordu comme une tige où la sève circule mal, s'empoisonne. Il tourne à la manie et à la rage. Une crainte sourde l'assaille sans cesse. Pour la fuir, chasser ces scrupules qui n'abandonnent jamais le sang chrétien, il se jette dans le blasphème quotidien, dans le sacrilège sans répit. Blasphème et sacrilège perdent leur saveur s'ils se renouvellent trop souvent. L'esprit du mal persécute, mais ne répond point à chaque appel.

Apostat ou simple métis du catéchisme et de l'école du soir, le croyant-à-l'envers est mal à l'aise dans la solitude. Il a besoin de bruit pour s'étourdir. S'il va tapager dans les églises, s'il fonde des journaux outranciers, s'il organise des congrès, des fêtes infâmes, s'il vitupère à la tribune et dans les réunions publiques, c'est parce qu'une fois livré à sa conscience, quand il a tiré les verrous, il a peur. Son agression est à base de panique. Il se réfugie, pour se fuir soi-même, dans une intolérance active qui apaise momentanément ses remords, dont l'action s'use de plus en plus, comme celle de tous les narcotiques, et qui l'irrite bientôt sans l'engourdir.

Que peut-il attendre de sa propagande? Convaincre ceux qui sont demeurés, de près ou de loin, fidèles à la religion de leurs pères? Il leur offre, en échange de la paix morale, le trouble, le désordre, l'aberration. Au dogme d'amour il substitue une doctrine de haine. Pense-t-il entraîner les indifférents dans son cauchemar? Le tempérament de ceux-ci répugne, par définition, à toute forme de mouvement et de lutte, quelle qu'elle soit. Se flatte-t-il d'effrayer ou de conquérir les timides et les lâches? C'est un pâle troupeau, sans consistance, qui appartiént au premier criard venu, mais cesse de lui appartenir dès qu'un autre plus hardi le supplante. L'apôtre de l'anticléricalisme s'adonne donc à une besogne absurde, à un de ces travaux d'esclaves qui portent l'eau à la rivière, construisent, puis démolissent, dans la même journée, une même maison.

Ecoutez-le parler au peuple. Tenter de détruire la religion, c'est, en somme, s'attaquer à l'espérance, au seul idéal consolateur. Il s'agit donc, pour ce prédicateur retourné, de mettre le paradis sur la terre à l'aide de ces illusions sans chaleur que l'on appelle des utopies, de remplacer la locution « après la mort », qui a un sens plein, par le mot « demain », qui est vide de sens quand on en fait une promesse vague. Il s'agit de substituer à la terreur de l'Enfer la double terreur de la souffrance et de la responsabilité ici-bas. La liste de ces récompenses immédiates et terrestres, forcément négatives, est d'ailleurs facile à dresser. Chacune d'elles est une prohibition.

Il ne faut plus de douleur physique : donc, adorez le dieu narcotique. Il ne faut plus de douleur morale : le même venin vous rendra des services, si vous y joignez l'égoïsme, le divin Moi. Ici, les apôtres se scindent. Les uns conseillent encore le travail, mais le travail joyeux (?) en commun. Les autres crient bravement, logiquement : « A bas le travail ! » Je vous signale ce petit schisme sans y attacher trop d'importance... Il ne

faut plus d'enfants : donc, adorez le bonhomme Malthus.
Il ne faut plus de maladies : agenouillons-nous devant la
science qui, lundi matin au plus tard, rendra les hôpi-
taux et les médecins inutiles. C'est, en effet, une des
affirmations gratuites de l'Evangile interverti que le
progrès est toujours constant et la science toujours bienfaisante. Si d'aventure vous sentez en vous cet antique
appétit du miracle, aussi nécessaire à la vie que l'air,
l'eau et le feu, eh bien, satisfaites-le avec le radium qui
échappe aux lois actuellement admises. Il y aura bien
toujours un radium quelconque sur le chemin de traverse de votre Damas en réduction.

Jamais nous n'avons vu tant de desservants et de néophytes que depuis qu'on pourchasse le clergé, tant
d'idoles que depuis qu'on abat les crucifix, tant de
gobeurs que depuis que l'on traque le besoin de croire.

L'AME CHRÉTIENNE ET L'AME PAIENNE

Œdipe Roi, joué par Mounet-Sully au théâtre d'Orange, dans la terreur d'une nuit incomplète, la plastique du plein air et du vent, sous la majesté des étoiles, est, de l'avis de tous les spectateurs, une chose magnifique. Suscité par l'endroit et la circonstance, le grand tragédien se dépasse lui-même. Il éprouve et manifeste, selon un rythme puissant et sûr, toute l'horreur lentement aggravée du monstrueux secret qui se dévoile. En lui s'agite l'esprit antique que nous portons tous plus ou moins, chargés de culture classique, que surent exprimer avec splendeur les Paul de Saint-Victor, les Leconte de Lisle, les Louis Ménard, pour ne citer que les plus récents et les plus fameux.

On sait par Rabelais quel fut l'effroi du nautonier qui, frôlant les rivages sacrés de l'Hellade, perçut, dans les ténèbres commençantes, ce cri funèbre : « Le Dieu Pan est mort ! » Il lui sembla que les arbres se desséchaient, que la mer balançait des sirènes expirantes, que les faunes, lâchant leurs flûtes de roseau, s'affaissaient dans les clairières où la lune apparaissait comme un linceul. Il entendit, vers l'horizon, le bruit des temples qui s'écroulent. Ce qui, pendant tant de siècles, avait fait la crainte et la joie des humains rentrait dans l'éternel silence, dans la désillusion sans remède.

Ce regret de l'Olympe païen, des formes agrestes et charmantes, ou décevantes, ou redoutables, dont il peuplait la terre et les eaux, cette nostalgie d'un harmonieux passé est demeurée, depuis le matelot de Rabelais, au cœur d'une multitude de poètes, de savants et de philosophes. Le nombre serait grand de ceux que l'on pourrait citer et qui, à diverses époques et sous des climats différents, traduisirent la mélancolie ardente que laisse le départ des légendes et même des superstitions. De temps en temps le plaisir de l'humanisme, la lecture attentive ou enivrée d'un de ces illustres ancêtres qui sentirent si vivement la vie universelle et la peuplèrent de tant d'images, de tant de figures qui s'élevaient au-dessus d'elle dans une vapeur de vénération, de temps en temps ce don de réminiscence suscite un Shelley, un Keats, un Chénier, un Novalis, un Henri Heine, un de ces hallucinés du classicisme. Ils réaccordent le luth brisé. Ils en tirent des sons merveilleux où nos oreilles étonnées reconnaissent d'anciens souvenirs.

Quoi de plus dramatique, en ce sens, que la barque du poète de l'*Intermezzo* où sont groupés les dieux de l'Olympe, que ce noir passage vers l'oubli de la blonde Vénus, du dur Vulcain, de Jupiter chargé des baguettes et carreaux de sa foudre! Quoi de plus obsédant que ce fantôme d'Hélène qui parcourt le deuxième *Faust* de Gœthe dans une lueur de purgatoire! Quoi de plus significatif que l'ombre de Virgile accompagnant le Dante en sa traversée des enfers comme pour renouer la chaîne des mythes défunts à la nouvelle ferveur!

Cette hantise du paganisme se rencontre aussi chez Byron, dont l'âpre génie ramassait, recueillait tous les frissons connus. Elle est chez Robert Browning jointe, en un curieux assemblage, à un amour effréné de la controverse philosophique. Elle apparaît dans ces vers de Hugo :

> Dieu, quel sinistre bruit font dans le crépuscule
> Les chênes qu'on abat pour le bûcher d'Hercule!

Il serait facile de multiplier presque à l'infini les
exemples de cette curiosité régressive, qui est plus qu'un
jeu de la mémoire, qui semble un réveil partiel, dans
l'âme moderne et chrétienne, de l'homme d'avant la Révélation.

Ce ne fut pas seulement le vrai Dieu qui se dressa, il y
a dix-neuf siècles, sur la Croix pour le salut de tous les
pécheurs, ce fut aussi le monde de la vie intérieure, cette
conscience morale si riche, si pleine et si inépuisable, où
toutes les formes de l'art et de la pensée durent puiser
désormais le sang et l'eau. Le tourment d'Œdipe aveugle,
vagabond, chargé d'une destinée infamante, d'une souillure difficile à laver, étant devenu, de par la loi divine,
le sort commun de tous les pécheurs, l'idée du rachat et
de la rédemption par le sacrifice de soi, par la douleur,
alluma, au-dessus de la beauté antique, une beauté plus
ardente et plus claire. Le mot sacré : *aimez-vous les uns
les autres*, dépassait toutes les énigmes du sphinx. Les
propos de la sainte Cène faisaient reculer dans la pénombre les plus somptueux discours du *Banquet* de
Platon.

Jamais plus, malgré les efforts vains de l'apostat Renan et de ses émules, jamais plus le monde, troublé par
une beauté plus haute, ne devait revenir à la simple et
désuète *Prière sur l'Acropole*. Il y avait dans les cœurs
autre chose que l'amour des lignes, des formes et des
paysages. A côté du désir mystique, le désir sensuel parut
peu de chose.

Même quand les poètes retraçaient les affres et les angoisses des passions, ils devaient maintenant tenir
compte des Evangiles. La face des héros avait changé.
Ils mouraient la tête levée vers une espérance. Leur âme
ne fuyait plus indignée sous les ombres comme dans
l'épisode virgilien. Elle se résignait à la métamorphose
d'une vie terrestre en vie éternelle. Comme un fanal à
l'entrée de la grotte, l'exemple divin demeurait placé à
l'origine de tout altruisme. Celui-là se rapprochait de Dieu
qui versait son sang pour son semblable. La beauté ratio-

naliste de la tranquille mort de Socrate et de ses derniers enseignements était dépassée par la sublime nuit
du jardin des Oliviers d'aussi loin que le sacrifice du
Messie pour le genre humain surpasse la fidélité du citoyen aux lois de la cité.

Une sensibilité nouvelle, dont il n'y a pas trace anté-
rieurement, déferla sur la civilisation. La foi submergea
tout. Depuis lors, même aux périodes de sécheresse et
quand elle se retire, elle laisse aux sceptiques et à ceux
qui se croient athées des tournures d'esprit. Il serait curieux et facile de retrouver, chez les plus notoires parmi
nos matérialistes contemporains, une irritation en
quelque sorte confessionnelle et même l'appétit du martyre. On se dévoue à la science, on s'immole à elle, ainsi
que nos missionnaires se dévouent à la propagande et
meurent pour la cause du Christ. On entre au laboratoire
comme au couvent. On prononce des vœux de laïcité. La
forme du renoncement n'a pas varié.

Il est temps d'affirmer cette vérité que cette science
moderne dont nous sommes si fiers, ne fut jamais qu'un
schisme de la foi. Elle se glisse dans les âmes préparées
par la libre critique et le libre examen. La poussée scientifique formidable du dix-neuvième siècle est une conti-
nuation du même esprit qui produisit au seizième siècle
la Réforme. Il y a une science humanisée, si l'on peut
dire, qui ne cherche pas à pénétrer dans le sanctuaire
dont elle est issue, qui laisse sa place au dogme et leur
ferveur aux croyants, qui ne suscite point des révolutionnaires. Cette science est, dans le cours du siècle qui
vient de finir, celle des Laënnec, des Bichat, des Potain,
des Pasteur. Elle progresse d'autant mieux qu'elle ne
s'use point en luttes vaines ni en controverses stériles et
qu'elle respecte toutes les libertés, toutes les susceptibilités.

Mais, en face de celle-ci, il y a une science brutale et
tranchante, hautaine, glacée d'orgueil, qui s'imagine
follement, parce qu'elle ordonne une partie du domaine
de l'intelligence, commander le domaine du cœur. Elle

s'est posée, cette arrogante, en antagoniste de la foi. Elle est devenue l'ultime raison de prétendus libres-penseurs, qui ne sont que des asservis ou des pontifes. Nous avons eu, ces dernières années, de douloureux exemples de ces faux savants qui généralisent leur rudiment jusqu'à l'internationalisme, jusqu'à l'antimilitarisme, jusqu'à l'anticléricalisme. Ils prétendirent traiter un acte de trahison ainsi qu'une expérience douteuse. Pour un peu, afin de se convaincre, ils eussent prié le capitaine de recommencer. Chez ceux-là des passions ardentes de sectaires ou de défroqués sont recouvertes d'un faux vernis d'indifférence qui craque à la moindre alerte, d'un ton docte qui n'en impose pas.

Ces messieurs reconnaîtront bientôt qu'un drapeau n'est pas un tableau noir et qu'on ne joue pas avec les destinées d'un grand pays comme avec des vieux textes ou des substances chimiques.

Mais est-il besoin d'une longue démonstration pour prouver que l'âme moderne est toute imprégnée de christianisme ? Nos manières de réagir, notre sens de la pitié, de la douleur, de la révolte ou de la soumission ont été modelés et pétris pendant tant de siècles par la divine loi qu'il ne nous est plus possible de nous évader. Il est comique d'entendre un ministre affirmer, comme le fit l'autre jour M. Camille Pelletan, qu'il s'agit, aujourd'hui ou jamais, de secouer la tutelle religieuse et de marcher, le regard laïque, vers des problèmes dépouillés de toute interprétation dynastique. Je sais bien que M. Pelletan est dans l'état d'esprit de ce chirurgien qui n'avait jamais rencontré l'âme sous son scalpel. Il ignorera donc toujours que ce qui mène le monde, c'est précisément ce que ne tranche aucun instrument, ce que n'extirpe aucun décret : l'Idée, avec un grand I, monsieur le ministre, comme vous écrivez sans doute le mot Liberté, à la façon des primaires jacobins qui réservent les majuscules aux mensonges.

La liberté vraie, c'est le christianisme qui la fit connaître au monde. Il effaça sur terre l'esclavage et, dans le ciel, ce signe de la fatalité qui pesait si lourdement sur les hommes. Il permit même au paganisme de réapparaître parfois dans les poèmes et les tragédies. Il redressa les âmes courbées par cet automatisme du destin implacable qui fait l'antiquité si rude. Il tamisa, varia, colora la lumière spirituelle, la lumière d'en haut. Il substitua le vitrail à la baie. Il eut le baume du miracle, qui légitime toute espérance et panse les plaies de la nécessité. C'est cette conception du miracle, si profondément gravée en nous, qui fait que nous écoutons *Œdipe Roi* avec une secrète impatience. Dans ce déchaînement de crimes et de fléaux nous attendons quelque chose qui n'était pas encore, qui ne devait venir que plus tard, qui balbutie, avec Antigone, le Rachat et la Rédemption.

LES DEUX JEUNESSES

« En même temps que M. le président du conseil, nous apercevons, dans les lointains de l'aurore, deux jeunesses grandissant côte à côte, élevées, l'une à l'ombre de dogmes, l'autre dans le rayonnement de la science, et qui, à l'heure venue de la maturité, n'auront plus rien de commun ensemble. »

(Discours de M. Viviani, séance du 6 novembre.)

MM. Waldeck-Rousseau et Viviani ont parfaitement raison : deux jeunesses grandissent en France, mais elles se répartissent et se départagent autrement que ne le croient l'ex-président du conseil et le représentant socialiste ou qu'ils ne font semblant de le croire.

Il y a une jeunesse traditionnelle et une jeunesse révolutionnaire. Remarquons, en passant, que la tradition n'est pas la routine, et que la révolution n'est pas l'évolution. Ceci pour satisfaire les pions imprévus et comiques que l'on rencontre parmi les *Copains de la Lumière* et les *Lurons de la Vérité*.

Or, l'enseignement religieux et chrétien, lequel est par essence traditionnel, peut tomber dans des âmes rebelles, des âmes d'apostats, dont il exaspérera la révolte.

Au lieu que l'enseignement laïque, qui mène droit à la révolution, renforcera souvent, par le contraste, le tempérament traditionnel, lui révélera sa propre nature.

Pour prendre des exemples nets, Lamennais et Renan sont deux beaux types de révolutionnaires à culture traditionnelle. Au lieu que nous sentons malgré tout, chez Michelet, une âme traditionnelle — amour de la patrie, de la famille et du foyer — qui se débat sans cesse sous l'étreinte d'une culture révolutionnaire. Et il n'y a pas chez lui, même dans ses pages les plus violentes, les plus paradoxales, cette odeur vireuse et nauséeuse, qu'entraîne, chez les deux premiers, la malédiction de l'apostat, cette Influence que, selon la légende, Montalembert et Lacordaire remarquèrent avec effroi chez le maître, lors de leur ultime entretien à La Chênaie.

En d'autres termes, les lois que nos « parlementeurs » fricassent sur les éviers du tout-au-Sénat, ces lois, à coup sûr scélérates, seront heureusement inefficaces et vaines quant à leur but avoué, qui est de déchri. tianiser la France.

Il est même plus que probable que la persécution religieuse, comme il arrive, suscitera, parmi les traditionnels molestés, une irrésistible légion de pamphlétaires et d'orateurs qui n'auront pas de peine à pourchasser les démolisseurs et les démagogues du ministère à la tribune, de la tribune aux bureaux, et des bureaux aux marchands de vin, qu'ils n'auraient jamais dû quitter.

Car il est remarquable que ces terribles mangeurs de prêtres — en surcroît des spooms et des homards à la Lucullus — tendent à nous imposer la philosophie du comptoir, cette bonne vieille philosophie titubante où un romantisme attendri interrompt tout à coup les apostrophes du papa Duchêne et les blasphèmes en bonnet phrygien. Après quoi l'on devient raisonnable, — on est des citoilliens, sacrebleu, — et l'on écoute pendant quatre heures d'horloge le brave petit discours du rigolot Léon Bourgeois, sur la solidarité sociale, la réintégration partielle et économique du prolétariat internationalisé. His-

toire de se sécher le gosier. C'est honnête, instructif et
cordial.

Une des caractéristiques du révolutionnaire, c'est qu'il
meurt d'envie d'enseigner aux autres, tout de suite, ce
qu'il vient d'apprendre rudimentairement lui-même, de
montrer aux autres la vérité, qu'il a là, toute neuve, dans
sa poche.

Il a hâte d'organiser un bureau, une conférence, n'importe quoi où l'on parle, où l'on rappelle à l'ordre et à la
question avec un président, lui ; une sonnette, la sienne ;
un verre d'eau, le sien ; des auditeurs épatés, ses camarades... C'est pourquoi il reproche à la Congrégation de
vouloir faire des prosélytes... Et surtout pas d'interrup-
teur, pas de contradicteur... Ah ! mais !... On est pour
la liberté ici.

Une autre caractéristique du révolutionnaire, c'est qu'il
procède volontiers par intimidation. Il s'imagine, on ne
sait pourquoi, que ses adversaires tremblent de peur dès
qu'il élève la voix, roule de gros yeux, agite sa trique,
comme dans les comédies de Molière. Il en est resté à la
conception du bourgeois grandement épouvanté qui
claque des dents derrière son judas. Il est Rodomont et
Spavento : « De par le vermois, où sont-ils, où se cachent-
ils, ces lâches, ces Krapules, que je les massacre, que je
leur tire les boyaux ! » Ah, mon pauvre ami, s'il vous
faut tirer les boyaux de tous les Français qui dans dix
ans iront à la messe, cela vous fera un joli serpent.

Encore ceux-ci peuvent être des indépendants, des
convaincus, des outranciers, mais les autres... les incendiaires à face de juristes, les sectaires tapis dans leurs
maroquins, ceux qui chaussent, afin d'étrangler la société, des espadrilles gouvernementales... les dupeurs
du peuple qui lâchent leur coupé, à la lisière des faubourgs, pour porter aux malheureux la bonne nouvelle
en sapin, qui allument consciemment la grève, puis
« laissent passer » l'ordre de fusiller le gréviste, qui élu-
dent la bataille sincère et se réfugient, en redingote du
bon faiseur, dans une logomachie à deux fins, dans une

dialectique sans péril, qui font marcher les naïfs et les emballés à leur place... Ce sont ceux-là qu'il faut maudire, qu'il faut poursuivre et châtier.

Oui, dans dix ans au maximum, élevée ou non dans les écoles libres, chez les Jésuites, même dans l'Université, la jeunesse traditionnelle, instruite par l'expérience, exaspérée par l'oppresseur, aura repris confiance et courage, étudié et compris les sacrifices et les réformes nécessaires, et tirera la France du cloaque dangereux et ridicule où nos frères étrangers voudraient bien la voir enfoncée pour toujours. Enfin, pourquoi nos frères étrangers, nos frères quatre-points, si vous voulez, qui meurent d'amour pour la justice, ne l'appliquent-ils pas tout de suite dans leur pays? Et pourquoi ceux d'entre eux qui ont le prurit révolutionnaire ne désorganisent-ils pas leurs armées, à eux, et ne mettent-ils pas le feu à leurs propres capitales au nom de la lumière et de la chaleur?

La jeunesse traditionnelle, si elle veut vaincre, devra entrer en lutte avec la Révolution sur le terrain de l'intelligence, sur celui du sentiment, sur celui de la morale politique. Elle devra, par la persuasion et la ténacité, s'imposer à l'avenir de notre pays.

La tradition enseigne à l'intelligence que toute la force vient de la race, qu'il est sot de renier ses ancêtres, lesquels, à notre insu, réapparaissent, revivent dans nos pensées, dans nos paroles et dans nos actes. Un pays est un sillon droit où la graine lève suivant une norme. Ce qui biaise, ce qui contrarie la ligne de direction et d'harmonie, cela c'est la Révolution. Cela ne sert qu'à amener des réactions épouvantables, injustes à leur tour, et qu'il faut, à tout prix, éviter. La Liberté? oui, mes amis. La Fraternité? mieux encore. L'Egalité? c'est impossible.

L'égalité est impossible parce que la société en vie et en marche ne saurait être une arithmétique — parce que le génie, le talent, l'habileté décoordonnent, disproportionnent à toute minute le rapport du travail et du salaire — parce que les uns vont plus vite, les autres plus

lentement, les uns avancent, les autres retardent — parce
que la course de l'humanité est un perpétuel saut d'obstacles où les meilleurs jarrets triomphent. Mais cette différence de conditions se tempère par la charité.

C'est ici que la tradition vient en aide au sentiment. Il
faudra donner, ô mes contemporains, encore, toujours et
de plus en plus, donner sur les routes et dans les villes,
sans enquêtes et sans préambules, sans exiger de certifi-
cats, de garantie, ni de reconnaissance. Savoir donner
est un grand art et l'heure actuelle est bien pressante. Il
est indispensable que la charité n'ait pas l'air d'un sacrifice, n'ait pas l'air d'une condescendance. Elle est obligatoire et nécessaire. Ainsi comprise, elle n'humilie pas
celui qui reçoit. Elle vise un lien fraternel, non une obligation. Elle est immédiate, privée d'état civil et vraiment
efficace. Et quel dissolvant de l'envie et quel antidote de
la haine !

La tradition enseigne au sentiment que, suivant le
mot de Rabelais, science sans conscience n'est que ruine
de l'âme. La science, quels que soient ses avatars, ne
modifiera jamais la condition humaine au point que la
créature puisse se passer d'un Idéal, d'une belle image
hors de sa portée. En dépit du poète, tout bonheur que
la main atteint a bien vite cessé d'être un bonheur, et le
bonheur complet n'est jamais qu'un rêve. Aux aspirations hautes que comporte la stature verticale, il faut un
but extra-terrestre.

La tradition enseigne au sentiment que le surhomme
de Nietzsche, fleuri de toutes ses passions, sans frein et
sans lisières, ne pourrait pas vivre. La disparition complète de la croyance amène une décompression de l'esprit
dont la révolution est l'image sociale : le délire de l'orgueil, le délire sensuel, l'obsession insoutenable de la
réalité devenue blessante, l'égarement des images trop
nombreuses et trop vives, et la mort.

Quittons ces *templa serena*, qui font sourire M. Léon
Bourgeois dans sa vieille barbe et la cliqué de parlementeurs qui élèvent, dans leurs pupitres, le hanneton anti-

clérical. Revenons au devoir des traditionnels sur le terrain de la politique.

Ce devoir sera simple. Ils n'auront qu'à être patriotes. Tout ce qui augmente la puissance et le culte de la patrie devra être par eux exalté. Tout ce qui diminue cette puissance et ce culte devra être, par eux, combattu.

Car la patrie, c'est le patrimoine. Sans elle, il n'y a plus ni langue, ni poésie, ni art, ni culture.

Et il est insensé de croire, fût-ce au nom des meilleures intentions, que la patrie pourra, un jour, défubler son armure et déposer ses armes. Car le risque de ses enfants est condition de sa grandeur, leur mépris de la mort raison de sa survie.

Quand la jeunesse révolutionnaire lui dira du mal de l'armée, la jeunesse traditionnelle lui répondra : « C'est encore cette armée que tu maltraites qui pourra concilier le mieux ton appétit de lutte et mon désir de conservation. »

Enfin, la jeunesse traditionnelle respectera la religion et la liberté comme les deux sauvegardes communes à l'âme individuelle de chaque Français et à l'âme nationale de la France.

LES BARBARES DE DEMAIN

Je suppose que LL. EE. les cardinaux Richard, archevêque de Paris, et Langénieux, archevêque de Reims, ne
se sont pas fait de grandes illusions sur le sort officiel
réservé à l'admirable lettre par eux adressée à M. le président Loubet. Sans doute, M. le président Loubet est
désolé, navré, — il l'affirme du moins à ceux de ses
familiers qui vont à la messe — des événements monstrueux qui se passent sous sa signature. Il ne la donne,
cette signature, qu'en rechignant et qu'en tremblant,
avec des remords affreux qui lui gâtent ses chasses, ses
« tirés », ses promenades au bois, ses innocents plaisirs.
Il déteste et méprise, avec l'accent méridional, les
« banndits » qui le contraignent, par la menace, à légaliser les bannissements, les expropriations, les expul-
sions, et autres mesures contraires au droit des gens,
conformes aux ordres de la franc-maçonnerie.

Ce désespoir et cette indignation n'empêchent point,
cependant, l'incomparable serviteur des loges de signer
du matin au soir, de signer encore, de signer toujours.
Il proteste de la main gauche, pour la postérité invisible,
cependant que la main droite, péniblement, calligraphie
l'acquiescement d'une petite moitié de la petite conscience ; la voix honnête et traditionnelle, la bonne voix
ancestrale de Montélimar murmure : « Ce n'est pas

bien ; tu as tort, compère. Tu ne l'emporteras pas en Purgatoire. C'est un désagréable vis-à-vis que celui que l'on fait à Ponce-Pilate. » La voix ambitieuse et asservie, la voix du fauteuil crie : « Croche-le, mon bras, et appuie-toi. Si l'on voulait m'enlever à toi, cramponne-toi à ton paraphe. »

Cruel débat ! Affreuse alternative ! M. Loubet préfère rester, et la mort dans l'âme timide, obéir. Il enfouira, au fond d'un tiroir secret, la lettre des deux vénérables prélats et le soir, quand tout l'Elysée dort, il ira la relire en cachette.

A sa méditation bourrelée, je recommande surtout ce passage : « Vous tenterez un effort pour arrêter cette nouvelle barbarie, car c'en est une, qui menace de tout asservir », et quelques lignes plus bas : « Car la libre-pensée n'a point de morale ; elle n'a que des opinions, c'est-à-dire des doutes, et aucun autre principe que l'intérêt. » Enfin, si peu philosophe que soit ce maître en signatures, je me permets de signaler à sa douloureuse réflexion ce paragraphe concis et lourd de suc : « Est-ce que, à des indices déjà trop visibles, il n'est pas évident que, malgré les progrès de la civilisation matérielle, la civilisation morale, la vraie civilisation penche déjà vers la ruine, que l'équilibre est rompu et que notre société ne vit plus que des restes de l'ordre renversé. »

L'autre jour, dans la banlieue de Rodez, à Lescure, un charmant anticlérical de treize ans, le jeune Marius Matha, faillit faire sauter le presbytère et les six personnes qui s'y trouvaient. Il avait préalablement tracé à la craie, sur les volets d'une maison voisine, cette inscription : « Si dans trois jours le curé et les vicaires ne sont pas partis, nous les assassinerons. » Ce néophyte était en avance sur sa génération. Mais dans quelques années, je vous le prédis, les Marius Matha seront légion et cette formule, « la barbarie nouvelle », les caractérisera parfaitement.

Ces barbares de demain auront reçu, de leurs maîtres et contremaîtres, des primaires ministres à soixante

mille francs par an, des primaires députés à neuf mille
francs, des primaires régionaux et locaux à deux cents
francs par mois, auront recueilli, dis-je, de cet enseignement régressif et descendant, des notions incomplètes et embrouillées. Ils auront lu des extraits de Zola,
capables de fumer leurs jeunes intelligences, et des
extraits de MM. Buisson, Clémenceau ou Sembat suscep-
tibles de les endormir. Ils auront dégusté la phraséologie de M. Delpech et la logique de M. Léon Bourgeois, le
métaphysicien le plus diffus qu'ait produit le départe-
ment de la Marne.

Ils auront pâli lentement sur les discours de M. Combes
et les interprétations ingénieuses que leur donne le premier introducteur de ce ministre, l'ancien écrivain français devenu, par les offices, scribe officiel, M. Anatole
Thibaut, dit Anatole France par antiphrase. Ils auront
applaudi, le dimanche, les pièces sociales de M. Brieux
et de ses émules sur la traite des blanches, la rougeole,
les rayons X et la révolution sociale ; consacré le lundi,
jour éminemment laïque, à l'étude approfondie de l'ab-
sinthe qui donne la joie pour deux sous, des amers qui
complètent son paradis verdâtre ; pioché, du lundi au
jeudi, le manuel de l'antimilitariste, l'art de traiter les
officiers comme ils le méritent, suivi, du jeudi au samedi,
des conférences sur le malthusianisme, la chasse aux
prêtres et l'internationale.

A ces petits barbares en mauvaise herbe on aura in-
culqué le mépris de toute la morale traditionnelle sur
laquelle s'appuyaient, pour vivre, leurs grands-parents
et leurs parents. Le catéchisme du Grand-Orient leur
aura transmis sa doctrine : « Dépassez-vous, exploitez-
vous, expulsez-vous les uns les autres. » Ils auront eu
autour d'eux, à l'âge où l'on est le plus impressionnable,
comme exemples, des spectacles d'oppression et de
lâcheté. Ils auront vu les bonnes Sœurs passer, le visage
dans leurs mains, entre des serruriers et des gendarmes,
de vieux moines sans abri, sans secours, d'abjects
tyranneaux de village décorés et triomphants

La teinture de « civilisation matérielle » sera, sur leurs
débiles esprits, comme un tatouage représentant des
automobiles, des fils électriques, des images sans liaison
et sans portée. Ils concevront de ce rudiment un vain
orgueil. Comme on leur aura sans cesse parlé de liberté,
sans leur expliquer la valeur idéale et lointaine de ce
mot tout relatif, ils se croiront libres de supprimer les
obstacles gênants, de voler pour jouir, de tuer pour être
les seuls maîtres. La terre sera pour eux une arène sanglante où celui qui ne détient pas la force immédiate et
brutale n'a droit à aucune commisération. Ainsi se for-
meront ces jeunes fauves.

« La civilisation morale est la vraie civilisation. »
Parole juste et profonde, que tous les prédicateurs de-
vraient prendre pour thème, tandis qu'il y a encore des
chaires dans les églises et que les églises sont encore
ouvertes. Le peuple, la grande masse ne peuvent être
guidés que par quelques principes extrêmement simples,
que par quelques règles d'un idéalisme familier et primordial. La religion est comme le feu. Elle va de l'étoile,
qui confond le penseur, au foyer qui réchauffe le vagabond. Insinuante ou foudroyante, elle prend toutes les
formes, toutes les voies pour illuminer les sensibilités
les plus raffinées et les plus frustes. Il n'est pas une
autre idée que l'idée de Dieu pour convenir à tous les
degrés de l'échelle des hommes.

Le crucifix, sur le mur de l'école, signifie la souffrance
acceptée. Quel autre symbole, clair et visible pour tous,
donnera aux enfants ce même conseil, cet indispensable
avertissement? Je vous le demande, ô niais infatués, à
qui dix ans d'études malhabiles et superficielles, cinquante années de parlementarisme et de bavardage ont
fait, — pour employer votre grotesque style — une
« mentalité » de roi nègre. Je vous entends répéter, avec
des mines doctes et sentencieuses, que la souffrance disparaîtra demain, grâce à la science, de l'humanité régé-
nérée. Promesse comique, purement électorale, et qui
donne la mesure de vos esprits.

Si la souffrance, citoyens rhéteurs, était aussi facile à abroger, la joie disparaîtrait en même temps, puisque ces deux profils de la sensation et du sentiment ne sauraient exister l'un sans l'autre. Comme cela est absurde à supposer, et d'ailleurs peu souhaitable en l'occurrence, comme il n'y aura jamais de remède à la mort des êtres chers qui nous entourent, une consolation ne cessera jamais d'être nécessaire. Celle-ci ne peut venir d'en bas, c'est-à-dire de l'instinct, car elle nous entraînerait, nous tirerait à l'abîme, à la déchéance. Elle ne peut être sur notre niveau, c'est-à-dire dans notre raison, car elle ne ferait que nous déplacer et, par conséquent, nous tirailler. Il faut au résumé, inéluctablement, que la consolation nous tombe de haut, d'une image de nous-mêmes exaltée et sublimée, torturée pour nous et plus que nous, du crucifix que tous les décrets n'empêchent pas de réapparaître, lumineux, sur la paroi de notre conscience.

Si aiguë que soit la prévision, il est malaisé de conjecturer la multitude de scélérats, d'égoïstes ou d'abrutis que nous prépare la génération matérialiste façonnée présentement, dans la boue, par les grossiers gâcheurs du Bloc. On cite certaines peuplades sauvages, totalement dénuées d'idéalisme et qui croupissent, hébétées, sur les bords des marais de l'Afrique centrale. Ces malheureux se nourrissent de poisson pourri, se massacrent périodiquement sans rime ni raison, afin de donner du jeu à leurs muscles, vivent et meurent sans savoir pourquoi. Ont-ils connu des temps meilleurs? Sont-ils arrivés peu à peu, par le progrès du parlementarisme, l'inertie de présidents qui signaient tout, à ce fâcheux état d'équilibre instable entre la frénésie et le coma? Ont-ils poussé assez loin l'école du soir pour aboutir à celle des ténèbres? Les géographes et les ethnographes discutent sur leur cas singulier.

Je souhaite de tout mon cœur que les Français n'en descendent point à ce niveau-là. Notre métamorphose serait plus terrible encore, en ce sens que notre marais serait couvert de riches maisons pourvues de tout le confort moderne, qu'on s'y égorgerait avec des armes perfectionnées, au milieu d'inventions merveilleuses, que ce cauchemar final nous prendrait, pendant la mille et unième nuit, en pleine insouciance, en plein luxe.

LES TROIS AMIS DE LA LIBERTÉ

APOLOGUE

Les trois amis de la *Liberté* (avec un grand L) étaient
réunis dans une petite pièce où on leur amenait successivement les coupables.

Le Juif avait cette aimable tête qu'ont illustrée les
Pharaons. La courbe de son crâne était telle que d'un
robinet de bain. Ses yeux noirs brillaient dans le vernis
d'une crasse jaunâtre. Son nez gras et oint plongeait
vers deux lèvres d'un rose eczéma qu'on eût dites soufflées
et retournées et, quoiqu'il eût en abondance des cheveux courts et frisottés, pareils au lainage d'un mérinos,
il était résolument imberbe, avec un menton nu d'assassin. Il était grand, maigre, dégingandé, ce qui ajoutait
à la terreur ; il avait gagné son immense fortune à
Smyrne, dans la traite des blanches, puis à Hambourg
dans la loterie, puis à Paris dans la Haute Banque où il
était devenu baron et président d'un grand nombre
d'institutions philanthropiques. Il donnait de grandes
fêtes au monde officiel et répandait une odeur infecte.

Le Huguenot n'allait plus au temple et se croyait
dépouillé de toute religion parce qu'il ne lisait plus la
Bible en famille. C'était un Huguenot désaffecté. Il déco-

rait du nom de Raison une sorte de fanatisme glacé qui
lui venait de ses ancêtres et il entendait par *justice* la
prédominance du libre examen et du formaliste protestant. Toute beauté apparente lui répugnait. La douleur
triste était son lot. Il avait en haine l'héroïsme et tout ce
qui touche au miracle. Il avait horreur de la noble
guerre traditionnelle qui déploie les drapeaux dans le
vent et fait vibrer les vieux tambours. Il se plaisait dans
cette guerre sourde et civile qui oppose, sur les ruines
par effondrement de la Patrie, des systèmes de philosophie disparates, des logomachies, des rancunes recuites.
Il vantait l'athéisme en levant les yeux au ciel et il eût
voulu qu'en chaque village on bâtît un temple à la
Science. Il concevait d'ailleurs la Science ainsi qu'un
dogme prématuré, dur, impénétrable, devant lequel,
sous peine de mort, chacun devait humblement s'in-
cliner.

Au physique, c'était un homme de taille moyenne,
vêtu d'une lévite noire, qui jouait la redingote, avec un
visage blème et ridé où stagnaient deux regards froids
et sans recours. Comme il trouvait l'amour une saleté et
toute forme de sensibilité un mensonge, il lui était plaisant de déplaire.

Le Franc-Maçon, oblique et cauteleux, était tout pareil
à une hyène. Mal bâti comme cet animal, il possédait
aussi ses yeux fixes et sans reflets, tels que deux éclats
de verre de bouteille, son mouvement gauche, sa rage
soufflante et reniflante, son recul griffu. Il était aux
gages des deux autres et guettait leurs ordres dans
leurs gestes et les mouvements de leurs paupières. Car,
tandis que le Juif exprime une race, le Huguenot exprime
un tempérament et le frère trois points une servilité.

La voix du Juif était, comme celle de tous ses compatriotes, une sorte de glapissement. Celle du Protestant
était blanche et mate. Celle du Franc-Maçon hésitait et
graillonnait.

— Faites entrer la coupable, dit le Juif.

La Sœur de charité fut introduite. Elle était jeune

encore, autant qu'on en pouvait juger sous sa cornette, un peu pâle, mais sans timidité. Elle avait commis le crime impardonnable, alors qu'elle faisait partie d'une congrégation violemment dissoute par les bandits, de continuer à prier, à instruire les enfants et à pratiquer la charité.

Sur interrogation de ses trois juges, elle reconnut d'ailleurs ce triple attentat à la majesté des lois et de la défense républicaine.

Le Huguenot prit un air navré :

— Vous nous mettez, bien malgré nous, madame, dans la douloureuse obligation de sévir. Mais je me hâte d'ajouter que, si vous reconnaissez la justesse de nos arguments et vous soumettez de bonne grâce à notre loi, il ne vous sera fait aucun mal. Vous n'ignorez pas que d'immenses progrès ont été accomplis par l'Humanité en marche vers plus de Vérité et plus de Raison. La Science a résolu aujourd'hui la plupart des grands problèmes qui tourmentaient à juste titre les curieux·de la nature. Il ne reste plus maintenant à déblayer qu'un certain nombre de questions secondaires. Voici l'aube de la liberté qui se lève au-dessus des consciences affranchies. Il nous plaît que vous la saluiez avec nous. Plus de ces superstitions ridicules qui vous faisaient adopter un costume spécial et adorer un Dieu particulier. Si vous voulez, mue d'un noble désir, vous sacrifier à la souffrance humaine, que ce soit sous le vêtement laïque, loin de tout dogme et de toute mômerie cléricale. En un mot, abjurez, nous vous en adjurons. Ces messieurs sont, comme moi, de fervents républicains, d'illustres libéraux, des humanitaires à toute épreuve. Il leur répugnerait d'employer la violence. Abjurez de bonne grâce et tout sera dit...

Avec une douce tranquillité, la Sœur fit *non* de la tête. Le Huguenot insista ; sa bouche mince cette fois avait un pli féroce.

— Ce n'est pas en vain, madame, qu'auront été promulgués, il y a un siècle, les immortels principes des

Droits de l'homme et du citoyen. Nous ne laisserons pas disparaître ainsi les conquêtes et profits moraux de la grande Révolution. Nous ne laisserons pas revenir les temps détestables de l'obscurantisme et de la persécution catholique, ni renaître la sauvage Inquisition. C'est votre existence que vous jouez en ce moment, sachez-le. Mes honorables collègues pensent, ainsi que moi, que nous devons tout immoler à la sainte cause du Droit et de la Liberté, tout, même notre naturelle pitié et notre espérance de vous conserver la vie...

Un affreux sourire plissa la face du Juif et le Franc-Maçon opina. La Sœur demeura immobile.

— M'avez-vous bien compris, madame ? Nos sections et nos loges nous ont donné, dans leur infaillible sagesse, la mission stricte de vous rendre à la foi laïque, de vous ramener au bercail de l'humanitarisme libre et indépendant. Nous n'exigeons de vous qu'un simple assentiment, qu'une toute petite signature au bas d'une formule d'abjuration qui est là toute prête, paraphée à l'avance par nous trois. Ne nous rendez pas notre tâche plus difficile.

— Non, fit la Sœur à haute et intelligible voix.

— Allons, citoyenne, un bon mouvement. Ce n'est pas la mer à boire... dit le Franc-Maçon, dont la trogne vultueuse indiquait suffisamment qu'il avait bu autre chose que de l'eau salée.

— Qu'est-ce que c'est que ça, une parole d'honneur et une signature !... Ça se donne tous les jours pour rien du tout !... ajouta le Juif.

— Non, répéta la Sœur obstinée.

En sa qualité de rationaliste, bien convaincu de l'excellence de sa méthode et de son droit absolu, le Huguenot claquait des dents.

— Vous m'êtes témoins, messieurs, que j'ai usé de tous les moyens de conciliation en mon pouvoir. Vous voyez à quels excès d'audace et d'entêtement la foi catholique porte ses victimes. La moindre faiblesse de notre part serait considérée par nos adversaires comme un présage de victoire pour eux. Nous tenons, dans nos mains et dans notre sentence, le sort de la Raison humaine, de la Science et de toute équité. Je vote la mort de cette femme. Comme nous ne sommes que trois, le vote à main levée suffira. Nous n'avons pas besoin d'une urne et cela simplifie notre juridiction.

— La mort, hélas !... fit le Juif philanthrope avec un gros soupir.

— La mort, parbleu !... rugit le frère trois points.

La Sœur de charité n'avait pas bougé. Droite et calme elle observait ses bourreaux.

Le Huguenot frappa sur un timbre.

Un jeune officier en uniforme entra et fit le salut réglementaire.

— Veuillez tuer cette femme, dit le Huguenot ; elle a manqué de respect au tribunal de la Raison, de la Justice et de la Lumière...

— Veuillez tuer cette femme, dit le Juif, elle résiste au progrès et s'oppose à la marche en avant de l'humanité.

— Veuillez tuer cette femme, dit le Franc-Maçon, elle est un obstacle à la fraternité et aux États-Unis d'Europe.

— Vous vous foutez de moi, déclara l'officier. Je n'obéirai pas...

Et, débouclant son ceinturon, il jeta son épée au nez des juges. Le Juif, de peur, fit un saut en arrière.

— Ce garçon-là, remarqua le Huguenot, ne semble pas destiné à un grand avancement. Mais puisqu'il est parti... Holà, un gendarme !...

Le gendarme parut, raide et congestionné.

— Tuez cette femme qui nie les Droits de l'Homme... cria le Franc-Maçon exaspéré.

— J'aime mieux courir après madame Humbert, tas de crapules !... hurla le gendarme en s'enfuyant.

On fit alors entrer le voyou de défense républicaine qui crie : « *Vive Combes !* » pour deux francs cinquante et : « *A bas la calotte !* » pour trois francs. Cet estimable anticlérical s'avança en se dandinant et en mâchonnant la cigarette qui collait à l'angle de ses lèvres.

— Vous aurez mille francs pour tuer cette femme, qui est une cause détestable d'erreur, dit le Huguenot.

— Elle a sauvé ma mère de la rougeole... j'peux pas..., répliqua le voyou avec beaucoup de flegme. Il ajouta, fixant le Juif : J'aimerais mieux, si ça vous était égal, faire son affaire à un Youpin...

On mit dehors cet énergumène.

Un condamné à mort refusa également, pour obtenir sa grâce, de donner la mort à l'innocente.

Alors le Juif, qui avait réfléchi, dit :

— Donnez-moi les mille francs du voyou...

Cela fut fait et il tua la Sœur... et les deux autres s'en lavèrent les mains.

MORALITÉ

Huit jours après ce crime rituel, une réaction terrible se produisit en France contre la terreur anticléricale. On ouvrit une souscription publique pour élever à la Sœur assassinée un monument expiatoire. Le Juif bourreau envoya le premier son offrande, laquelle était de cinquante francs.

Beaucoup de braves gens, attendris par cette générosité, déclarèrent que l'antisémitisme était une exagération et que la race tronquée avait du bon.

LES CHEMINS DE DAMAS

Une multitude immense et recueillie emplissait, les jours saints, les églises parisiennes. Nul ne se serait douté, en les parcourant, que nous traversons une époque d'anticléricalisme furieux et que les Huguenots (je ne dis pas *protestants*) et Sémites, et leurs mercenaires des Loges et de la Sociale rallument en France la guerre religieuse. Un étranger, qui ne lirait pas nos journaux et n'aurait perçu aucune émanation de notre tout-au-Sénat, reconnaîtrait encore en notre nation la fille aînée de l'Eglise.

Il ne se tromperait pas de beaucoup. L'immense majorité des Français est de sang et de tempérament catholiques. Ceux mêmes qui ne pratiquent plus et s'imaginent être des indifférents ou des sceptiques ne sont que des chrétiens désaffectés, c'est-à-dire que leurs tournures d'esprit et leurs façons de sentir ont conservé la forme de l'Eglise. De même les protestants désaffectés, qui se sont mis dans le code ou dans la science, apportent à l'étude du droit ou de la nature ce rationalisme intransigeant, cet absolutisme doctrinaire et rigoureux qui est la marque de la Réforme. De même les Juifs désaffectés, qui se sont mis dans les questions sociales et économiques, pour mieux exploiter et gruger, de près, les travailleurs, ont conservé la forme de la Synagogue.

On ne peut pas plus sortir de sa religion, que l'on ne peut s'évader de sa race. On peut, il est vrai, être un apostat, c'est-à-dire un traître dans le dogme. Historiquement et politiquement vous verrez toujours les apostats venir en aide aux traîtres par affinité et sympathie naturelles. Mais si rien n'est inquiet comme un traître, rien n'est instable comme un apostat, et ceux qui ont trahi le tabernacle sont perpétuellement hantés par le tabernacle. Dans leurs pires excès, ils sont à deux doigts du repentir comme le traître est toujours à lisière d'aveu. Ils souhaitent de récupérer la Grâce, aussi ardemment que le traître puni accepte sa grâce.

Ces quelques considérations me venaient à l'esprit en lisant le beau livre de J.-K. Huysmans, l'*Oblat*, les *Discours de Combat* de Ferdinand Brunetière et cette *Campagne Nationaliste* où Jules Soury explique, avec une pénétrante éloquence, les raisons pour lesquelles il défend, politiquement et socialement, cette religion catholique qu'il ne saurait plus pratiquer. Je me rappelais ces paroles de Sainte-Beuve : *De nos jours même, en ce temps très peu fertile, ce semble, en miracles, j'ai entendu parler à plus d'un chrétien clairvoyant de quelqu'un de sa connaissance qui s'était modifié soudainement par un coup intérieur, qui était devenu autre et méconnaissable dès lors..... En un mot, bien que sans écho retentissant, n'y aura-t-il pas toujours lieu au tonnerre et à la voix, sur le chemin de Damas?*

Huysmans semble avoir été ramené à l'Eglise par dégoût du bas matérialisme, après avoir inspecté la laideur des jouissances privées d'idéal. A un certain moment de sa vie, la soirée de Médan, précédant la nuit du naturalisme abject, lui parut fétide et maussade. Afin d'avoir de l'air, il brisa les vitres de ses sens, se pencha au dehors et aperçut, émerveillé, les étoiles. Certains lui reprochent dans l'*Oblat*, comme dans *La Cathédrale*, comme dans *En Route*, d'employer un vocabulaire qui n'a rien de mystique. Il est remarquable et séant au contraire qu'il apporte à *sa* foi *son* langage et qu'il fasse effort, vers le Beau suprême, de sa personnalité tout entière.

Ce qui fait lutter Brunetière pour l'Eglise, c'est la politique aidée de la raison. Il pense justement que la destinée de la France est associée au catholicisme, et que la Révolution usurpe à celle qu'elle combat si furieusement ces notions de Liberté, d'Egalité, de Fraternité que le Christ apporta au monde. Cet impeccable logicien argumente plus qu'il n'émeut. Mais ses principes sont tellement clairs et sa discussion est si serrée que toute réfutation semble impossible. Jadis, le philosophe de la Marne, détenteur d'une sonnette présidentielle, Léon Bourgeois eut l'audace extrême de s'y frotter et s'y piqua jusqu'au dégonflement instantané de son néant. Contre l'acier de Brunetière, trempé par la méditation, la dialectique de Léon Bourgeois, quenelle primaire trempée dans la sauce de l'enseignement supérieur, n'était évidemment pas de force.

Le cas récent de Jules Soury est peut-être le plus singulier de tous. Ce philosophe, jadis matérialiste et qui n'a pas cessé d'être athée, adhère intellectuellement au catholicisme comme au culte transmis par les ancêtres, comme à l'école du patriotisme. Il admet de lui sa discipline ethnique, son dogme, son formulaire. Il s'est expliqué là-dessus maintes fois et avec une extrême précision. Habitué aux études biologiques et à l'ordre dans les réflexions qu'elles entraînent, il sait que la race et la religion sont connexes, que la tradition n'est rien autre chose que l'harmonie des aïeux EN NOUS, tandis que la révolution est leur querelle. En se soumettant au culte français, il assure sa paix intime et sa sérénité de la dernière heure. MOURIR DÉCEMMENT est sa devise.

C'est qu'en effet la religion, conformément à son étymologie, *relie* les parties profondes de l'esprit. Plus cet esprit est supérieur, riche en hypothèses et en images, ardent et surchargé de connaissances, plus il lui est indispensable d'être étayé sur une base solide. Une réponse immuable, permanente et venue de loin au problème insondable de la vie et de la mort est nécessaire, s'il ne veut perdre pied, à quiconque cherche des réponses variables, transitoires et rapides aux problèmes solubles et accessoires qui font cortège à la vie et à la mort. Quand les savants mêlent à leurs observations et à leurs hypothèses leur opinion sur l'au delà ou l'immortalité, ils bafouillent aussitôt ou tombent dans la pire banalité.

Le poncif et l'incohérent, tels sont les deux écueils redoutables de l'athéisme à forme scientifique. La doctrine qui croit remplacer le dogme devient aussitôt sommaire ou absurde. Mais ils sont fréquents malheureusement ceux qui, comme Léon Bourgeois déjà cité, apportent une intelligence primaire à des questions d'ordre supérieur.

La vérité est que les Français d'hérédité catholique, que les désaffectés du catholicisme qui se croient le plus loin de la croyance de leurs ancêtres, ne sont séparés de celle-ci que par un mince rideau qu'ils prennent pour un mur blindé. Les uns ont mis leur scrupule autre part, dans la conduite des devoirs familiaux ; d'autres, environnés par les clameurs publiques, n'ont plus le temps d'entendre les multiples voix de la solitude et du silence.

D'autres enfin — ce sont les plus nombreux — subissent cette griserie du rudiment que procure une demi-instruction scientifique.

Ils regardent flotter le voile d'Isis. Ils admirent et dénombrent des plis et des nuances ; se figurent qu'ils soulèvent le voile et qu'ils touchent déjà la vérité.

De grands savants même tombent dans cette erreur par outrecuidance, tel M. Elie Metchnikoff, qui conclut ses magnifiques *Etudes sur la nature humaine* par l'enfantillage suivant : *S'il est vrai, comme on l'affirme souvent, qu'il est impossible de vivre sans foi, celle-ci ne pourra être que la foi dans la puissance de la science.*

Ce mince rideau, qui sépare de la foi les hommes de tempérament catholique, n'a jamais été plus flottant qu'à

notre époque, où d'une part la surabondance des notions,
la suractivité intellectuelle provoquent et nécessitent des
crises du Sensible — où d'autre part la cause de la
Religion et celle de la Race apparaissent comme inséparables. C'est pourquoi le chemin de Damas n'a jamais
été plus fréquenté, plus carrossable. Je prévois que beaucoup de nos contemporains s'y engageront bientôt en
automobile. Le goût effréné de la vitesse s'appliquera
même à la conversion. Tel sera demain le résultat de la
politique anticléricale.

LE JUIF AUX FEUX DE LA RAMPE

Tout en écoutant l'autre soir la belle et vaillante pièce
de Maurice Donnay, *le Retour de Jérusalem*, je m'amusais
à regarder les têtes des Juifs présents dans la salle, tandis
que les tirades patriotiques et les mots à l'emporte-joue les
faisaient blêmir, verdir, jaunir, osciller comme des
soufflets. Certains affectaient l'air détaché, désintéressé
de dromadaires vraiment scientifiques, altérés seulement
de logique, que les ébats de Guignol passionnent peu.
Néanmoins, en les observant bien, on voyait trembler
leurs mâchoires. D'autres jetaient négligemment, sur
leur grimace de haine, le fin sourire du connaisseur qui
avale une purge sucrée. Cela leur faisait des trognes mi-
partie, des trognes-frontières entre la fureur et l'hypocrisie. Les fils de Sem commandent nos ministres, mais
ils ne savent pas commander à leurs muscles.

Notre réflexe à nous, dans la colère, c'est de nous
jeter en avant. Leur réflexe à eux, c'est la fuite. Crispés
dans leurs fauteuils et leurs loges, ils froissaient leur
programme entre leurs pattes, ainsi que des textes de
lois ; ils s'envoyaient de loin des petits bonjours discrets
et complices comme des signaux de cambrioleurs. Cependant ils guettaient leurs esclaves, les malheureux qui,
dans la finance, la politique ou la littérature à la petite

semaine, dépendent de leurs caisses et de leurs humeurs.
Ils escomptaient (à mille pour cent) la joie de faire payer
aux serfs la rage où les mettait un maître écrivain.

Pendant les entr'actes, dans les corridors, on surprenait des chuchotements, la confidence du bouc éclairé à
son copain, le tapir de la justice : « Bas d'imbordance! »
Mais le ton et les regards démentaient la chanson. L'atmosphère guerrière et salubre dans laquelle nous étions
plongés, la stupeur de la race maudite, le pressentiment
des revanches prochaines, tout attestait, au contraire,
l'importance d'une œuvre plus ardente et significative
peut-être que son auteur ne l'avait pensé.

Donnay a été entraîné par son sujet, un des plus beaux,
des plus actuels qui soient: l'irréductible incompatibilité
du Juif et du Français, l'impossibilité de se comprendre,
de s'entendre quand on ne parle pas la même langue. Son
protagoniste, homme faible et intelligent, tempérament
modéré, comme il s'en rencontre si souvent dans notre
pays, choit, par amour, dans le ghetto, dans les bras
d'une Juive combative en qui le Talmud fermente et
bout. Aveuglé d'abord par le désir et les miroitements de
la conquête, il est bientôt emprisonné lui-même dans les
mille liens qu'englue Israël autour de ses complaisantes
victimes; il est insulté froidement chez lui dans ce qu'il
a, comme nous tous, de plus cher : son instinct patriotique et son sentiment religieux.

Sous le fouet des outrages, devant nous, ce Français
alors se réveille. Il commence par chasser la vermine
prétendue intellectuelle et humanitaire que la Judith,
revenant de Jérusalem, déposait dans ses fauteuils et
sur ses tapis.

Ensuite, c'est la Judith en personne que cet Holopherne
récalcitrant et bien parisien expulse de son cœur et de
sa maison.

La pièce repose sur l'idée de race, cette idée féconde
et réelle que nient en ricanant les Max Nordau assis sur
leurs fumiers documentaires, tous les Jobs infatués de la
la science hébraïque. Car cette science mensongère et

tendancieuse, que se répartissent les douze tribus, n'est qu'une annexe de leur politique, une fausse clé de plus à leur trousseau. Ils la font tinter à nos oreilles afin de nous empêcher de percevoir, au plus profond de nous, la voix du sang.

Elle prouve aussi, cette pièce du moment qui marque une heure redoutable et curieuse, elle prouve, avec une évidence bouleversante, laquelle n'appartient qu'aux œuvres théâtrales, l'action si rude et si sûre des livres de Drumont. Le flot de vérités issues de *La France Juive* s'est insinué, d'une manière tantôt brusque, tantôt sournoise, dans tous les canaux de notre époque. Il a pénétré les doctrines économiques et sociales, la polémique quotidienne, la philosophie, l'ethnologie. Il se glisse le long des chaumières, des faubourgs. Il envahit les campagnes et les cités populeuses. Partout où il y a une agglomération d'hommes qui souffrent de la présence omnipotente et insatiable du Sémite, ce flot ductile et souple monte et grandit. Il bat et corrode les seuils orgueilleux de ces palais où le destin du monde se joue à coups de chèques, selon les fantaisies de la race tronquée.

Voyez..... la scène dramatique aussi, en dépit d'une censure enjuivée et prompte à la circoncision, en dépit des interdictions et des décrets, des surveillances de la haute et de la basse police, la scène s'entr'ouvre pour que jaillisse un jet de sincérité nationale. Maurice Donnay n'était pas des nôtres. Il vivait à l'écart de nos débats, heureux et tranquille entre ses amis qui lui souriaient, ses confrères qui le félicitaient, ses envieux qui le dénigraient, adulé par les directeurs, béni par Jules Claretie, séduisant tout le monde par son joli talent.

Eh bien! le courant de l'Antisémitisme est allé le trouver dans son logis, derrière ses manuscrits, l'arracher à ses sujets ordinaires ; il l'emporte, un peu étonné, vers le grand, le juste, le profond succès, sans fariboles, douceurs, ni joueurs de flûte, s'il persévère... qui sait... vers la gloire. Car celle-ci, déesse impérieuse, ne tient

compte ni des camaraderies, ni des scrupules minces, ni
des réticences : elle exige qu'on confesse le fond de sa
pensée, qu'on s'abandonne aux luttes généreuses. Elle
réserve aux combattants ses lauriers.

D'ailleurs, que Donnay ne s'illusionne pas. Désormais,
en tout lieu, en toute circonstance, Israël le traitera en
ennemi. Il verra d'abord, sous divers prétextes, les serviteurs du Bouc se détourner de lui, lui faire grise mine,
dénaturer ses pièces ou les rapetisser. On murmurera
sur son passage : *Pas tant que ça!* ou *Ah! s'il avait voulu!*
On lui suscitera mille difficultés. On lui inventera des
émules pour les lui préférer bruyamment. Directeurs,
comédiens, comédiennes le supplieront de leur donner
des pièces dans le genre de M. Capus, des rôles dans le
genre de M. Pierre Wolff. On lui fera dire, dans des in-
terviews, des choses qu'il n'aura jamais dites. On lui
soufflera des rétractations, des regrets, presque des excuses.

Les sceptiques moelleux et patentés, les philosophes de
l'indulgence, les cyniques boulevardiers de la larme à
l'œil lui reprocheront d'avoir quitté un genre plus facile,
d'avoir cédé aux sollicitations de la vérité et de la vie,
d'avoir négligé les belles recettes promises aux broyeurs
de rose et de bleu. Que ne persiste-t-il à conter fleu-
rette, au lieu de nous conter « juivette ! »

Ces propos ne troubleront pas l'auteur du *Retour de Jérusalem*. Pour douze crétins qui le bouderont, pour deux
douzaines de Youtres avérés ou masqués qui le saupou-
dreront de sucre cassé quand il ne sera pas là, il va
conquérir, chaque soir, un millier de compatriotes. Ces
nouveaux amis, il les retrouvera, fidèles, le jour où il
aura besoin de leurs bravos.

Quand il s'agit d'entrain, d'en avant, de franchise, dix
mille Juifs ne valent pas trois Français. Les élus du
sabbat, du grimoire et du carnet de chèques ne sont
vaillants qu'à leurs comptoirs, derrière des grillages ou
des codes falsifiés. L'air du dehors ne leur vaut rien. La
lutte ouverte est mauvaise pour leurs rhumes.

Pendant cette mémorable représentation du *Gymnase*, je songeais invinciblement à la pièce vengeresse que, dans *Hamlet*, le prince de Danemark dicte aux comédiens venus à Elseneur. Il fait ainsi jouer, devant les assassins, le meurtre de son père, et il épie, sur leurs visages, l'effet de ces révélations en miroir.

Eh bien, les Juifs assistaient l'autre soir au *Retour de Jérusalem* avec les sentiments et l'état d'esprit du mauvais roi, de sa criminelle épouse assistant au meurtre de Gonzague. Ils se voyaient, pour un moment, objectivés, traînés aux feux bénins de la rampe comme sur les sévères bûchers de jadis. Ils pouvaient suivre leur tortueux ou cynique manège envers cette France trop confiante qui les a accueillis, hébergés et qu'ils empoisonnent en retournant ses poches, en lui versant dans les oreilles la jusquiame des mensonges vénéneux.

J'ai cru un moment que, terrifiés, se sentant surpris et menacés, ils allaient aussi fuir en désarroi, dans la bousculade d'une panique, avouer, comme Dreyfus le traître, leur symbolique coreligionnaire, qu'ils avaient tenté, qu'ils tentaient encore de tuer notre malheureuse patrie.

Ce fut une minute souveraine : eux, les oppresseurs, les étrangers, nous, les opprimés, les Français, nous nous regardions avec des yeux par qui les rôles étaient soudainement intervertis. Car nos regards à nous menaçaient, et leurs regards à eux, j'ai cru le deviner, demandaient grâce. Mais comme ils imploraient en hébreu, la masse ne pouvait pas les comprendre.

MUSIQUE DE VICTOIRE ET LITTÉRATURE DE DÉFAITE

Il pleut des monuments et des commémorations.

Il y a quelques mois, c'était l'apothéose de Renan,
la Saint-Apostat présidée par Combes, organisée en
pleine Bretagne traditionnelle par les lèche-pieds du
ministère, les sentinelles avancées de Mœrdès. On célébra
le doute et la peur, ces divinités renaniennes, derrière
les baïonnettes croisées. Gorgés de viande et de mauvais
vin, les amis éperdus d'Israël chantèrent, entre deux
hoquets, les louanges du pachyderme cultivé qui écrivit
l'histoire d'Israël. Ce fut une cérémonie sale et bête.

Hier Berlin, ville économe, célébrait l'ami des Bava-
rois, Richard Wagner, par la bourse d'un commerçant
enrichi. La petite fête avait déjà ce caractère heurté et
confus que Sa Majesté Guillaume II confère à tout ce
qu'elle touche. Les admirateurs et disciples du maître de
Wahnfried adhèrent, démissionnent, réadhèrent à ce
projet de glorification, sans fournir les raisons de ces
changements d'attitude. La famille boude. L'Empereur
délègue son fils, en signe de mépris cordial. C'est une
débandade en musique. Est-ce que l'argent, sinon le
Mécène lui-même, aurait par trop mauvaise odeur ?

Aujourd'hui, enfin, c'est Emile Zola que Homais, exalté,
canonise. Il eût peut-être été plus sage de laisser le nom du

Primaire de Médan disparaître lentement sous l'étouffoir des soixante-cinq illisibles volumes où il limite la vie au bas-ventre. La déchéance eût été moins visible. Un oubli qu'on nous rappelle périodiquement gagne de la profondeur et des ténèbres. Mais ce sont là considérations qui ne sauraient toucher *Hou-hou*, ni son vieux copain *La Calotte*. Leurs grands hommes ne sont pas si nombreux. Il leur reste, Emile Zola mis à part, Anatole France, qui, depuis sa conversion au Judaïsme, ne produit plus que des Bergeret tout à fait inférieurs, Bjoernstern-Bjornson, qui est trop loin, et le philosophe-romancier-dramaturge Clemenceau, un peu usé par sa propre dialectique.

Ils ont beau les ranger différemment, suivant les saisons et les circonstances, faire célébrer Zola par France, France par Clemenceau, Clemenceau par Bjoernstern-Bjornson, cela n'augmente ni leur nombre ni leur importance, et le public commence à se blaser. De sorte que je me demande avec angoisse quelle idole nouvelle inventeront, pour cet hiver, le gentil *Hou-hou* et son inséparable *La Calotte*.

Si l'on regarde les choses du point de vue de la réalité profonde qui les mène, non du point de vue des farceurs qui les exploitent, les commémorations de Wagner, de Renan et de Zola sont trois aboutissements parallèles et directs de la guerre franco-allemande de 1870-71. Richard Wagner représente le côté victoire, le côté face de la médaille. Emile Zola et Renan représentent le côté défaite, le côté pile, hélas !

Il y a dans la musique de Wagner (en dépit de ses trous, de ses zones d'ennui formidables et de sa ridicule affectation) un souffle légendaire et triomphal qui a lié sa cause, pour de longues années, à celle de la nation germanique. Cette musique est pédantesque, philosophique et importante comme l'intelligence allemande elle-même. Elle est lourde comme elle, avec des éclats singuliers. Elle ne craint ni les répétitions, ni les rappels, ni les récitatifs ; et elle est hantée par son propre développement, par son début, en somme par sa genèse, comme est hanté par son histoire le peuple robuste qu'elle représente.

Chaque opéra de Richard Wagner se tourne sans cesse vers son prélude comme l'Allemagne se tourne vers Arminius. Chaque opéra est un monument cohésif et un reflet de la continuité, de l'opiniâtreté saxonne.

Je n'insiste pas sur le caractère guerrier de la *Tétralogie* et de *Parsifal*, qui a été maintes fois relevé ; c'est une suite de sonneries de camp et d'alarmes, d'actions de grâces après la victoire. On sait que la marche de *Lohengrin* réveilla, le soir de Sedan, les âmes à peine détachées des corps des soldats tombés pour la patrie. Cette œuvre énorme et retentissante, avec son fourmillement de drapeaux et d'enseignes, son rythme puissant et cadencé, son bagage de légendes, ses feux sans cesse renouvelés, est un départ pour la croisade... contre tous les ennemis, tous les rivaux de la prépondérance allemande.

La sentimentalité sensuelle elle-même de *Tristan et Iseult* est combative, dominatrice et tend à l'hégémonie sur les cœurs. Si nous nous plaçons au point de vue peut-être étroit, mais si solide, si sûr du nationalisme, depuis trente-trois ans elle nous empoisonne.

Pendant que ce *Te Deum* en plusieurs opéras retentissait chez nos voisins, nous entonnions, nous, notre propre *De profondis*, avec la philosophie dissolvante de Renan et les bruits honteux du naturalisme. Renan souriait à la débandade, à la révolution, à la démagogie et faisait la risette aux vainqueurs, à tous les vainqueurs, sous prétexte d'attitude gœthienne et de sérénité métaphysique, cependant que Zola, d'une main jamais lasse, brossait devant la badauderie des vaincus ses tableaux de foire (si j'ose dire) et nous les donnait en exemple. Tandis que l'un vantait l'ange déchu, l'autre glorifiait la bête triomphante. Cet idéaliste du renoncement et de l'apostasie, ce lyrique du fumier et de l'enlizement collaboraient à la même besogne.

Un peuple a toujours l'art qu'il mérite. Après la guerre de 70-71, l'héroïsme, sous sa forme épique ou familière, disparut des lettres françaises. On se mit à vanter le Réalisme, la Réalité (avec un grand Ř), comme on vante aujourd'hui la Vérité (avec un grand V), alors que les artistes et les penseurs ne valent que par la sincérité personnelle et de tempérament. Dans la dépression formidable que subit l'énergie nationale, dans la débâcle du goût et des doctrines, la petite flûte de Renan, le monstrueux trombone de Zola apparurent ainsi que deux solos réjouissants et magnifiques que la foule applaudit aussitôt.

J'ai éprouvé, je l'avoue, une grande joie à voir (Anatole France excepté, mais qu'est devenu Anatole France!) Ernest Renan glorifié et encensé par tous les idiots qui s'étaient réunis pour la circonstance à Tréguier. C'est le châtiment des renégats qu'ils servent d'emblèmes et d'idoles aux plus médiocres parmi les parias de l'intelligence, à ceux qui se taillent une sinécure dans la révolte, un rond de cuir dans le blasphème. Les manifestants de Tréguier criaient bien fort : « *Hou, hou, la calotte!* » J'entendais : «*Hé, hé, la rosette!* » ou encore ce « *Hou, hou, la carotte!* » par lequel on réclame, en ces heures tristes, un bureau de tabac. Ernest Renan, parfait fonctionnaire, prêt à sauter pour le roi, l'empereur ou le tribun, si sa corpulence le lui eût permis, eut là des zélateurs à son image.

Les temps changent et les saisons tournent, heureusement. Personne, même parmi ses fanatiques, n'ouvre plus les livres de Zola, et ceux qui acclament son souvenir aiment mieux le croire que d'y aller voir. Il demeure en marge de la littérature, ainsi qu'une maculature sans portée et qu'un accident des jours sombres. Renan fait la joie de Combes, d'Edgar, de Mœrdès et de tous les sous-Mœrdès à la solde, mais il ne commande plus les esprits. Son rictus devient une fissure par où s'échappe à jamais sa substance. Wagner, enfin, descend de son socle au moment précis où on le hisse sur un piédestal.

On admet encore ses beautés, mais on n'admire plus ses verrues, ce qui est un pénible symptôme.

Ces fêtes et ces anniversaires empruntent quelque chose au glas et à la détrempe d'un automne pourri.

Fossoyeurs, ilotes ivres et courtisans peuvent crier « *A bas la calotte !* » Quelque chose monte à l'horizon qui leur donnera du fil à retordre. Nous sortons, avec mille convulsions, des limbes du désastre et de la défaite. Las de l'ironie dissolvante, du fumier qui engraisse la trahison, fatigués du joug germanique, nous réclamons des chansons françaises.

LA PEUR DE LA GUERRE

Le Juif a bon dos.
ALFRED NAQUET.

Le Juif, race nomade en subsistance parmi les sédentaires, peut être considéré comme une maladie qui se met sur les peuples en décadence ou en décomposition. Ses ravages sont d'autant plus grands que la décadence est plus rapide, la décomposition plus avancée. Pour l'heure présente le ferment n° 1 est réservé, sans conteste, aux Français.

L'idéal du Juif est le lucre, si l'on peut dire que le lucre soit un idéal. Quand le Juif parle l'allemand, l'anglais ou le français, il parle un langage emprunté, puisque sa langue est la langue hébraïque dont l'usage s'est réfugié dans le sanctuaire. Il éprouve donc un terrible malaise, et son véritable langage est devenu *l'argent*.

C'est par la finance qu'il s'exprime, qu'il trahit ses convoitises, ses amours, ses haines, ses rancunes. Les trucs financiers qu'il invente sont des moyens par lesquels il cherche à manifester sa pensée. Sa névrose vient de là. Je défie qu'on trouve une réplique, une échappatoire quelconque à une démonstration aussi claire.

L'argent n'est donc plus seulement pour le Juif une façon de représenter la richesse. Il est encore un glossaire, une sorte de lexique international, quelque chose comme un *volapük* auquel son cerveau s'est spécialement adapté. Les divers *trusts* financiers dont l'Europe est actuellement la victime sont, entre les divers groupements hébraïques, un langage conventionnel, *chiffré*, c'est le cas de le dire, qui signifie : « *Notre race en est là ; — voici nos intentions ; — nous marchons dans ce sens ; — suivez-nous ; halte !* etc... »

Or, le Juif a peur de la guerre. Le risque par les armes le bouleverse. Ce risque est en effet l'antipode du trafic d'argent. La guerre détruit le langage financier qui est l'actuelle expression de l'âme juive. Elle fait parler la bravoure et crier l'héroïsme. Elle fortifie la conscience de la race, elle l'illumine, elle la resserre. La guerre est un tableau violent et ramassé de toutes les caractéristiques nationales. Elle est pour les peuples ce que la passion est pour les individus, une exaltation de la vie et du type. Même terminée par une défaite, elle a fixé, pendant un moment, les traits augustes de la patrie. Aux beaux mots, aux mots actifs de *devoir*, d'*honneur*, de *sacrifice*, de *frontière*, de *drapeau*, etc., elle a restitué, pour une heure que l'histoire prolonge, leur sens foncier, leur sens vital. Elle leur a rendu cette sonorité admirable qui se propage comme le son des cloches et verse dans l'âme tressaillante la vaillance, le mépris de la mort, le frisson de l'au-delà, de la foi même, puisque l'homme achète souvent par la mort sa brève conception d'immortalité.

Ces considérations ne sont nullement lointaines ni nuageuses. Elles sont proches et positives. Je les ai placées en tête de cet article, au risque de vous rebuter, afin de mieux éclairer ma lanterne. Car il faut un rude jet de lumière pour y voir clair, malgré les sophismes maçonniques et juifs.

Donc l'internationale israélite est persuadée, à tort selon nous, que le moment est venu de désarmer la France et de la livrer, comme champ d'expériences, à ce collectivisme hébraïque (Karl Marx-Lassalle-Naquet) qui est l'ultime espérance des manieurs d'argent.

Les plus clairvoyants parmi les financiers comprennent

bien qu'ils n'ont rien à perdre, qu'ils ont tout à gagner dans l'avènement d'un ordre social nouveau où, par la disparition du risque de la guerre, toute l'épargne serait disponible. Ils escomptent à l'avance les formidables escroqueries auxquelles donnerait lieu la mise en commun des patrimoines, la création d'un fonds d'Etat qui serait toute la richesse nationale.

Sans doute, ce dernier résultat est une utopie. Sans doute, la nation qui s'aventurera seule dans cette épreuve est certaine de périr et de renforcer chez les autres, par sa disparition, le principe des nationalités. Mais le calcul du Juif est le suivant :

« Qu'est-ce que je risque après tout en essayant le système en France? En admettant que l'expérience rate, elle aura amoindri la race qui est héréditairement la plus belliqueuse, chez qui le type militaire et traditionnel est le plus accentué, qui constitue pour mon type à moi une menace permanente. J'aurai donc fait tout de même de la bonne besogne. »

Ceci vous explique les sonores tirades d'un Jean Jaurès par exemple. Car cette race juive, condamnée au mutisme par la disparition de son langage propre, prend des rhéteurs à ses gages, des rhéteurs auxquels elle insuffle sa doctrine de lucre et de peur.

Ceci vous explique l'abandon moral de l'Alsace-Lorraine mis en question tout de suite, la Chambre à peine réunie, — selon une hâte qui témoigne du désir d'en finir avec toute revendication nationale et militaire.

Ceci vous explique la mise à l'étude immédiate de la loi de deux ans. Et vous remarquerez, à ce sujet, le parallélisme du discours de Rouvier sur le besoin d'argent et du discours de Fréycinet sur le besoin de soldats. Car il nous montre, grandie, *au tableau*, la double préoccupation sémitique et protestante, l'acheminement, par les milices, vers le désarmement et le renoncement à notre légende, à nos droits traditionnels, à l'avenir en un mot.

Je ne vous raconte pas tout cela pour faire le discoureur ni le malin. Je vous dis ces choses, qui sont l'évidence même, parce que nous sommes quelques-uns aujourd'hui qui, avertis par Drumont, le prophète, y voyons terriblement clair dans le jeu de nos adversaires. Ils pourront rire, nos adversaires, nous traiter de bravaches, de cléricaux : ils se sentiront touchés tout de même, parce que si nous écrivons, nous autres, les patriotes, le mot *vérité* avec un petit *v*, le mot *justice* avec un petit *j*, si nous usons avec précaution de ces vocables abstraits et pompeux, nous cherchons, avec un infatigable zèle, le peu de réalisation qu'ils représentent. J'ajoute, pour rassurer les hésitants, que nous sommes finalement sûrs de la victoire, car nous avons, derrière nous, la formidable poussée des ancêtres ; et l'on ne vient pas à bout d'un peuple comme on vient à bout des individus.

Au résumé l'actuel effort des Juifs, des rhéteurs et des fonctionnaires à leur solde est de désarmer moralement et matériellement le pays de France qu'ils veulent traiter comme une de ces îles lointaines et dépeuplées qu'on abandonne, en qualité de terrains d'épreuve, aux faiseurs d'utopie, aux icariens, aux communistes, aux anarchistes. Les rêveurs du monde entier auront le droit de venir s'amuser chez nous, d'y construire ces *Salente* de carton où l'on mourra de faim et d'alcool devant des tableaux noirs et des bibles : cependant que dans ses comptoirs Israël, délivré du souci de la guerre, accumulerait sans relâche ces milliards avec lesquels il ne pourra jamais remplacer une grammaire, un lexique, une conscience morale ni un altruisme patriotique.

Toutes les fois que résonnent à mon oreille les flonflons de la guitare humanitaire, la polka des Droits de l'Homme et du Citoyen, c'est ce paysage-là qu'ils m'évoquent : je vois, dans un terrain pelé, bordé de ruines, le veau d'or et son copain le bouc hébraïque guettant silencieusement, voracement, l'agonie de la vache à lait, c'est-à-dire de l'épargne française. C'est vous dire que je suis un mauvais disciple pour la philosophie du comptoir, pour la *blaguologie*, que les tirades des blancs sénateurs susurrant ne m'en imposent pas davantage que

celles des rouges députés tonitruant, et que je considère
nos parlementaires comme un bien piètre organe d'expression pour la juiverie internationale. Comment des
gens qui ont tant d'argent ne stylent-ils pas de meilleurs
esclaves ? Cette chiourme est pauvrement recrutée.

Maintenant écoutez ceci : on n'évite le risque de
guerre, comme les autres risques, qu'en lui faisant face.
Celui qui a peur de la guerre s'expose par cela même à
la guerre. La nation qui désarme, pour rassurer les voisins, ne fait que susciter la convoitise naturelle de ces
voisins. L'affaiblissement militaire de la France détruira
l'équilibre armé qui maintient l'Europe dans une paix instable. En d'autres termes, les Juifs, les humanitaires et les
rhéteurs, les Francs-Maçons et les financiers qui les di-
rigent tendent, comme Gribouille, vers ce qu'ils veulent
fuir. Demain se posera la question imminente de la succession d'Autriche. Demain l'Angleterre éprouvera la nécessité impérieuse de récupérer son prestige moral. Demain le Slave et le Germain devront lutter, en Europe
même, pour le panslavisme et le pangermanisme, pour
l'inéluctable question de l'Empire. Demain l'Amérique
sera une menace d'appauvrissement tel qu'il faudra la
dégorger par les armes ou mourir. Le monde est sillonné
d'éclairs. Partout les peuples se groupent, se resserrent
et comptent leurs alliances.

C'est ce moment-là que nous choisissons ou plutôt
qu'on nous fait choisir pour un désarmement partiel,
pour un abandon de l'idéal militaire qui est notre fonction historique. C'est ce moment, guerrier entre tous,
qui paraît propice à Israël pour sa tentative insensée
d'une internationale groupée sous son sceptre. Et il y a
encore des gens placides pour dire que la question juive
n'existe pas. Elle existe si bien, gens placides, qu'elle
mettra le feu à la maison et que cette catastrophe vous
trouverait paralysés, trop débiles pour résister ou pour
fuir, si l'Antisémitisme n'était là.

L'HISTORIEN DE NAPOLÉON

La joute d'éloquence qui a eu lieu à l'Académie française a mis courtoisement aux prises deux des hommes
qui honorent le plus la pensée et la critique contemporaines : MM. Ferdinand Brunetière et Frédéric Masson.
A propos des études napoléoniennes du second, le premier a parlé savamment et évoqué, non sans malice, « la
grande histoire ».

On a reproché, en effet, à M. Frédéric Masson d'avoir,
dans son œuvre magnifique et patiente, étudié Bonaparte
par le menu, dressé l'inventaire du génie, expertisé plus
qu'il n'expliquait, en un mot d'avoir morcelé la statue.
Reproche injuste et, en tout cas, prématuré, car cet
immense travail n'est point achevé. Il arrive présentement cette chose curieuse, que l'analyse aiguë de M. Frédéric Masson aboutit, par endroits, aux conclusions de
la Légende.

Voici, en effet, ce qu'écrit l'auteur dans la récente
introduction de *Napoléon et son fils,* le dernier tome
paru : « De l'enquête que j'ai menée avec la plus entière
bonne foi, où je n'ai rien laissé dans l'ombre des passions
moins généreuses et des ambitions moins hautes qui,
surtout au début, ont jeté leur ombre sur les actes de
l'Empereur, *ressort, en dernière analyse, une histoire*

presque semblable à la légende. Celle-ci a pressenti celle-là, elle a noyé d'ombre les détails oiseux, elle a condensé les récits essentiels ; elle a deviné les causes, elle a réparti les responsabilités, elle a dégagé les conclusions nécessaires. »

Ces lignes, certes, sont admirables. Et ceci prouve bien que M. Frédéric Masson ne méconnaît pas les droits de « la grande histoire ». Seulement, il croit que celle-ci n'est fructueuse et vraie que pour quiconque a préalablement parcouru, guidé par le souci de l'exactitude, « la petite histoire ».

Tant qu'un capitaine de fortune, un personnage privilégié, tel que César ou Bonaparte, n'a pas encore pénétré la zone où ses intérêts et son ambition personnelle se confondent avec les intérêts et la destinée de son pays, il appartient à l'histoire anecdotique, individuelle, psychologique, à l'histoire des apports et des à-côtés, à Plutarque. Du jour où, par son effort et la marche des événements, il est devenu représentatif d'une nation, il appartient à Thucydide. Mais les deux formes historiques se corroborent, et l'analyse, en maint endroit, vient au secours de la légende.

Qu'est-ce en somme que l'impression légendaire ? C'est la contribution de la sensibilité et de la sentimentalité à l'histoire. C'est la collaboration de l'âme de la foule avec l'âme de celui qu'elle met sur le pavois. Cette âme de la foule, exaltée par l'admiration et tiraillée par l'enthousiasme, est mobile et change d'objet. Tantôt elle voit dans l'Empereur le conquérant, tantôt le législateur, tantôt le père, tantôt l'amant. Elle a la diversité et l'ingéniosité de l'amour dans son application à deviner et à interpréter celui qu'elle aime. Sa puissance intuitive est infinie et sa capacité d'erreurs formidable. Il s'établit ainsi, dans la légende, des pans de clarté et de divination, des pans de ténèbres et d'absurdité.

M. Frédéric Masson ne s'est pas donné comme tâche autre chose que de faire le tri, que de rectifier la légende par le scrupule incessant de l'analyse.

Sans doute, dans l'étude des hommes de génie, un élément demeure incompréhensible : le principe de force ou d'autorité par lequel ils s'imposèrent à leurs contemporains, la fascination, si vous préférez.

On arriverait à reconstituer, heure par heure, la vie matérielle et morale de Napoléon, depuis ses occupations précises jusqu'à ses idées fugitives, à ses moindres projets ; on dresserait une semblable liste qu'on n'en serait pas plus avancé quant aux causes secrètes qui font progresser un tel homme, à travers la multitude des compétitions et des convoitises, jusqu'au premier rang et qui le portent tout à coup, seul et fier, en avant de la race. Non seulement *pourquoi* fut-il le chef, mais encore *comment* parvint-il à l'être ? Voilà ce qui, malgré tant d'études ingénieuses et prudentes, demeure plongé dans le brouillard.

En d'autres termes, les historiens les plus subtils et les mieux documentés s'arrêtent toujours au seuil de ce temple qui s'élève au point d'entre-croisement de la fatalité individuelle et de la fatalité de race. C'est à l'intérieur de ce temple que s'accomplit le plus grand prodige. Une petite fille qui, mêlée à la masse du peuple, se trouve sur le passage du cortège et voit défiler l'Empereur en personne, *sent*, éprouve, par la commotion, le contact, l'inclinaison de la lumière et le branle donné à tout l'organisme, quelque chose que les historiens de l'avenir les plus compétents ne *sauront* pas. Elle aura eu sa part du mystère. Nous autres, venus après coup, serons toujours séparés du mystère.

La gloire est peut-être, comme on l'a formulé, le soleil des morts, mais elle nous réchauffe sans nous éclairer. Elle est un soleil enfoui dans les tombeaux, dont les émanations permettent à peine de déchiffrer les épitaphes.

Frédéric Masson fait encore cette remarque : « Chez Napoléon, la pensée, la sensation, le sentiment acquièrent, à chaque fois qu'ils s'exercent, une amplitude qui passe à ce point la commune mesure, qu'ils en deviennent l'expression sublimée et typique... Mais, à des époques, des dominantes surgissent qui jouent, même pour la politique, le rôle de directrices. La paternité... a été, de celles-là, la plus persistante, la plus active, la plus féconde en résultats moraux. » Il est difficile de marquer, avec plus de précision, le point de rencontre de la petite et de la grande histoire. Une fois que Bonaparte est devenu Napoléon Ier, ses passions foncières se répercutent sur la France, et la France réagit sur ses passions.

Dans le domaine de la pensée, l'homme de génie, à mesure qu'il s'élève, est plus seul. Dans le domaine de l'action, à mesure qu'il s'élève, il est multiplié. Tant de cœurs qui se règlent sur le sien renforcent les battements de son cœur. En outre, le sentiment de la responsabilité, qui est le grand modificateur des êtres et leur régulateur le plus puissant, s'impose à lui avec une énergie, une implacabilité que nous ne pouvons soupçonner. Les poètes ont noté ce changement d'âme qui saisit le consul dans le moment qu'il devient empereur, le cardinal qui vient d'être élu pape, ou, beaucoup plus modestement, l'héritier dans le cabinet du notaire. Des charges nouvelles, des devoirs nouveaux amplifient aussitôt l'horizon et bouleversent les perspectives.

Quand Macbeth eut entendu les Sorcières lui promettre, pour le lendemain, la couronne, il fut transporté hors de lui-même, accessible aux images héroïques ou sanglantes, sublimes ou criminelles. Il eut le choix. C'est ce choix que ne peut expliquer l'historien de la grande histoire et que le chroniqueur nous révèle souvent par l'influence d'une lady Macbeth.

Si vous voulez comprendre tout ce qu'il est possible d'atteindre par l'enquête chez un héros tel que le grand Empereur, cherchez la femme, cherchez l'enfant, cherchez la famille, cherchez le projet. Ils vous permettront de reconstituer le visage. Ils ne vous donneront pas la clé du rêve. Napoléon a eu ce mot mélancolique : « Mon imagination est morte à Saint-Jean-d'Acre. »

Quel historien, chroniqueur ou mémorialiste, aurait le pouvoir de la ressusciter ?

Ce qui me paraît le plus rare, dans l'œuvre de Frédéric Masson, c'est précisément cette part laissée à l'inconnu. ce domaine accepté de la conjecture. Il descend quelquefois au petit détail, parce qu'en ce genre de récits, l'écrivain ignore si ce petit détail, dans les temps futurs, ne prend pas une importance majeure. Les grands hommes se dispersent et se dépensent inégalement, et chargent de leur personnalité des objets souvent infimes. Des débris d'os guidaient Cuvier vers la reconstitution d'animaux entiers. Telle pièce méprisée d'une garderobe peut être révélatrice d'un trait de caractère.

Mais, en somme, l'auteur de *Napoléon et son fils* semble nous dire : « Je vous transmets un répertoire, aussi complet que j'ai pu le dresser, des vestiges matériels et moraux de l'Empereur. Une centaine d'années, c'est, en histoire, une bonne distance pour voir, recueillir et grouper, après la mort des derniers témoins, l'assoupissement des dernières passions. J'ai saisi les épaves, au moment même où les eaux s'apaisaient, dans le sillage du grand navire. Maint secret est encore inclus et vivant en ce musée des reliques. A ceux de l'avenir de les déchiffrer, s'ils le peuvent. Je leur en aurai fourni les moyens. »

LES DEUX COURAGES

Le ghetto d'or a choisi la France, à cause de son actuelle faiblesse, comme champ d'expériences pour cette
prétendue internationale des pauvres qui serait le masque
trompeur d'une internationale des riches. La clique
jacobine obéit aux ordres du ghetto d'or. Voilà toute
la politique actuelle. Mais il en découle, par l'égout juif,
un certain nombre d'idées générales. De celles-ci vous
trouverez un répertoire très suffisant dans le récent livre
du Sémite Naquet sur l'idée de patrie.

Pour le Sémite Naquet, bien entendu, l'idée de patrie
est un vieux mythe qu'il s'agit de mettre au rancart. Le
gnome du divorce s'accroupit sur notre légende. Dans
ses mains crochues de nomade il saisit la guitare humanitaire et il en tire ces vieux accents avec lesquels la
race tronquée tenta toujours en vain d'engourdir les
races où elle avait élu domicile. Ceci donne le *la* à une
foule de nigauds qui reprennent à la tierce, de confiance, la complainte aigre de l'Hébreu et de ses pareils.

Au nombre de ces crasseux poncifs créés et mis en
circulation par le peuple aux yeux obliques, au nez plon-
geant, à l'âme d'intérêt, de ruse et de luxure, au nombre
de ces passe-partout de synagogue, figure, en bonne
place, cet axiome que le courage civil ou civique est très

supérieur au courage militaire. Vous connaissez l'antienne : le courage militaire est une griserie. Il a besoin, pour se surexciter, du clairon, du tambour, des panaches, d'un décor. Tout héros de la guerre est un cabotin. C'est ainsi que l'effronté Jaurès arrive à traiter Jeanne d'Arc de cabotine. Au lieu que le héros de la paix, qui prépare un explosif dans son laboratoire, qui s'inocule une toxine pour en juger les effets par lui-même, qui risque la contagion au chevet d'un malade, est, à l'abri de toute parade et de toute vanité, un vrai martyre de l'idéal, un apôtre de la religion de demain, laquelle sera, sans autels ni fanfares, la religion de l'humanité.

La doctrine est spécieuse. Elle séduit même nombre de bons esprits. Elle sert d'argument à un tas de farceurs qui ne s'exposeraient pas plus dans un laboratoire qu'ils ne s'exposeraient en duel ou sur un champ de bataille, mais qui préfèrent le sacrifice libre et soumis à la volonté au sacrifice commandé par l'honneur et la discipline, pour cette bonne raison que le premier ne les menacera jamais directement. Il demeurera pour eux un objet de vitrine, une curiosité qu'ils admireront les pieds au chaud, dans la bienveillance de la digestion.

Je songeais à ces choses, en apprenant que le docteur Garnault venait de s'inoculer la tuberculose pour vérifier cette affirmation de Koch que la terrible maladie n'est pas transmissible de l'espèce bovine à l'espèce humaine.

On sait que le savant allemand joint à un indéniable génie une déconcertante outrecuidance et une faiblesse de caractère qui lui font avancer, par ordre, les hypothèses les plus contestables, si celles-ci lui paraissent de nature à augmenter sa propre réclame ou le prestige de son souverain. De l'aveu de tous ceux qui le connaissent, Koch est un impulsif à froid, un illuminé de l'obéissance. L'empereur a besoin du parti agrarien. Le parti agrarien est fort gêné par la surveillance hygiénique du bétail. Koch, bactériologiste génial, mais chambellan de laboratoire, cherche à concilier de son mieux l'épizootie et la haute politique. Il n'en est que plus méritoire au savant français de risquer sa vie contre une raison d'Etat.

Donc le docteur Garnault fait preuve, en cette circonstance, d'un courage et d'une abnégation admirables. Ce point n'est mis en doute par personne. Notre sympathie, étonnée et douloureuse, va le suivre jusqu'au bout d'une expérience que tous ses compatriotes souhaitent de tout cœur inoffensive, dût l'Allemand, par son salut, triompher.

Cependant, à cet héroïsme nous préférons celui d'un Bayard, d'un Jean Bart, d'un La Tour-d'Auvergne ou d'un Bobillot. Il y a en nous quelque chose que remue l'acte militaire et que, si méritoire qu'il apparaisse, ne remue pas l'acte civil. Malgré tous les efforts des pacifiques, l'histoire assure, aux héros guerriers, la prééminence sur ses frontons. Leur exemple, pour être plus à découvert, plus en exergue, plus en vedette, nous paraît plus profitable et mieux garanti.

La conquête et la mort par les armes et pour la patrie soulèvent dans notre chair, si liée au plus intime de notre esprit, un frisson que ne suscite pas au même degré la conquête par la science ou pour l'humanité. Dans le second cas, dans l'alternative pacifique, la mémoire est moins frémissante, l'émulation moins transmissible.

J'entends bien nos adversaires affirmer que l'obscurantisme agit en nous, que nous sommes les victimes d'une superstition, des sortes d'aveugles tâtonnant par routine autour de quelques fétiches démodés.

On nous reprochera aussi d'avoir besoin, pour concevoir le beau, d'apparat.

C'est un cliché d'origine très ancienne, et que la Réforme a remis en honneur, de préférer la vérité âpre, dénudée, presque rebutante, de se méfier de l'élan et de la fougue et de qualifier de théâtrale toute magnificence dans le dévouement, le sacrifice, l'abandon de soi. Les zélateurs du laid et du triste sont plus nombreux qu'on ne le croit. Ils n'admettent la sincérité que dépouillée de tout attrait ; ils ont le scrupule du revêche.

Cette reviviscence de l'ascétisme se remarque aux époques de jouissance, qui ne sont pas les époques de joie, et chez les peuples qui déclinent. Ils s'efforcent alors de donner à la restriction du beau des raisons nobles. Joignez à cela que l'esprit de lucre et de trafic est gêné par l'esprit guerrier, préservation et sauvegarde de l'esprit patriotique, au lieu que l'esprit scientifique ne peut en rien le contrarier. C'est pourquoi l'humanitarisme est si précieux à la Haute Banque.

Or, l'amour de l'humanité est plus loin de nous que celui de la race. L'amour de la race tient tout l'arbre vital, depuis les racines de l'instinct jusqu'à la tige de la raison et au frémissant feuillage de la sensibilité. Sitôt menacé, il se met en défense, il accuse ses reliefs, et comme c'est par lui, par son intermédiaire, que nous sommes en relation avec l'amour plus vague et plus lointain de l'humanité en général, celui-ci disparaît momentanément, s'amoindrit et s'éclipse, comme s'amoindrissent et s'éclipsent dans la passion les arguments de la logique ou de l'intérêt.

Il en résulte que les apôtres de l'humanité, les martyrs de la science, les victimes du courage civil laissent des marques moins fortes dans notre mémoire, des effigies moins persistantes, moins constantes dans nos cœurs que les martyrs de la patrie, les victimes du courage militaire, les héros par qui dure la race et notre légende est transmise.

A y regarder de plus près, c'est *notre* idée, c'est *notre* langage, c'est le droit d'exprimer notre idée dans notre langage et de perpétuer nos tempéraments et nos formes d'esprit que garantissent les héros de l'épée ; ils veillent sur ce patrimoine moral qu'augmente sans cesse de son côté le talent ou le dévouement des civils. Mais ils font partie du plus grand cercle, et les champions de l'idée de patrie priment les champions de l'humanité pure.

Je sais bien qu'en parlant ainsi je vais à rebours de ce que les badauds appellent le mouvement moderne ; mais que chacun de mes lecteurs s'interroge, et il en-

tendra au fond de lui une réponse instinctive dont je ne
fais en ce moment que le commentaire rationnel.

Celui qui meurt obscurément, pour la cause scientifique, dans un laboratoire, augmente peut-être la connaissance, la culture ou le bien-être de tous les hommes.
Il crie d'emblée vers des espaces si distants que nul écho
n'en reviendra, gardant sa voix et son accent. Celui qui
meurt dans un assaut, dans une charge, le drapeau à la
main, et offre à l'avenir une silhouette nettement décou-
pée sous un uniforme déterminé, continue l'action des
aïeux, légitime leur précédent effort, enclôt le sacrifice
et l'admiration dans des limites où se satisfait le regard
de la conscience. Il nous offre, dans l'infini, la joie permanente du défini. Il n'aide pas au soulagement de l'individu de l'avenir, mais il satisfait l'instinct de race qui
abritera le groupement de demain et fait corps avec le
groupement d'aujourd'hui. Il bénéficie, pour se propager
en beauté et en gloire, de la formidable poussée des ancêtres. Le petit anneau de la longue chaîne obscure
s'élargit, s'illumine et devient auréole.

J'ajoute que les plus humains d'entre les hommes que
j'ai connus étaient, non parmi les humanitaires, mais
bien parmi les patriotes. Je citerai, pour ne parler que
des morts, mon père et le docteur Potain.

Les humanitaires sont tels que ces savants auxquels
la science pure et théorique fait négliger la pratique et la
compassion de chaque jour. Celui qui suit un idéal trop
vague finit par s'admirer lui-même, et c'est ainsi que
l'humanitarisme aboutit généralement à l'orgueil.

LE CODE ET L'ÉPÉE

Voici les estimables Humbert sur la sellette, et j'espère qu'en dépit des précautions prises nous allons bien nous amuser.

Je pense que vous savourez, chers lecteurs, les efforts de la presse gouvernementale pour transporter dans le camp conservateur ou nationaliste ce colis d'escrocs, plutôt embarrassant. Auguste et difficile besogne ! Il pleut de Madrid une série de dépêches opportunes et singulières, nous représentant la grande Thérèse, sa fille Eve et sa sœur Marie Daurignac, en prières au milieu de livres de messe et de bénitiers, cependant que Frédéric, Emile et Romain crieraient : « Vive le Roi ! vive l'Empereur ! vive Déroulède ! » selon la physionomie du reporter présent. En outre, le ministère espagnol a donné des ordres pour qu'on ne laisse personne s'approcher d'eux.

Cependant, ils reçoivent tout le monde, et ces nourrissons de la troisième république ne cessent d'insulter et de déchirer en public la Marianne jacobine qui leur fit des loisirs dorés.

Tant d'ingratitude me dépasse. Elle dépasse aussi la crédulité française. Il est vraisemblable, il est certain que la retraite des fugitifs était connue depuis long-

temps. Comment supposer que de Paris à Madrid, avec
les ressources policières du chemin de fer, du télégraphe,
des agents à la frontière, comment' imaginer que sur
cette ligne si fréquentée, si parcourue, une tribu si caractéristique — songez à la Grande Demoiselle — et tellement signalée ait passé inaperçue ! Est-il admissible que,
dans une ville comme Madrid, la même cohorte du coffre-
faible ait vécu de mai à décembre, tranquillement, sans
se gêner ni solliciter l'attention ? Allons, allons, l'affaire
du traître Dreyfus a donné trop de confiance à nos
maîtres.

Ils nous prennent pour des campagnards de Daumier,
de Cham ou de Granville, avec le mouchoir à carreaux,
l'oie dont le col dépasse le panier : « Là, quoué
qu'c'est-il donc qu' j'en devions penser, m'sieu notre
maire ? »

Il est vraisemblable, il est certain que ce rapatrie-
ment des amis de l'anticlérical Jacquin et de tant
d'autres intègres magistrats, est manigancé, ordonné,
réglé depuis longtemps, ainsi qu'un ballet parlementaire et juridique : « Vous direz ceci, vous tairez cela,
nous vous livrons celui-ci, nous vous interdisons celui-
là ; déchirez-moi ces photographies, brûlez-moi ce paquet
de lettres. Ce cadavre nous agrée ; sortez-le. Celui-ci nous
effraye ; rentrez-le. On est gentil ? On est sage ? Alors, on
aura du bon nanan d'indulgence.

Les agenouillements et les oraisons de ces illustres
farceurs font partie de la comédie un peu grosse, mise en
scène par des doigts épais. Les ordres se déforment en
traversant les Pyrénées. C'est de la forte cuisine, de la
cuisine à l'ail dans des casseroles mal étamées : « Bah,
c'est bien assez bon pour eux », affirme le subalterne à
son chef qui l'arrose d'un regard vitreux.

N'oubliez pas d'ailleurs que, dans cette colossale
affaire Humbert, derrière la chambre ardente où se dé-
battent des juges, des présidents de cour, des cambrioleurs, des sénateurs et des ministres, derrière ce cloaque
à hermines il y a une pièce réservée, plus obscure et

sans doute sanglante. Le jeune et délicieux Romain m'a
l'air d'un gaillard assez déterminé. J'aurais encore préféré rencontrer le vieux garde des sceaux au coin d'un
bois — de justice — plutôt que notre nouveau confrère
nationaliste. Non, vraiment, voilà une recrue à laquelle
je ne tiens pas du tout. Et je suis persuadé que MM. Lemaître, Drumont et Rochefort sont absolument de mon
avis.

Or c'est par ce Romain de la décadence républicaine
que les choses, si elles doivent se gâter, se gâteront. Il
n'est pas un doucereux, un malin comme Frédéric Humbert, député anticlérical de Seine-et-Marne. Il n'a pas la
maîtrise de Thérèse Humbert, la dame de pique, sa noble
sœur. C'est sur lui que doivent en ce moment converger les
regards du monde officiel. C'est lui qui doit être le plus
recommandé à la sagacité des cuisiniers ambulants sur la
voie ferrée de Madrid à Paris — billets d'aller et retour
valables pendant huit mois. Si l'anticlérical Jacquin va,
comme c'est son devoir d'ancien camarade, attendre ce
gentil à la gare d'Orléans, il fera prudemment de le
sermonner.

Quoi qu'il advienne, la moralité de cette équipée tragi-
comique apparaît aux yeux les moins clairvoyants, et
c'est pourquoi les palinodies à ce sujet de Jaurès le
farceur, par exemple, pour ne citer que celui-là, feraient
rire ces mouches que tue Pelletan, si elles n'étaient surtout enfantines et débiles.

L'affaire Humbert, gasconnade infamante, c'est la déroute du mauvais Midi, hâbleur, vantard, bavard et révolutionnaire, qui depuis trente années accapare la
politique française. La lie de la Garonne, violemment
remuée, est en train d'empoisonner la bouteille. Félici-
tons-nous d'un scandale qui nous renseigne profondément sur une des causes de notre avilissement devant
l'Europe et devant notre histoire.

Vous le connaissez, ce mauvais Midi dont l'anticléricalisme est la loi, l'antimilitarisme la doctrine, qui se
nourrit de mots et se contente de textes, ces mots fus-

sent-ils contradictoires. Dans la campagne menée actuellement contre toute notre tradition nationale, c'est lui qui marche au premier rang, entonnant un refrain qui ne ressemble guère au chant glorieux des Girondins. Il se scinde en deux compagnies, chacune accomplissant sa néfaste besogne avec une extraordinaire sagacité : les vociférateurs et les ergoteurs. Il arrive que certaines vedettes participent de chaque compagnie.

Dans un régime parlementaire tel que le nôtre, ce qu'il faut aux vociférateurs de premier plan, c'est du creux, du geste, du « pectusse, mon bon », ce qu'il faut aux ergoteurs de la coulisse et des bureaux, c'est de la finesse de dialecticien, de l'entrain policier et de la roublardise juridique.

Dans l'héritage napoléonien — qu'a pillé effrontément la république tout en ayant l'air de le maudire — il y avait un code et une épée. Le mauvais Midi a choisi le Code, comme d'un maniement moins dangereux, plus profitable, et il essaye présentement de briser l'épée. Or je n'ai pas besoin de vous faire remarquer que l'un ne signifie rien sans l'autre et que l'idée française, l'indestructible idée de notre race, serait peu de chose si elle n'était portée, défendue, propagée par une silhouette armée.

Expert en ruses et en procédure, le mauvais Midi a tiré du Code et en tire encore journellement toute sa subsistance, tous ses moyens agressifs contre la religion et l'armée. Car la religion et l'armée symbolisent justement pour lui le double péril idéal, le double mépris de l'intérêt, du lucre et de la convoitise, l'acceptation du risque guerrier par l'espérance de l'au-delà. La religion et l'armée sont pour lui les deux citadelles qu'il doit emporter « à tout prix » s'il veut conserver sa prééminence. Quand les hommes d'action apparaissent, les bavards n'ont plus qu'à se taire, ce qui est leur façon de mourir. Quand les toges cèdent aux uniformes serrés, on voit tomber des amples manches les concussions et les cartes fausses.

Finis les tours de gobelets, les passages magiques de muscades.

Qu'on m'entende bien. Je ne fais pas ici, ce qui serait ridicule, le procès d'une moitié de la France. J'ai moi-même trop d'attaches méridionales pour méconnaître ce qu'il y a de bon, de sagace et de lucide dans ces contrées où, depuis bien longtemps, le courage militaire n'a pas eu l'occasion de s'exercer, où l'amour de la patrie est, sinon en désuétude, tout au moins en retrait et trop modeste chez une population ostentatoire. Mais je constate que Bismarck voyait juste quand il projetait de nous déséquilibrer en nous privant du contre-poids de l'Est, en séparant violemment de nous la silencieuse et féconde Alsace-Lorraine, pépinière de patriotes et de héros plus que de tribuns et d'avocats.

Humbert l'ancêtre, le vénérable, le pilier de la république et le soutien du gambettisme, est là pour nous prouver une fois de plus qu'à Toulouse, plus que tout autre part, la Roche Tarpéienne est près du Capitole. A juriste de gouvernement, dangereuse descendance. Les moyens aboutissent aux trucs. La chicane héréditairement se transforme, par des voies politiques, en l'art de détrousser le cher gogo. Le mélange, si méridional, de l'astuce et de l'éloquence est un « aïoli » qui ne gagne rien à confier dans les assemblées, à macérer au fond des pupitres.

En vérité, cette affaire Humbert, venant après l'affaire Dreyfus et présentant évidemment mainte connexité avec elle, est plus caractéristique que le Panama. Les socialistes du défroqué Combes se donnent des crampes et des courbatures pour plaider que ce triste bagage ne leur appartient pas. Moi, je vois dans le coffre vide et dans la succession Crawford l'image exacte de l'utopie collectiviste qui apparaît à l'ancien poète Anatole Thibaut, dit France, comme le seul moyen de relèvement international : je vois dans la panique des rhéteurs, des anticléricaux assermentés et des magistrats sans scrupules la déroute du bas-latinisme, du pseudo-classicisme du Sud-

Ouest, farci de logomachies et de rubriques, qui sévit actuellement à la tribune et dans les couloirs. Je vois dans ces trafics toulousains-madrilènes, dans ces marchandages de police à police, de sûreté générale à crainte républicaine et à convoitise particulière, le prélude d'une ruine inévitable où s'effondreront à la fois, sous les huées et le mépris public, tout un système et toute une clique.

L'ÉGLISE ET L'ARMÉE

La France a deux lignes de sève, dont les entrecroisements sont nombreux : le tempérament catholique et le tempérament militaire. Un discours de distribution de prix, pour amadouer la terreur grise, opposait, ce dernier été, le livre à l'épée. Il n'y a pas d'opposition. La France est fille des évangiles et de l'épée. Les événements de l'heure présente illustrent merveilleusement cette doctrine.

Quand nos maîtres, qui, de par le suffrage universel, sont des esclaves et, comme tous les esclaves, des rebelles, s'attaquent aux deux sources de l'âme française et cherchent à les empoisonner, ils suivent une logique indiscutable. Ils obéissent à la routine révolutionnaire, laquelle n'est elle-même qu'une déviation de l'instinct religieux et de l'instinct guerrier. La grande Révolution, dont se targuent nos actuels jacobins, aboutit pour l'idée à Chateaubriand et pour l'acte à Napoléon. Elle nous a légué, par-delà tant d'erreurs, ces deux miraculeux témoignages : le *Génie du Christianisme* et le *Mémorial de Sainte-Hélène*.

La France est un ordre de chevalerie. Elle a pour supports la foi et le risque. Elle obéit à une discipline qu'éclaire peu à peu son histoire

Aussi devons-nous nous rassurer quand nous assistons, comme en ce moment, à une débâcle apparente de la tradition. Celle-ci se reconstitue derrière les attaques. Elle emprunte les routes les plus détournées pour reprendre sa force cohésive. Qui ne voit que l'affaire Dreyfus a été, jusqu'au fond de la destinée française, un jet pénétrant de lumière ?

L'affaire du Panama, si dramatique qu'elle nous parût, n'était, à côté de cette dernière, qu'un jeu d'enfant. Elle ne lésait que des intérêts. Elle enlevait à M. Gogo des bas de laine au nom des grands principes et le laissait tout nu, grelottant dans la bise démocratique, avec de bonnes paroles et de beaux discours. Elle restera, dans la légende, comme le type achevé de l'escroquerie jacobine, dont le piédestal est industrieux et industriel, dont la statue est humanitaire, idole monstrueuse que nous sommes en train de déboulonner. On vit la tribune servir à l'aveu, mais non dépouillé d'artifice. On vit le vieux parlementaire, suant d'angoisse, cherchant sur son buvard si la trace des chèques était apparente. On vit le faiseur de dupes et de phrases embobeliné dans ses mensonges, dans ses habiletés, dans son hypocrisie véreuse.

Le même personnage s'est rattrapé depuis. Il nous accabla d'homélies grotesques et de déclamations forcenées. Le matin, coupeur de bourses ; l'après-midi, apôtre de la justice, de la vérité, de la lumière ; le soir, entre chien et loup, détrousseur et mangeur de prêtres. Entre temps, salisseur du drapeau.

N'est-ce pas ainsi une chose frappante que ce soient toujours les mêmes qui fonctionnent et que le ministère des Souillures soit administré dans ses divers bureaux par les mêmes tartufes en redingote et chaussés d'espadrilles ?

N'est-ce pas une chose frappante que ce ministère des Souillures procède en quelque sorte méthodiquement : une injure au clergé, un outrage à l'armée, quelques paroles pompeuses, affirmations saugrenues, ridicules, peu importe. Une légère accalmie, le temps d'assourdir l'indignation. Puis la machine se remet en train, continue à broyer le pays. Le vote de la loi sur les congrégations n'empêche pas l'affaire Geslin de Bourgogne, laquelle succédait à l'affaire de Melun, laquelle venait après l'affaire de Fontainebleau, laquelle venait après l'affaire Santol.

Quelquefois l'on tâtonne. La Défense républicaine et la Souillure républicaine ne sont pas d'accord. Il en résulte des tiraillements, des mots d'ordre mal compris et mal interprétés, des gaffes en un mot. Au temps, l'exercice est manqué, comme disent les cruels militaires.

C'est ainsi que la question du butin fait en Chine n'a pas soulevé toute la rumeur qu'on était en droit d'attendre d'elle. C'était une chose terrible, songez donc, d'imaginer que les Boxers et massacreurs jaunes n'étaient pas traités par nos troupes avec toute la mansuétude désirable. On leur prenait même des tapis, des bronzes, ô banditisme affreux ! N'eût-il pas mieux valu leur lire, pour les amener à de meilleurs sentiments, quelques prédications suisso-belges, quelques pages de ce cher Bjoernstern Bjornson touchant les affaires intérieures de la France ?

Vous voyez d'ici l'indignation bien jouée de tel vertueux parlementaire, de tel parasite de la vieille barbe qui, pour n'avoir pas été en Chine et n'avoir pas exposé ce cuir dont on fait aujourd'hui les portefeuilles, n'en a pas moins fait son « rabiot ». Il tremble de fureur contenue, le vieux et vertueux Turlupin, à l'idée qu'un sergent-major a ramassé dans une rue de Tien-Tsin une garde de sabre. Rafler trente mille francs dans une société financière, dans un conseil d'administration, un jeton de présence, à la bonne heure ! C'est libéral, c'est légal, c'est permis. Et le drôle se pourlèche par avance en songeant au milliard des congrégations.

Ce même milliard des congrégations offusque tel gros banquier inspirateur du régime, conseiller de la secte et qui n'a pas de préjugés, religieux ni autres, lui, ah !

mais non ! Il est même légèrement socialiste, le gaillard, après le dîner, le ventre au feu, entre les liqueurs, son barème et le compte-rendu de la Chambre. Il tonne volontiers contre les frocards et les pillards galonnés. C'est un de nos jolis philanthropes. Il vole un million de la main droite et il donne cent sous de la main gauche. Et ces deux mains s'ignorent l'une l'autre. Et il ne supporte point la main-morte.

Tous ces farceurs sont faits pour s'entendre, pour tenir la campagne ensemble. Cela ne les mènera pas loin. La plupart des masques sont arrachés.

Que voyons-nous derrière ces masques : le visage envieux et grimaçant d'un esclave devenu maître trop vite, sans la lente et laborieuse refonte que nécessite le passage d'un niveau social à un autre. Le suffrage universel a ceci de caractéristique qu'il fait crever à la surface les bulles pestilentielles formées dans la profondeur.

Que cet esclave soit le banquier qui paie, le ministre qui transmet ou le parlementaire qui reçoit, il est toujours le même esclave, le même goujat attelé à sa besogne des souillures, fort assidu à son bureau, fort complimenté par ses chefs, proposé pour la croix de l'ordre du Grand-Salaire.

Il espère bien ruiner la France, lui porter, de biais, à sa manière, les coups ténébreux et terribles dont on ne se relève pas.

Il n'ignore point la connexité, l'union indélébile entre le tempérament catholique et le tempérament militaire. Qui s'attaque à l'un s'attaque à l'autre. Ce qui diminue et blesse l'un, blesse aussitôt et diminue l'autre. Il n'est qu'une seule plaie pour les deux organes. Le souilleur sait cela par expérience. Il a remarqué que les époques de grandeur furent toujours en France des époques de foi et que les dépressions coïncidèrent. Alors, comme il est réaliste, il tire de ce fait des conclusions. Mais, comme il hait tout idéal, il en méconnait les raisons hautes.

Or, s'il connaissait ces raisons, le souilleur serait pris
de vertige. Car il n'est pas de puissance d'argent, car il
n'est pas de rancune tenace, car il n'est pas d'associa-
tion de haines qui puisse jamais dissoudre une légende
et la nationalité qu'elle inclut. Notre pays est porté,
secoué par sa légende comme l'est un navire par les
flots. Celle-ci se fortifie et s'exaspère de tous les obstacles qu'on lui oppose. Elle tend vers sa réalisation
comme un seul et immense désir. Menacée, elle germe
en héros qui sont Jeanne d'Arc ou Napoléon.

Le risque et la foi se corroborent. La colère est le gage
de la pitié. Le prêtre ne fait pas œuvre de haine quand il
bénit le soldat qui expose sa vie pour son pays. Il donne
à ce soldat son viatique et il légitime une violence mise
au service d'une tradition.

J'entends Homais qui rit dans son officine tout en
pilant ses divers poisons. Va, pile tes poisons, ô Homais,
et prends garde de te tromper de bouteille. Tu ferais un
mélange détonant. Tu convoites le milliard des congrégations. Prends-le. L'armée, avec son annuel milliard
de dépense, t'apparaît ainsi qu'une autre congrégation,
plus dangereuse encore que la première et qu'on a le
tort d'autoriser. Licencie-la. Réclame-toi de Tolstoï qui
tira sa gloire des récits de guerre avant de se faire
l'apôtre de la passivité, de la résignation, de toutes les
vertus des vieillards qu'a lassés une jeunesse ardente.
Réclame-toi de ces Droits de l'homme, œuvre de rhéteurs et de géomètres, faite pour orner des monuments
froids bien plus que pour guider des consciences.
Réclame-toi de tes récents fétiches, dieux grossiers de
laboratoire, plus frustes encore et mal taillés que les
idoles polynésiennes. Mets les unes sur les autres, en
pyramide instable, les citations des philosophes qui ont
tout dit et des politiciens qui n'ont rien dit. Prends de
grands airs, des attitudes. Crie et menace. Agite des
lois. Réclame la suppression de toute autorité et l'obéissance à tes ordres, à ta fantaisie, à tes sornettes. Salis
ton nid, vilain oiseau.

Retourne-toi maintenant, Homais, et regarde tous ces uniformes. Entends ces *Te Deum* et ces actions de grâces. C'est la France qui s'est ressaisie, grâce à tes pauvres manigances, mon garçon, et qui ne songe plus à te punir, tant elle est une mère indulgente même pour ses avortons et ses monstres.

MARCHAND LE HÉROS

A peine remis de ses fatigues africaines, le lieutenant-colonel Marchand repart, le 2 septembre, pour la Chine.

La France, abaissée, depuis sa défaite, par là niaiserie, le lucre et l'indignité des *parlementeurs*, s'est maintenue néanmoins aux yeux du monde grâce au merveilleux effort de ses artistes et de ses savants ; et, dans le domaine de l'action, la marche épique menée par une poignée de braves de l'Atlantique à la mer Rouge a été saluée, par la nation consciente, comme l'aube d'un avenir meilleur, le premier rayon sur les flots.

La France ne s'y est pas trompée. Elle a reconnu tout de suite dans le colonel Marchand, dont elle ignorait alors le mâle visage, celui que l'Heure appelle et crée, que les difficultés n'entravent pas, et dont la route est bordée de lauriers.

C'est le constant privilège de notre pays. Suivez le cours de son histoire : quand son esprit profond est opprimé, quand ses forces ardentes sont combattues par la mauvaise fortune ou des chefs indignes de lui, cette oppression et ce combat font surgir, alors que l'on commençait à désespérer, celui qui ramène la confiance et réchauffe les cœurs par l'exemple.

J'admire et j'aime le colonel Marchand pour les raisons que je vais dire. Sa modestie me pardonnera. Il sait que je ne suis pas un flatteur. Je n'ai rien à attendre de lui que sa tendresse, son réconfort et ce qu'il ajoute à la Patrie. Mais puisqu'il s'en va pour longtemps, on peut lui crier de la rive ce qu'on ne lui eût jamais dit en face.

Auguste Brachet, philologue de génie, *intellectuel* s'il en fut, et néanmoins fougueux patriote, avait coutume de dire : « Le philosophe est respectable, le poète aussi est respectable, mais le soldat est le plus respectable ; car tandis que les deux premiers jettent des idées et des paroles, le troisième met sa peau, comme enjeu, sur le tapis. » Sans le soldat d'ailleurs et sans le drapeau qu'il représente et qu'il défend, la patrie n'étant plus cohésive n'aurait plus ni tradition ni langage, par suite ni prosateur ni poète. La victoire du champ de bataille se propage bien rapidement à toute la sensibilité d'un pays. Les arts sont solidaires des actes. Les trompettes des armées de Napoléon précédèrent celles du romantisme.

Il semble bien que, sous Louis XIV, *notre* Soleil ait éclairé l'Europe.

Pour la France notamment, l'audace et l'ardeur paraissent des conditions de vie. Ce qu'il y a pour ce pays-ci de plus mauvais, c'est la stagnation. Aussitôt qu'il stagne, il croupit. Nous sommes excellents dans l'enthousiasme et détestables dans la dépression. C'est ce que traduit le proverbe : « Jeter le manche après la cognée. » Notre trait dominant, la hardiesse, a son envers, la précipitation. Nous ne voyons jamais, en toute chose, que le but et la réussite.

Aussi devons-nous savoir gré à nos héros de n'être pas seulement intrépides, mais d'être encore des temporisateurs, des esprits avisés et prudents quand l'imprudence ne servirait à rien, de se nourrir silencieusement de leur colère quand cette colère manifestée entraînerait leur pays avec eux dans de trop périlleuses aventures.

C'est ainsi qu'à Fachoda, le 11 décembre 1898, le commandant Marchand fit à sa patrie le plus grand, le plus tragique de tous les sacrifices, quand il donna l'ordre de descendre le pavillon français qui flottait, après tant d'efforts admirables et de souffrances glorieusement supportées, sur ce petit coin de terre africaine.

Il est certain qu'à ce moment si grave, il fit abnégation de lui-même, il oublia toute ambition propre et connut l'amertume des peines sans salaire.

Et quelle dignité, quelle sagesse, quelle finesse dans toute la conduite de cette émouvante aventure ! Comme il éluda tous les pièges ! Comme il sut montrer au sirdar Kitchener et à sa belliqueuse escorte ce que vaut un Français calme, sûr de son droit, conscient de cette force irrésistible, qui est de ne pas craindre la mort.

Ce que cette attitude dut lui coûter, lui seul pourrait nous le dire. Mais il se tait sur ses souvenirs, car il est la modestie même, l'ami de l'ombre et de l'effacement.

Ce que cette attitude dut lui coûter, nous pouvons le conjecturer par ce visage intrépide et loyal, par ces yeux noirs brûlant d'énergie sous ce front volontaire, par chacun de ces traits qu'ont creusés, modelés, ennoblis la netteté fière et la vaillance.

Et parfois une enfantine gaieté, un sourire délicat et nuancé viennent adoucir ce regard de commandement, qui prend souvent aussi dans sa métamorphose les profondeurs et les fraîcheurs du rêve. Yeux qui voient de près et de loin, qui ne s'arrêtent pas aux obstacles, mais calculent l'art de les franchir, qui sont prêts aux lointains horizons, aux lentes étapes, et prompts à la décision soudaine. Leurs reflets joignent la fougue du Midi à la méditation du Nord. Ils charment et retiennent après avoir charmé.

J'ai parlé de Nord et de Midi. Les types représentatifs de notre race doivent subir cette double influence, participer des deux courants. Il en est des héros comme des poètes. Ils ne valent que dans le frisson. Et le sublime frisson héroïque, qui déchaîne l'épopée, comme le sublime frisson lyrique, nécessite, dans les hautes régions de l'âme, le court passage du froid au chaud, ce qui contracte et ce qui exalte, l'alternative mystérieuse de l'imagination et de la volonté.

Nous avons maintes fois causé, le colonel Marchand et moi, de ces images directrices du vouloir qui caractérisent l'homme d'action. Le résultat à atteindre, dès que son esprit l'a forgé, prend, pour tout son être, une valeur attractive. C'est un mirage qui tend sur son désir. N'est-ce pas ce qu'on appelle l'étoile ?

Le frisson qui mène à l'étoile... Il circule dans le sang chrétien. Il est renforcé par la race.

Marchand est originaire de l'Ain. Il est de la province lyonnaise, entre l'Isère et le Jura, car c'est aux anciennes provinces qu'il faut se reporter dans l'étude et l'appréciation des caractéristiques nationales. La division par départements n'est, en effet, qu'un jeu de patience. Elle ne correspond à rien de réel. Lyon, c'est la ville aux deux collines, Fourvières et la Croix-Rousse, la ville des mystiques et des « canuts », qui trouve son symbole parfait dans la *Mulatière*, confluent de la Saône et du Rhône.

Il y a, dans l'esprit de la région lyonnaise, un singulier alliage d'action et de rêverie, de mysticisme et de sens pratique qui doit donner lieu, chez les privilégiés, à une résultante merveilleuse, à un de ces équilibres que cherchent les balances du destin quand il s'agit de peser un homme. Le colonel Marchand est, à n'en pas douter, de ces privilégiés.

Ce soldat aime les idées générales. Cet homme d'énergie est un homme de pensée. Il supporte aisément la contradiction, et quand il se trompe, ce qui est rare, car il ne s'aventure que muni, reconnaît son erreur avec une bonne grâce parfaite. J'ai fréquenté, l'on peut me croire, pas mal de littérateurs, de savants et d'artistes. Je n'ai

chez aucun trouvé langage plus entraînant et plus sobre
à la fois, don plus constant de la formule heureuse et de
la définition juste que chez le héros de Fachoda. Un
exemple entre mille : Comme l'on parlait devant lui des
eaux potables et dangereuses, il dit vivement : « Le
meilleur des filtres, en campagne, c'est encore l'état d'activité, parce qu'alors on élimine les poisons. » Et chacune de ses paroles est un trait de sa nature, comme il
arrive chez les êtres complets.

Par exemple, il est entêté, et, quand il a pris une résolution et qu'on essaye de le dissuader, il s'enveloppe dans
un silence glacial, terrible, infranchissable. Après tant de
surmenage et d'angoisses, il était souffrant, ces derniers
temps.

Il s'obstinait, malgré les conseils et les objurgations
de ses amis, à ce travail acharné des comptes de sa
mission, qu'il poursuivait matin et soir dans son petit
bureau du quai Voltaire : « Mon colonel, vous allez tomber malade. Vous serez très ennuyé, parce qu'il vous
faudra bien alors vous arrêter. Nous serons désolés, et
cela ne servira à rien du tout. » — « Mon ami, je vous en
prie... c'est le devoir. » On ne le sortait pas de là. Et
l'on sentait qu'en insistant on se serait fait prendre en
grippe.

Ah ! ils doivent se rassurer, ceux qui redoutent qu'un
coup de sabre bien appliqué ne vienne un jour casser
l'assiette au beurre. Ils doivent se rassurer, les fausse-
scrutins, les dupeurs du peuple, les masse-tribune, les
socialistes gastronomes, les index-tendus, les marchands
de phrases et ceux qui naviguent dans un fauteuil, et ceux
qui combattent dans un bureau.

Ils doivent se rassurer, ceux qui ont peur et envie de
toute gloire, et rage impuissante devant toute fanfare,
et terreur folle de la bravoure. Celui qui va partir en
Chine ne les dérangera pas dans leurs sinécures, dans
leurs conciliabules et dans leurs rapts. Il ne se soucie
point de politique. Il n'a que l'amour de la patrie et l'enthousiasme pour la servir. Il porte en lui, avec piété

cette flamme pure et haute du sacrifice qui consume parfois ceux qu'elle éclaire...

Le feld-maréchal de Waldersee, qui doit être amateur
de courage, aura près de lui un fameux Français. Il rencontrera même en Chine ce que nous pouvons offrir de
mieux. Il pourra dire au retour à son Empereur qu'il a
vu un héros sans jactance, sans vain apparat, sans for-
fanterie, qui sait parler, au bon moment, le langage venu
des ancêtres, alors que la France marchait devant, portant l'épée et la lumière.

Et ce sera, là-bas, pour nos soldats une joie vive et
consolante que de servir sous un chef pareil, aussi simple
et bon qu'il est grand, qui a la passion de son métier et
le goût de mettre en valeur les qualités de ceux qui l'entourent.

Ils peuvent être tranquilles, avec lui aucun effort ne
sera perdu, aucune action d'éclat ne restera sans récompense.

Comme j'achève ces lignes, je reçois un mot de Pierre
Loti, lequel m'écrit du *Redoutable* : « J'étais bien loin
de m'attendre à repartir pour la Chine... Mais si vous sa-
viez quelle griserie pour moi, cette reprise subite de vie
militaire, et combien je me sens apaisé et rajeuni sur ce
grand vaisseau ! » Celui-là est un écrivain qui ne dédaigne pas le risque et le contact des émotions fortes.
S'il rencontre le colonel Marchand, il fera de lui un beau
portrait, plus complet, certes, que ma grisaille.

On rencontre sur les routes de France, où rôdent les
accessoires des vieux contes, une machine roulante que
la tradition et un long usage rendent vénérable. C'est la
voiture du repasseur. La pierre meulière a beaucoup
servi. L'eau qui la baigne est dans un sabot. Le volant
est toujours une trouvaille immédiate, le jeu du besoin
et de la rencontre. Les pédales sont deux vieilles se-
melles. Quelquefois un cadre de bois porte un morceau
de toile grossière. Le vent alors aide à la marche. C'est
avec cela que le brave homme rend aux lames ébréchées
leur clair et leur tranchant...

Pour l'ingéniosité, la durée, l'utilisation du hasard, le miracle de renouvellement, j'ai souvent comparé la France à cette voiture. On vous la confié, mon colonel ; menez-la sur les routes chinoises, malgré les cahots et les heurts.

Au revoir, mon cher colonel! Ceux qui vous aiment vous accompagnent de leurs pensées et de leurs vœux.

CECI TUERA CELA

Désespère et meurs !

RICHARD III.

Il est, à l'heure actuelle, un homme plus malheureux dans son palais, au milieu de ses vaines richesses, de ses rêves détruits et de ses courtisans épouvantés, que n'importe quel vagabond aux pieds enflés sur la grande route. Je veux parler de l'empereur Guillaume II. Hier encore, arrogant, magnifique et casqué, il menaçait le monde, la dextre appuyée sur sa fameuse épée de Brandebourg. Aujourd'hui, un sinistre silence, traversé de chuchotements médicaux, plane sur le palais de Potsdam, et le seul glaive de Damoclès est le bistouri de Brandebourg.

C'en est fait des grandes espérances, des vastes projets, de ces menaces qui font baisser la rente et monter la gloriole.

Un minuscule groupe de cellules logées sous la muqueuse du larynx, et qui atteint à peine la grosseur d'une lentille, va sceller à jamais ce retentissant organe, bâillonner ces paroles de flamme et de feu que se transmettaient les agences. Il ne prêchera plus, le pasteur de peuples, le commentateur de la Bible. Il n'admonestera plus ses compagnons, le chevalier de Jérusalem, le restaurateur de l'œuvre teutonique. Il se taira l'amiral hardi, le yachtman irrésistible et charmant qui recevait Waldeck à la coupée, et, de la main non paralysée, tendait l'album à autographes. Il ne menacera plus, le guerrier au million de soldats fidèles...

Ne t'impatiente pas là-haut, grand-papa. Ton petit-fils va monter te rejoindre dans l'empyrée du cher Arminius. Déjà les instruments s'accordent pour la marche funèbre du héros Siegfried, et le bouclier du pavois est accroché au pied du lit.

Je le vois comme s'il était là, ce lit blasonné où veille toute la nuit, les yeux grands ouverts, le malade. Il aperçoit, dans un demi-cauchemar, une déroute d'aigles aux ailes cassées, avec des bandeaux rouges autour de leurs cous maigres. Il entend, dans les chancelleries européennes, les diplomates qui parlent tout bas, qui s'entretiennent du nouveau Guillaume. Ah! il aura de la besogne, celui-là! En haut, à droite, la Russie; en bas, le Sultan, très gentil, certes, mais si glissant sur son trône de caillots et de sang frais. A gauche, l'Angleterre et son stock de ballots. Plus loin, l'Amérique et ses jeunes, ses irrésistibles convoitises. A l'intérieur, enfin, dans la chambre même, là, sous le lit, le prolétariat, le socialisme gonflé de haine qui attend que le patron crève pour retirer le trône au petit.

Ce petit lui-même, que vaut-il? Il est de la race des Hohenzollern, volontaire, âpre au gain et cancéreuse. Jusqu'à présent, au dire de ses maîtres, il n'a de grandes dispositions que pour la paresse, les femmes et le jeu. Le cousin Edouard était ainsi, et maintenant il s'est rangé. Ceux qui mal y pensaient sont honnis, entre le lion et la licorne : « Approche, mon enfant, et reçois les suprêmes conseils de ton père... »

Mais ce n'était qu'un rêve, Dieu merci. Le malade se réveille et geint. Il aperçoit, à son chevet quelqu'un qui n'est pas le spectre de Bismarck, encore qu'il soit grand, gros et moustachu comme l'ex-chancelier. C'est l'excellent médecin du Palais, le docteur Tant-Mieux, qui affirme que le polype n'a pas d'importance. Le collègue Orth l'a examiné. Le professeur Moritz Schmidt aussi. Que le précieux Mackensie, de joyeuse mémoire, n'est-il là ! C'est une tumeur de rien du tout. Le maître du globe, sacrebleu, n'a pas à s'effrayer d'un bobo qui disparaîtra lundi au plus tard, avec un gargarisme et deux bains de pieds.

Or, tandis que Tant-Mieux exulte et rassure, voici Tant-Pis, morticole rival, qui arrive, l'air préoccupé, avec un énorme laryngoscope. Il prend son aimable confrère à part et tous deux discutent sans pudeur : « Je vous dis que c'est conjonctif, tout ce qu'il y a de plus bénin... — Et moi je vous certifie que mon colorant m'a donné six cellules aux moins d'épithélium. — C'est du mucus. — C'est du tissu. — Venez plutôt à mon laboratoire... »

Ceux-là sont de bons *praticiens* et nul ne meurt de la gorge en Allemagne sans les avoir consultés au moins trois fois. Mais ils s'occupent plutôt de la tuberculose et de l'avarie, au lieu que le spécialiste qui viendra demain ne s'intéresse vraiment qu'au cancer. Nul ne prononce ces mots, bien entendu. On dit *tissus de nouvelle formation*, tumeur *moins bénigne*, *à récidives*, épithélioma, etc.

Les ergoteurs à lunettes d'or, graves et sentencieux, sont partis, après diverses recommandations. Certes ils ne sont pas inquiets. Qui parle de cela ! Mais ils aiment mieux, malgré leur loyalisme, que ces jeux innocents se passent dans les cordes vocales impériales plutôt que dans les leurs. Ils affirment d'ailleurs, pour rassurer, que leur dévouement sera à la hauteur de toutes les épreuves. Et puis l'institut Leyden est là, et chacun sait qu'à l'institut Leyden, subventionné par la cassette de Sa Majesté, on cherche depuis dix ans, inlassablement, la guérison de tous les cancers. Il est possible qu'avant six mois...

Guillaume II reste seul, avec cette maigre espérance comme joujou. Il lui semble qu'à droite de son lit sont ses charges, les dures contraintes de son métier, qu'à gauche sont les stations du calvaire qu'il connaît bien, puisque son père les a parcourues, exemplairement.

D'abord, les examens successifs, les sondages, les angoisses multiples, les améliorations passagères, les inévitables rechutes, les atténuations de diagnostic, les mensonges surtout, les navrants mensonges que contredisent les voix des augures, leurs moues significatives, leur hâte à s'en aller, à fuir le souverain condamné.

Ensuite l'exode « au bon soleil » à Bordighera ou à San Remo, la régence confiée à l'impératrice, au fidèle Bulow, les longues journées devant la mer morne, les alternatives d'espérance et de désespoir, les opérations palliatives et inutiles, le yacht à l'ancre qui n'attend qu'un signal pour mettre son pavillon en berne, les correspondants de journaux stationnant dans les antichambres.

Et puis, chose plus amère que tout le reste, privilège des maisons royales, les visites du Kronprinz impatient de régner, ces horribles visites intéressées que Guillaume II se rappelle bien avoir faites jadis à son père. Alors il guettait les progrès du mal avec une mine avide où l'agonisant pouvait lire la fièvre de succession, une mine crispée d'héritier qui a peur que l'heure attendue ne sonne jamais. Son médiocre fils le guettera lui-même ainsi, avec des yeux hypocrites et identiques...

Ne m'accusez pas de cruauté, chers lecteurs. Il faut voir les choses comme elles sont. Que l'Allemagne pleure son souverain, qui a déjà son larynx dans la tombe avant d'y avoir les deux pieds, c'est son affaire. Elle a raison, car il y avait, en Guillaume II, sinon les moyens profonds, au moins l'apparence et l'appétence de la grandeur. Mais nous serions, nous autres Français, les derniers des niais de nous attendrir.

Rappelons-nous que celui qu'étranglent aujourd'hui les poignes croisées de l'hérédité fut impitoyable pour ses propres parents, pour son père dans l'affreuse déchéance de qui il peut suivre sa destinée au miroir, pour sa mère qu'il humilia, pour son plus illustre serviteur qu'il broya sans aucun scrupule. Il joua les Moloch couronnés et tous les courtisans applaudirent. Aujourd'hui sa cou-

ronne glisse, comme sous le poids de la malédiction paternelle ; elle se fait collier et garrot. Il n'y a certes pas
de quoi rire, mais laissons la compassion au vestiaire,
s'il vous plaît, avec le casque, les bottes et la lance.

Rappelons-nous que ce méchant voisin, alors qu'il
était debout et bien portant, passait sa vie à se féliciter
d'avoir reçu en partage héréditaire, par le fer et par le
pillage, un morceau de notre domaine. Il y avait en plus
un cancer dans le paquet. Puisqu'il garda le tout, c'est
parfait. La force prime le droit. Bel axiome! Je vous
offre en retour celui-ci : « La tumeur prime la force »,
sujet de tableau allégorique.

Rappelons-nous que cette guerre de 70-71, que le condamné de Potsdam glorifiait et sanctifiait sans trêve ni
répit, nous a valu notre état actuel, la République de
Waldeck et de Combes. Ce voyant de Bismarck disait de
nous en ricanant: « Ils cuiront dans leur jus »... Elève
injuste du duc de Lauenbourg, cuisez aujourd'hui dans
le vôtre.

Rappelons-nous les villes flambantes, les patriotes
fusillés, les massacres en tas de paysans, de francs-tireurs
et même de réguliers. Rappelons-nous Bazeilles... Grave-
lotte... Châteaudun. On n'épargnait ni femmes, ni enfants,
ni blessés. Pourquoi épargnerions-nous ce cancéreux ?

Rappelons-nous l'appauvrissement, l'indemnité monstrueuse de cinq milliards. Aujourd'hui, Sire, il faut *rendre
gorge*. Nous pourrions renoncer notre haine, si cette
haine était à nous, mais elle est à la patrie mutilée. Il
faut bien nous contenter d'une revanche que la destinée
nous accorde par le biais pathologique, hélas, non en récompense de notre valeur. Nous eussions préféré *votre*
Sedan dans la plaine et non sous la peau, offert par le
dieu des batailles plutôt que par celui de l'Hérédité. Tel
quel, nous l'acceptons néanmoins avec gratitude, en
attendant des jours meilleurs... Cette menace sur votre
descendance et vos peuples, c'est déjà une compensation.

L'ITALIE QU'ON VOIT

ET L'ITALIE QU'ON NE VOIT PAS

« On ne joue pas aux échecs avec un bon cœur. »
CHAMFORT.

La France est l'éternelle sentimentale. Nous supposons toujours que l'on nous aime, que l'on nous admire et que l'on ne saurait se passer de nous. Nous sommes aussi le peuple le plus subjectif de la terre, celui qui prête le plus volontiers aux autres ses façons de voir, sa manière de sentir et ses procédés politiques. Nous oscillons périodiquement, dans nos rapports avec les autres races, de la méfiance à l'emballement, et nous nous imaginons que nos bons voisins se conforment à nos variations et épousent nos vicissitudes.

L'Italie est l'éternelle intéressée. Terre d'invasion et de vieilles alarmes, elle suppose toujours qu'on la convoite, qu'on veut la duper et la démembrer. Le peuple italien est le plus objectif de la planète, le plus froid, le plus calculateur, sous une feinte agitation de poudre aux yeux, le plus dénué de fantaisie. Invariable et acharné dans sa conduite politique et diplomatique, implacable dans ses ressentiments et ses revendications, patriote

jusqu'aux moelles... d'autrui, il offre avec nous le contraste le plus complet.

Il n'est pas un Italien qui ne soit convaincu que la
France a volé à l'Italie son rôle historique et sa prééminence latine. Enfin, du Français à l'Italien, de l'Italien
vers le Français, il n'y a aucun courant de sympathie
vraie, aucune affinité de cœur ni d'esprit. Cette constatation a été faite mille fois. Celui qui sonda l'abîme avec
le plus de clairvoyant génie, de sagacité et d'arguments
irréfutables, fut sans contredit Auguste Brachet.

Je vous ai déjà entretenus, chers lecteurs, de ce grand
visionnaire du réel, auquel nous devons des œuvres
considérables de philologie et d'histoire, un dictionnaire étymologique, et ce monument posthume de la
Pathologie mentale des rois de France, dont le premier
volume a paru il y a quelques mois, qu'une pieuse initiative achèvera bientôt pour notre admiration et notre
instruction.

Auguste Brachet connaissait merveilleusement l'Italie
et les Italiens. Il avait vécu parmi eux, recueilli, selon sa
rigoureuse méthode, chez les écrivains, les poètes, dans
les archives, une masse de documents qu'il condensa
pour en tirer la moralité, sous ce titre : *L'Italie qu'on
voit et l'Italie qu'on ne voit pas*. Cet ouvrage est devenu
rare. Je vais le résumer à votre intention.

Qu'on ne me dise pas que les dispositions de l'Italie à
notre égard se sont modifiées depuis l'époque, d'ailleurs
relativement récente, où parut cette divinatoire brochure, chef-d'œuvre de structure et de pénétration. Une
race ne se transforme pas en vingt ans. L'Italie a-t-elle
donc cessé de faire partie de la triple-alliance, du « contrepoids » si cher à ce redondant imbécile de Jaurès ?
Mais comme elle a besoin d'argent pour payer sa bonne
flotte et sa mauvaise armée, elle escompte, grâce à ce
rapprochement, des traités de commerce encore plus
avantageux, l'entremise auprès de l'Allemagne (elle joue
avec plaisir le rôle d'honnête courtier). Elle a, dans
la garde-robe de Polichinelle et de Machiavel, choisi

le masque maçonnique, afin de mieux profiter des
ruines et désastres que la guerre de religion, menée par
les Juifs et les Huguenots, est en train d'accumuler chez
nous. Le vieux Loubet, qui s'y connaît en ruses de campagne, a conseillé à l'Italie de se peindre un triangle sur
le front, afin de complaire aux frères trois points et aux
barons de la race tronquée. Cet avatar eût ravi Brachet.
Je le vois se renversant dans son fauteuil pour rire
mieux à son aise, et s'écriant : *Bella, sympatica combi-
nazione!*

L'opuscule *L'Italie qu'on voit et l'Italie qu'on ne voit
pas* est donc divisé en sept chapitres, qui concernent
l'enseignement donné officiellement chez notre sœur
latine, auxquels devaient se joindre, dans la pensée de
l'auteur, un exposé des revendications transalpines et
une étude sur les agents du gouvernement italien à
Londres, Paris et Berlin. Brachet projetait aussi, comme
conclusion, une histoire naturelle du caractère italien,
d'après les historiens et les philosophes.

Depuis 1866, fait remarquer Brachet, le système réaliste et prussien de la propagande patriotique, par les
écoles a été adopté par l'Italie. Il ajoute : « Cette exaltation du sentiment national par l'enseignement n'a pas
peu contribué à donner à l'Italie nouvelle la conscience
de sa force et de son unité. » Il cite ensuite cet extrait du
livre classique de Gioberti, le plus répandu dans les
classes supérieures des lycées, pour l'enseignement de
la littérature nationale : « *C'est à l'Italie qu'il appartient
de dominer moralement les Français, et non à la France
de commander à l'Italie.* » Comparez ce fragment du
Castruccio Castracani, de Machiavel, adapté à l'usage de
la jeunesse studieuse : « *Les Français sont naturellement
avides du bien d'autrui... Les Français sont tellement oc-
cupés du bien ou du mal présent, qu'ils oublient également
les outrages et les bienfaits, et que le bien ou le mal à venir
n'est rien pour eux.* »

Toute la politique italienne est résumée dans les lignes
suivantes du même Machiavel, concernant son tyran

idéal : « *Il était obligeant pour ses amis, terrible pour ses ennemis et sans foi avec les étrangers. Jamais il n'employa la force là où il pouvait vaincre par la ruse. Il disait que c'était la victoire elle-même et non la façon de vaincre qui donnait la gloire. Jamais homme n'affronta le danger avec plus d'audace et n'en sortit avec plus de prudence.* » Ces maximes n'ont jamais cessé d'être mises en pratique par nos gentils voisins. L'historien et député Petrucelli della Gattina écrivait en 1867 : « *Entre le Français et l'Italien il n'y a aucune harmonie de conscience. Ou bien l'Italien a cessé d'être en harmonie avec la conscience de son pays, et on le flétrit alors dans son pays presque comme un renégat.* » Du même dans son *Histoire de l'Idée italienne du septième siècle à l'année 1870* : « *Sedan était arrivé ! Il y a à ce moment une ombre dans la carrière de Victor-Emmanuel : ce fut la neutralité entre les belligérants. Le roi perdit ainsi l'occasion suprême de reconquérir, à l'aide de l'alliance prussienne de 1870, les deux provinces que les Français nous avaient extorquées en 1860.* »

Je m'excuse auprès de mes lecteurs pour ces multiples citations, mais elles sont réellement instructives. Auguste Brachet a voulu donner la parole à notre sœur latine elle-même sur ses sentiments à l'égard de la France. Il énumère, dans le chapitre suivant, toujours d'après les ouvrages scolaires officiels, les revendications géographiques précises (Nice, la Savoie et la Corse). Quant aux cours d'histoire militaire, il extrait ceci de l'*Histoire de la Guerre franco-allemande* du colonel d'état-major Marselli, professeur d'histoire militaire à l'École supérieure de guerre. Voilà, certes, une autorité que l'on ne saurait récuser :

« *Je vois entre l'Allemagne et l'Italie des liens beaucoup plus solides que ce sentimentalisme des prétendues races latines, je veux dire les liens créés par le même sentiment national et par la même guerre à la prépondérance française... Nous avons reçu de nos voisins du nord (les Allemands) une double aide, l'une directe, l'autre indirecte (la*

guerre de 70-71). *Ce sont là les seuls liens vraiment in-
dissolubles entre les nations, parce qu'ils reposent non sur
la reconnaissance, ou sur de vaines réminiscences historiques, ou sur des subtilités sentimentales, telles que la
parenté des races latines, mais bien sur la complète iden-
tité de but et d'intérêts.* »

Et Auguste Brachet conclut qu'il y a loin de ces réflexions si sages et si vraiment politiques d'un patriote
italien aux niaiseries sentimentales de notre école
humanitaire. Qu'aurait-il dit, ce grand observateur, s'il
avait vécu jusqu'à nos jours sombres où l'étranger, pour
mieux accabler et désorganiser la France, emprunte,
encourage cyniquement des voix françaises, des plumes
françaises !

Je me le rappelle encore me répétant, de ce ton assuré
et confidentiel qui donnait tant de force à sa parole :
« Un homme y a vu clair. Et cet homme est Drumont.
Le Juif a une seule fonction historique : il ouvre la
porte à l'ennemi, moyennant une commission suffisante.
C'est pourquoi jamais, sous aucun prétexte, il ne faut lui
confier les clés de la ville. »

Nous avons livré les clés de la ville et le Juif ouvre à
l'Italien, en attendant d'ouvrir à l'Allemand. L'alliance
de Combes et de Nathan, grand-maître juif, pour le
compte de l'Italie, de la Franc-Maçonnerie internationale, ne profitera guère qu'au Roi-Fumier, pour commencer. Ensuite Guillaume II y trouvera son compte.

SCIENCE ET BONTÉ

J'ai connu deux hommes chez qui le don de savoir renforça toujours le don de sentir, chez qui la flamme intellectuelle illumina toujours la sensibilité : mon père et le docteur Potain.

Il arrive fréquemment que l'exercice continu de l'observation donne à l'observateur une certaine indifférence ; la curiosité scientifique ou vivante est une grande cause de sécheresse. Elle prime la pitié. Elle la redoute même comme une défaillance et une déformation. Un œil humide y voit moins clair. Une main qui tremble porte moins juste sur la plaie qu'il s'agit de sonder. La vanité de la constatation, l'orgueil vigilant de la découverte font trop souvent du chercheur génial une sorte de fauve au deuxième degré, un fauve de l'esprit, enivré de sa dure méthode.

Rien de semblable chez le docteur Potain. Il fut royalement, sans conteste, le premier médecin de son temps. Ceux qu'on pourrait lui donner comme émules n'eurent ni son habileté prudente, ni son pénétrant diagnostic, ni sa patience d'investigation. Les plus fameux parmi ses pairs furent de hardis théoriciens, des généralisateurs un peu hâtifs, et la plus grande partie de leur œuvre, celle qui ne repose pas sur les faits, apparaît déjà comme caduque.

Celui qui vient de mourir laisse dans les divers domaines de la médecine, notamment quant aux maladies du cœur, des recherches originales sur qui l'avenir aura peu de prise. Car il aimait passionnément la réalité, la sincérité, et ne s'aventurait que muni.

Il fallait le voir à l'hopital, dans ce vaste service de la Charité qui, sous sa direction, avait une activité si intense, parcourant les salles de son pas tranquille et sûr, s'arrêtant à chaque lit, interrogeant minutieusement, tendrement, chaque malade. Il a la voix un peu basse, étouffée, presque intime, et les élèves doivent tendre l'oreille pour recevoir la précieuse parole.

Ce visage *pascalien*, penché, aux traits inégaux, où les yeux divergent comme pour mieux saisir tout le réel, un regard vers le corps et l'autre vers l'âme, disions-nous, ce visage est tout éclairé par une lueur de bonté presque mystique, tant elle est surhumaine et constante. On la devine, on l'éprouve, cette bonté, ainsi qu'une atmosphère autour du maître. Elle rayonne chaleur et confiance.

Il remonte aux sources du mal avec un tact extraordinaire, procédant par une série de questions justes qui étreignent le problème de plus en plus. Quand il s'assure de son diagnostic et qu'il ausculte, la figure inclinée, les paupières mi-closes, les longs cheveux gris entourant l'oreille, c'est un profil de Holbein qui apparaît, tout en sagacité, en finesse, à travers un religieux silence.

Ensuite, il parle aux assistants, du même ton, voilé et grave, où certaines syllabes prennent un relief particulier, lorsque la conviction s'impose. Le geste est rare. Tantôt la main appuie machinalement la petite calotte de velours sur le front large et volontaire, tantôt elle esquisse, cette main, sur le drap blanc du lit, un *schéma*, un contour d'organe.

Il aime à montrer, à *faire voir*. Malgré toute son in-

dulgence, il sait la jeunesse pressée, superficielle, trop
confiante dans le texte imprimé et l'affirmation du professeur. Malgré toute sa modestie, il connaît la hâte in-
fatuée de beaucoup de ses collègues, et quel joli et
indulgent sourire lorsqu'il guette un visiteur n'aus-
cultant pas à la bonne place, mais hochant la tête d'un
air docte.

En deux ou trois mots très précis, lorsqu'auprès du
lit du malade la discussion s'égare et devient fumeuse,
il la ramène aux frontières utiles : « J'ai cru voir... j'ai
cru remarquer... Il m'a semblé apparemment que... Ne
vous paraît-il pas avec quelque attention ? » Il ne saurait
entourer son avis de formules trop atténuantes et j'imagine que Michel de Montaigne eût admiré, dans ce
maître presque infaillible, la réserve et la discrétion.

Je n'insiste pas sur le côté purement humain de cette
promenade matinale au long de la misère terrestre, sur
les paroles de consolation aimables, courtoises, prodi-
guées avec cette étrange pudeur, cette adorable gêne
dans la charité qui fut la marque du docteur Potain. Il
se sauvait après son bienfait, matériel ou moral, à
grandes enjambées, comme s'il eût voulu fuir la reconnaissance qui par malheur s'attachait à ses pas.

Dès l'aube devant son domicile, puis à la porte de
l'hôpital, puis dans l'escalier du service, puis à l'entrée
même des salles et dans les vestibules, puis le long des
corridors étroits, sombres, devant son laboratoire, puis
à la consultation, à l'issue de celle-ci, dans la rue, auprès
de la grille, c'est toujours la même silhouette humble,
peu variée, qui s'incline, le même murmure d'implo-
ration.

Homme ou femme, vieille ou jeune, en vêtements
neutres, ancien étudiant tombé dans la bohème, ancien
malade, pauvre bougre sans motif, tous savent que la
bonté de M. Potain est la seule incessante, la seule inépuisable, la seule qui vide son propre porte-monnaie
avec une aisance incomparable. Car ce geste du don, le
vieux maître le fait toute la journée ; il le fait ce geste

de l'aumône, de la largesse, de la consolation, comme on marche et comme on respire.

Quand on a un ennui, un mal, un bobo, un chagrin, c'est à M. Potain et toujours à M. Potain qu'on va le confier, le montrer, le remettre, comme si cela lui revenait de droit, comme si c'était sa part sur cette terre. Jamais nul ne lui connut un mouvement d'impatience, ou d'écart, ou de lassitude.

On souffre, par quelque endroit, on a du tourment, de la douleur, de l'angoisse, on a faim, on a soif, on a froid. Eh mais! M. Potain est là pour quelque chose. Il trouvera bien un remède, *le* remède, lui.

Il le trouva toujours. Ce fut là le miracle. Il multiplia les pains sans compter. Pour toutes les souffrances hautes ou basses, intermédiaires et dissimulées, pour les hontes, les tares obscures, les transes affreuses, il eut un arsenal de soulagement tel qu'il faudra longtemps à la destinée afin d'en reformer un semblable. Il mettait sa main lumineuse sur l'épaule de la détresse et la détresse cédait. Le malheur lui donnait des sursis.

Je songeais à ces choses, étranglé d'émotion, pendant le service funèbre célébré l'autre jour à Sainte-Clotilde. Le chant sublime de Stradella : « *Pieta signor* », emplissait la nef et les cœurs. Il y avait là l'Institut, l'Ecole de médecine, une délégation des Facultés, beaucoup de professeurs en robes rouges. Dans les bas-côtés circulait une foule anonyme, émue. Des gens sanglotaient dans des coins, derrière des piliers, près des confessionnaux.

Le rayonnement de la bonté autour de la science m'est apparu là manifeste et plus beau que la science elle-même.

J'admirais que la religion, respectée par le glorieux et pauvre patron, que la musique adorée de lui fissent ainsi un réseau brillant et divin pour l'assomption de son âme sans souillures.

Si elle monta, cette âme, maître vénéré, portée par tous vos bienfaits inconnus, tels qu'autant d'anges resplendissants, elle dut arriver vite aux pieds du créateur.

Il n'en fit jamais de plus candide, de plus sainte, de plus chrétienne.

Or, cet ascète goûtait la vie, en savourait, comme personne, les moments heureux et délivrés. M. Potain comprenait toutes les choses de l'art et de l'intelligence. Il ne se tenait à l'écart de rien. Ses cours étaient des modèles de sobriété et d'élégance. Il en soignait la forme. Il portait un goût parfait dans la causerie et la discussion. Au milieu de son formidable labeur scientifique, il trouvait le moyen de se renseigner et de lire pour son agrément de lettré.

En lui rien de pédant ni de morose. Ah ! c'était bien le sage Français, selon le biais de notre race, qui n'insiste pas, ne heurte pas, ne se crispe pas sur les problèmes. Il avait une ironie douce, nuancée, que soulignait le plus fin sourire, et une gaîté d'enfant dont s'éclairait tout son visage.

Il fut d'ailleurs ardent patriote et là guerre franco-allemande, pendant laquelle il fit plus que son devoir, avait laissé en lui, comme en tous ceux de sa génération, une empreinte ineffaçable.

Et lorsqu'on attache sa réflexion sensible à un de ces hommes qui, comme le Dʳ Potain, sont les héros de leur profession, on trouve faible et fausse la formule fameuse que *la science n'a pas de patrie.* La science n'est pas surhumaine ; elle n'est pas détachée des conditions de ceux qui la portent. Elle circule dans leur sang comme la race et la coutume, comme le passé et la descendance. Elle est empoisonnée par leurs vices et parfumée de leurs vertus.

LA TYRANNIE DES PRIMAIRES

Le retour du penseur prodigue, que l'on nous annon-
çait depuis si longtemps, est aujourd'hui une chose accomplie. M. Clemenceau rentre dans l'arène avec une
belle assurance philosophique et des arguments plein
ses poches. On avait d'abord pensé à tuer le veau Combes
pour fêter cet heureux événement. Mais le veau Combes
est si occupé à lécher et panser les plaies de son Edgar,
qu'on lui laisse encore quelque loisir, par pitié comme
par déférence. Le ministère Clemenceau, s'il se forme,
ne sera constitué qu'après-demain.

J'aimais mieux M. Clemenceau quand il était un épouvantail que depuis qu'il est devenu un penseur. D'abord,
j'étais plus jeune et j'acceptais l'opinion des personnes
compétentes qui me le donnaient pour un orateur de
premier ordre. On disait de lui : « Ce n'est pas un bavard. Il exprime son idée tout net, brutalement, et puis
il s'en va. » Je l'entendis à un banquet en l'honneur
d'Edmond de Goncourt, où beaucoup d'écrivains illustres
avaient parlé avec tact et brièveté. Il exprima longuement des idées qui n'étaient pas les siennes, en ce sens
qu'elles traînaient partout, et puis il ne s'en alla pas. Il
avait l'air d'un politicien désabusé qui va faire son nid
dans la littérature et n'en bougera plus.

Ensuite je lus ses recueils d'articles. ses préfaces, son pauvre roman : *Les plus Forts*, je vis sa pièce : *Le Voile du Bonheur*, sorte de conte moral dans la manière de Marmontel et je fus, je l'avoue, terrassé.

On nous avait trompés, M. Clemenceau n'avait pas de talent. Très exactement, il datait. Il donnait l'impression pénible d'un premier prix de l'école du soir des environs de 1875, alors que florissait la philosophie d'Herbert Spencer, et que beaucoup de laborieux et de naïfs s'imaginaient tenir enfin une explication générale de l'univers, grâce à la doctrine de l'évolution.

On reconnaissait, dans l'auteur du *Grand Pan*, un de ces primaires égarés dans l'enseignement supérieur, si fréquents à notre époque, qui, après quatre années de médecine et deux diplômes, expliquent, à qui veut les entendre, la non-existence de Dieu en cinq preuves, et la nécessité de la liberté intégrale en cinq leçons. Jadis, du temps qu'il était un « épouvantail », M. Clemenceau terrorisait ses contradicteurs avec les balles de son pistolet. Aujourd'hui, il les crible d'arguments irrésistibles, à la façon d'un Homais retouché par Stuart Mill.

Son entourage avait su persuader au valeureux transfuge du Palais-Bourbon qu'il y avait en lui l'étoffe d'un Descartes et d'un Chateaubriand.

On s'attendait, pour le jour où il daignerait publier un ouvrage en quatre cents pages, à un succès étourdissant.

Les libraires auraient-ils seulement le temps de s'approvisionner ? Comment s'arrangerait-on pour enrayer le flot d'articles et de discussions qui risquaient de submerger la parole du Maître ? On se répétait mystérieusement qu'il avait là, dans son tiroir, une série romanesque dans le genre de Balzac, un traité complet de métaphysique rationnelle, douze drames (dont cinq pour Porel. Heureux Porel !) et un projet de constitution extraordinaire.

La ville cependant restait calme. L'œuvre tant annoncée parut dans un silence de mort, qu'on put interpréter

d'abord comme une stupeur d'enthousiasme, le recueil-
lement de la forêt avant l'orage, qui prit, au bout d'une
semaine, sa signification véritable... C'est ainsi qu'après
quelques hésitations et la campagne en faveur de Dreyfus, voici M. Clemenceau revenu résolument à la polémique et à la politique.

Chaque matin, désormais, il nous parlera de *la faction
romaine* et des empiétements du clergé. Il écrira des
phrases comme celle-ci : *Pourquoi l'homme ne secourrait-
il pas l'homme, tout simplement, sans s'attarder aux
questions d'intérêts et de fin dernière, sources de haines et
de massacres jusqu'ici, plutôt que d'amour humanitaire?*
(Eh oui, pourquoi pas, en somme?) *L'en-deçà et l'au-delà
de la vie n'importent guère quand un homme vous dit : j'ai
faim. Du pain d'abord, quitte à philosopher plus tard.*

Sans doute, mais M. Clemenceau ne s'aperçoit pas
qu'il commence par philosopher, dès l'aube, et que plus
tard seulement, dans la journée, il distribue le pain aux
pauvres. J'ai peur d'ailleurs, oserai-je l'avouer, qu'il ne
leur serve plus de conférence que de soupe. Ce qui m'at-
triste un peu, personnellement, c'est cette constatation
que l'en-deçà et l'au-delà de la vie n'importent guère en
présence d'une vraie fringale. Jusqu'à ce que les plus notoires pauvres de gouvernement aient été rassasiés par
les soins du leader radical, nous voici donc privés, et
juste au moment des chaleurs, de tant de beaux aperçus
philosophiques, d'ingénieux rapprochements, de doctes
ironies !... Et Porel n'aura pas sa pièce. Et j'aperçois au
lointain le Bergerat de *Petite Mère*, qui, voyant la place
libre, s'élance, un nouveau manuscrit sous le bras !...

Vous distinguez encore une fois, dans cette logomachie de l'ex-épouvantail-penseur, devenu, sur le tard,
philanthrope, les caractéristiques indubitables de cette
sociologie au rabais que l'on débite dans les faubourgs,
sous un quinquet fumeux, aux malheureux incapables
de se défendre et de réfuter ou critiquer le professeur.
M. Clemenceau a compris qu'il pouvait bien épater, avec
ses poncifs grandiloquents et ses réminiscences de Dar-

win, les ânes rouges de la majorité parlementaire, mais qu'il lui serait plus difficile d'impressionner le public cultivé. C'est pour cela, autant que par ambition, qu'il a de nouveau délaissé la bibliothèque pour la tribune.

Nous ne sommes nullement en République. Nous sommes en « primairocratie », si je puis me permettre de forger un mot aussi barbare. Les Clemenceau et les sous-Clemenceau pullulent et font la loi. Ils la font d'ailleurs à leur image, compliquée et sommaire, prétentieuse et despotique. Ils ont l'allure hautaine et conquérante de citoyens pressés qui tiennent la vérité dans leur poche. Ils savent qu'elle est là. Ils n'ont même pas besoin de la faire sortir. Si vous ne les croyez pas sur parole, attention! Voici la Haute Cour qui s'apprête. Les caïmans endossent des robes de juges et commencent à faire claquer leurs mâchoires. A nous les amendes, les mois de prison et la déportation en masse.

On va étrangler demain successivement, en vertu de ce principe que l'homme doit être libre, la garantie du jury, la liberté de la presse, toute liberté de discussion. Vous pouvez être sûrs que M. Clemenceau et ses pareils trouveront, sur chacune de ces suppressions, des arguments décisifs et sans réplique. Ces philosophes, spiritualistes dans le mode de Combes, ou évolutionnistes comme le Grand Pan et comme la lune, n'admettent pas qu'on contredise leurs arrêts. Ces ratés de la littérature, de l'art dramatique, de la métaphysique, se vengent, primaires qu'ils sont, en imposant leurs doctrines burlesques, leurs aphorismes de cuistres au début, et ces bâtons calligraphiques et laborieux qu'ils prennent pour de belles pages de style. Ils ont la certitude *scientifique*, je vous dis, ces vétérinaires honoraires, qui démontrent, après le repas, à leurs électeurs ébahis, avec leur café et deux morceaux de sucre, comment gravitent les astres et se forment les constellations. Il ne leur faudra pas plus de dix années pour arracher la France à ses superstitions, aux griffes de la FACTION ROMAINE!

Comme c'est simple! Il y a l'homme et la nature qui

sont en présence et qui se guettent, et point n'est besoin du bon Dieu. Vous prenez l'homme ; vous l'instruisez. Vous prenez la nature ; vous la domptez. Ensuite, vous réconciliez l'homme et la nature et vous les envoyez jouer au jardin, qui n'est plus le paradis terrestre, en leur défendant de se battre et de se mettre en nage. Du coup, la guerre est supprimée. Les peuples s'embrassent. L'industrie et la physiologie font des progrès énormes. Plus de prêtres, ni de militaires. Des Clemenceau partout, à tous les étages, prêts à résoudre rapidement les rares énigmes subsistantes.

Il y eut jadis la table rase, le plus simple et le plus nigaud des systèmes de philosophie. Il y a aujourd'hui le tableau du raseur.

Sans doute vous n'avez pas lu, chers lecteurs, les derniers livres d'Emile Zola, le fatras le plus vide et le plus insupportable qu'ait amoncelé l'outrecuidance d'un autre primaire.

Dans quelques pages de ces indigestes manuels, prises au hasard, car toutes se valent, vous découvririez cependant, avec une attention même superficielle, une conception du monde physique et moral et de sa destinée très voisine de celle de M. Clemenceau. Les merveilles de la science et de la nature sont exposées et commentées, chez l'un comme chez l'autre, avec un même luxe criard de baraque foraine, une même sérénité dans l'affirmation, qui déconcertent, mais semblent fort assortis à leur époque. Car il n'est rien de plus crédule, de plus impressionnable au pédantisme que le suffrage universel, et celui qui parle à la masse a besoin d'aplomb, non d'autorité.

Zola fut le patron de la primaire, par son abondance, sa truculence, le gargouillis de ses métaphores et son manque épique de sens critique. M. Clemenceau n'en est que le recteur. Il l'administre et l'instruit nerveusement. Rien ne l'embarrasse. Il a réponse à tout, tout de suite. Il a, sans aller nulle part, l'air fiévreux de quelqu'un qui marche à un but déterminé. Cet hésitant de sa propre

carrière, a toujours fait mine de bravache. Il est de ceux,
jamais noyés, qui surnagent quand le niveau baisse.
Aucun cliché ne lui fait peur. Nul ne manœuvre comme
lui le distinguo. Il est un des derniers personnages qui
se plaignent encore des Jésuites et écrivent mélodrama-
tiquement ce mot : *Syllabus*. Il est parfaitement désigné
pour mener le jacobinisme à son aboutissement naturel et
historique : la dictature... Mais il ne sera pas le dictateur.

LES LEÇONS DU RADIUM

Ce qui me plaît le plus, je l'avoue, dans cette passionnante découverte du radium, c'est qu'elle soit, pour tous les savants, une leçon de modestie. On sait, en effet, que cette substance nouvelle, qui semble tombée non de la lune, mais du soleil, déroute la plupart des lois physico-chimiques communément admises. Elle rayonne indéfiniment, sans perdre de son poids, de la chaleur et de la lumière. Il n'y a pas d'obstacle à son action. Appliquée sur le front, elle éclaire le cerveau, sans l'intermédiaire de l'œil. Enfermée dans une petite boîte et placée sur la peau, elle la brûle et la cautérise. En un mot, ce radium est vivant et ses manifestations déconcertent. Il va falloir que les pédants au bonnet carré révisent leurs « immuables axiomes », ces intangibles formules dont ils étaient si fiers.

Nous rebat-on assez les oreilles, depuis quelques années, avec la science souveraine, bienfaisante, au progrès méthodique et constant, sans aléas, erreurs, ni recul, la Science opposée à la Foi, apportant la lumière là où la foi amoncelait les ténèbres ! La Franc-Maçonnerie emboucha cette trompette d'un sou que la science était un attribut de la laïcité, quelque chose comme un adjuvant de l'anticléricalisme.

Il y eut le domaine de la Raison (avec un grand R), qui fut celui des Frères Trois-Points, et le domaine de l'ignorance, qui appartenait à la religion chrétienne. Aujourd'hui, il n'y a pas un Apache qui n'explique sa haine de « la calotte » par son amour de la chimie ou de la mécanique, qui ne se réclame de Galilée, de Copernic, de Claude Bernard. Ces gentilshommes gravent sur leurs couteaux : « A Marcellin Berthelot, pour la vie. » Et je ne serais pas étonné que Mœrdès fût un auditeur assidu de cette éminente nullité qui a nom Gabriel Séailles.

C'est pour les vrais savants qui ne président pas de congrès de la Libre-Pensée, qui ne sacrifient pas leur dignité au désir indécent d'un portefeuille ministériel, qui n'encouragent pas les envahisseurs d'églises, c'est pour les savants consciencieux et modestes un sujet d'ironie et d'inquiétude que cette participation de la rue aux travaux de laboratoire, que cette collaboration du mandarin officiel et du pire voyou. La démocratie est une pente qui va de l'infatuation au ruisseau. Le cuistre démocrate suit cette pente. Le régime parlementaire est un vaste tréteau où tous aspirent à la vedette, à l'affiche grand format, depuis Homais jusqu'à Gavroche. Tel qui instruisait une élite s'abaisse à endoctriner une foule. Le cabotinage de la tribune finit par s'imposer à la chaire professorale. L'enseignement supérieur se fait primaire. Le caractère du maître s'avilit.

Quiconque a donné sa vie et consacré son esprit à la science, loyalement, sans arrière-pensée politique ni commerciale, n'ignore pas que la tolérance et le respect des opinions et convictions d'autrui deviennent, par cela même, ses règles de conduite.

La première condition pour interroger efficacement la nature et avoir chance qu'elle vous réponde sur ses problèmes particuliers, c'est de ne pas crier sur la place publique, comme un camelot, une solution sans contrôle possible à l'énigme de l'univers, c'est de ne pas mêler, par un baroque assemblage, l'affirmation à l'investigation.

Excellent quand il traite de la synthèse chimique, M. Marcellin Berthelot tourne au personnage bouffe quand il nous certifie que Dieu n'existe pas.

J'ai connu dans ma vie un véritable sage. Il s'appelait le docteur Potain. Sa modestie, comme sa culture, comme son génie d'observation et d'intuition, était extrême. Il n'avançait jamais une formule affirmative sans se garer à l'aide de locutions restrictives telles que : « Il me semble bien... Dans l'état actuel de nos connaissances... Autant que j'ai pu le vérifier. » Il attendait et il appelait sans cesse le radium, je veux dire la découverte nouvelle qui allait modifier ou entraver les théories antérieures, imposer de nouvelles recherches, une terminologie différente. Il n'était jamais surpris par un aspect inédit de la réalité, par une action, une transformation inconnue de la matière, tenté de se révolter contre elles. Il gardait son intelligence ouverte à tout le possible, accueillante même à l'invraisemblable. Il respectait le mystère dans la croyance, qui est comme son vêtement extensible. Tout sectaire lui faisait horreur, à cause de l'ombre qu'il projette.

C'est que le radium, qui désoriente la doctrine admise, est fréquent dans tous les domaines de la science. J'ose affirmer qu'il le sera de plus en plus. A mesure que le terrain s'étend, la graine venue du lointain horizon, des espaces invisibles a plus de chances de tomber sur lui, de germer, de l'ensemencer. Il y a toujours du neuf sous le soleil de la curiosité. Ce qu'on peut souhaiter de meilleur au maître, c'est de préserver en lui la fraîcheur d'impression, la candeur féconde de l'apprenti. Heureux ceux à qui un vain orgueil n'a pas désappris l'étonnement !

Le châtiment des savants infatués, racornis par l'âge et les honneurs, c'est qu'ils ne trouveront jamais un radium. S'ils le rencontraient, par hasard, sur leur route, ils le rejetteraient, ils le nieraient, comme contraire à leur corps de doctrine. Le pédant ne hait la religion que parce qu'il a son dogme à lui, façonné de bric et de broc, dont il est fier. Le dogme religieux est pour lui un rival. S'il n'avait pas dépassé les limites du relatif, qui sont les bornes mêmes de la science, afin de discuter sur l'absolu, sur les raisons que la raison ignore, il n'aurait ni cette aigreur, ni cette colère, il échapperait à ce ridicule

de tailler sa toge en soutane carnavalesque, d'opposer le
catéchisme de l'incrédule au catéchisme orthodoxe, de
sortir de ses attributions pour insulter et combattre les serviteurs d'un culte qui n'est nullement du ressort de sa culture. Je vais plus loin : celui qui ne s'incline point devant
le miracle ne trouvera jamais le radium. Car le miracle,
c'est la lueur divine qui court sans cesse devant les
humains et ne se laisse jamais saisir, mais dépose en passant, sur les phénomènes de la vie, une clarté qui per-
mettra au sage de les interpréter demain. Les matérialistes croient que le miracle, c'est le champ obscur de
notre ignorance, que la science défriche peu à peu. Ils
disent : « L'homme, un jour, réalisera son idéal. » Parole
absurde. Car l'homme, ce jour-là, privé de stimulant,
sans motif pour agir ni se mouvoir, tomberait dans le
sommeil de la mort.

N'espérons pas, d'ailleurs, que la belle découverte de
M. Curie impose silence, pour quelque temps, à nos
pédants de bibliothèque et de laboratoire. Forcés d'accepter le camouflet que le radium donne à leur rudiment,
ils redresseront bientôt la tête et recommenceront de
plus belle à affirmer ce faux antagonisme de la science
et de la religion qui est le *Credo* du primaire et le « Syllabus » de l'Apache.

Songez que la science moderne a cent ans à peine :
pareille à un enfant précoce, elle constate des faits dont
la cause lui échappe et balbutie des hypothèses vite
écroulées et remplacées par d'autres, comme elle cons-
truirait des châteaux de sable. Ses meilleurs adeptes, ses
plus illustres guides se préoccupent de la voir si vaine de
ses succès, si satisfaite de soi.

Dans un ouvrage récent et remarquable (1), M. Poin-
caré, membre de l'Institut, mathématicien admiré de
l'univers, s'effrayait de cette tendance à faire des idoles
avec des suppositions, à prendre la paille des mots pour
le grain des choses. Il démontrait que l'état de doute

____

(1) *La Science et l'Hypothèse.*

permanent est le seul qui soit permis au savant, que les premiers principes de toute science sont eux-mêmes des postulats incertains.

Les connaissances, si vastes et si précises soient-elles, ne changent pas le moral d'un individu. Elles ne font point du fanatique un libéral, ni de l'avare un généreux, ni de l'outrecuidant un modeste. Elles ne transforment point davantage son tempérament national et, pas plus qu'elles ne touchent au tuf du caractère, elles n'entament le tuf de la race. Elles sont un bagage qui se plie à la capacité, qui se modèle sur la forme du chargeur.

Nous ne sommes pas seulement des êtres intelligents, des raisonneurs. Nous sommes aussi, et surtout, des êtres sensibles. Or, jamais la science, si dominatrice qu'on la suppose, ne réglera la sensibilité, ne modifiera, dans nos intimes balances, l'équilibre de la joie et de la douleur, de l'espérance et du renoncement. Elle exaltera, par l'étonnement, la stupeur de paysages et d'horizons nouveaux, des néophytes. Mais plus ils s'habitueront à elle et s'assoupliront à sa contrainte, moins elle sera apte à les consoler, à les élever, à les ennoblir, moins elle aura de prise sur leurs âmes.

Je pense sincèrement que beaucoup de découvertes analogues à celle du radium rendront de plus en plus nette la ligne de démarcation entre la curiosité du relatif et la confiance dans l'absolu, entre les réponses partielles à l' « en-deçà » et la réponse globale à l'au-delà, entre l'appétence du cœur et la convoitise de l'esprit. Il y aura toujours, bien entendu, des sorciers pour brouiller les genres et crier qu'ils réfutent le Paradis en pilant du sulfate de potasse. Il y aura toujours sur le Forum des arracheurs de dents et d'espérances... Mais on les écoutera d'autant moins, que le nombre augmentera des sages respectueux, de ceux auxquels l'idée de Dieu ne paraît point un trop mauvais guide à travers la pénombre des laboratoires, que l'Etoile au-dessus de leurs lampes ne gêne pas.

GÉNIE ET PATRIE

Aux grands hommes la Patrie, quoi qu'en dise le Panthéon, n'a pas besoin d'être reconnaissante. Ils tiennent d'elle leur force. Elle les suscite, les dresse et les inspire.

Ces fêtes officielles, si froides et si ternes, par lesquelles le gouvernement cherchait à accaparer la gloire rebelle de Victor Hugo, furent surtout, comme on pouvait s'y attendre, les fêtes du lieu commun. Il s'épanouit sur les lèvres de défense républicaine. On nous affirma que « pour les génies, les frontières éclatent, la Patrie s'étend au monde civilisé tout entier. »

Il n'est rien de plus faux qu'une semblable thèse. Le génie, comme la passion, comme la foi ou le sacrifice, fait avant tout sourdre la race. Mince filet idyllique aux heures tranquilles, c'est elle qui, aux heures héroïques et tragiques, déchaîne le torrent des images violentes. Ceux au-dessus de qui brilla l'étoile flambante furent sans cesse, au courant des âges, exaltés et nourris par leurs ancêtres.

C'est ainsi que, dans Victor Hugo, nous admirons le fils direct de l'épopée impériale, le fourrier sublime des métaphores auquel furent transmis les âpres aspects du Rhin allemand, les tièdes dégels de la plaine lombarde, les crispations ocreuses de l'Espagne. Son vers prodigieux a le nombre et la cadence des armées en marche.

Parfois il se brise et s'égaille, sûr du succès final, non-chalamment musard et victorieux. Parfois il se concentre, serre les rangs, forme le carré. Oui. cette âme a chanté « dans les clairons d'airain ». Elle envahit et brûle notre mémoire. Encore qu'elle fasse, à ses heures, l'orgueil des pacifiques et la joie de l'internationale, elle a la furie militaire.

Voilà ce que ne pourront jamais comprendre les solennels nigauds du laboratoire artistique et de la clinique sentimentale, les Lombroso, contre-Lombroso et sous-Lombroso qui décrètent, la main sur un moulage de cerveau, que le génie est frère de la folie, que Shakespeare, le Dante, Montaigne, Gœthe ou Victor Hugo s'expliquent très simplement par la rougeole, les oreillons ou une vieille épilepsie dans la famille. Ces cuistres s'imaginent avoir fait une grande trouvaille quand ils ont découvert qu'un cousin de Byron se rongeait les ongles ou que la tante d'Erasme était scrofuleuse.

Je n'ai jamais saisi, pour mon humble part, l'intérêt de ces prétendues analyses. Elles sévissaient surtout à l'époque où l'on disait réalisme au lieu de réalité et naturalisme au lieu de naturel. Il est délicieux, pour les ignorants, de coiffer le bonnet de Diafoirus et de juger les hommes de génie du haut de vingt leçons d'anatomie.

Aujourd'hui ce travers, heureusement, décroît. Nous reviendrons peu à peu à l'idéal par l'utile détour de la connaissance, et la bonne culture de demain sera, on peut le conjecturer, mêlée d'humanisme et de science.

En revanche, la question des origines apparaît, quant à la genèse des hommes de génie, comme de toute première importance.

Victor Hugo a indiqué, pour lui-même, dans une pièce fameuse, qu'il était né « *dans Besançon, vieille ville espagnole... d'un sang breton et lorrain à la fois* ». Maurice Barrès, en de récents articles, s'occupa du filon lorrain avec sa compétence ordinaire pour tout ce qui touche à ces questions ethniques. Il nous plaît de remarquer que

la Bretagne forma Chateaubriand et Lamennais, chez qui
se retrouve, avec une envergure différente, plus ou moins
d'embrun ou de tumulte, le flux ou le reflux de l'Océan.
L'apostat Renan, lui, de cette alternative du flux et du
reflux, ne conserva que la contradictoire, avec cette grâce
trouble des pays brumeux, par quoi il remplaça la
Grâce.

C'est une satisfaction pour notre esprit, pour la filière
de nos remarques, que Montaigne et Montesquieu soient
presque « pays ». Nous nous émerveillons de ce véritable frisson lyrique, de ce contraste du froid et du
chaud qu'on remarque en l'hérédité du poète russe
Pouchkine, petit-fils d'une Slave et d'un esclave abyssin.
Edouard Drumont a parfaitement mis au jour le côté no-
made-juif de Henri Heine, ce vagabond de la sensibilité
qui promène partout son sarcasme et la douloureuse
raillerie d'un nerveux sans attaches traditionnelles... Le
profil dogmatique de Jean-Jacques Rousseau fut modelé
sans doute par la pédante Genève.

Ce qui nous ravit dans l'œuvre de Rabelais, c'est la
multitude de saveurs de terroirs, de « bouquets », qu'elle
mêle dans une sorte de cuve formidable. Cela bout et
cela fermente pour l'éternelle ivresse humaine. Ici le lyrisme devient satire, ici le dieu Pan cède au faune familier, selon la foulée d'un raisin qui vient de la Touraine,
de l'Hérault, des coteaux de la Seine. J'ai, dans ma bibliothèque, un exemplaire de Rabelais appartenant à mon
père, à la fin duquel il s'était amusé à noter les idio-
tismes, les locutions proverbiales et provinciales, ce qui
fleure le champ, la rivière, le bois et le village.

On pourrait multiplier à l'infini les exemples. Prenez
le cas de Frédéric Mistral qui, lui aussi, bien que très
vivant, doit être considéré comme un homme de génie,
car il a remis en honneur la langue d'oc et écrit des
poèmes immortels. Sans doute, comme un Gœthe ou un
Hugo, il convient à l'humanité tout entière, mais seuls le
goûteront à fond ceux de son sol et de son climat.

Cela est tellement vrai qu'il n'y a pas de génie universel. Shakespeare n'aura jamais en France sans doute la place qu'il mérite et qui est évidemment la première, car il renferme autant d'humanité diverse que Hugo renferme de *moi* exaspéré. Victor Hugo lui-même n'est célèbre que par les races latines. L'Allemagne pensante l'ignore et l'Angleterre poétique ne tient pas compte de lui. Un jour que nous serons de loisir, nous chercherons ensemble, si vous le voulez bien, les caractéristiques saxonnes, si différentes des caractéristiques pour les riverains de ce grand lac qu'on appelle Méditerranée.

Pour moi, l'homme de génie tient d'abord à son sol, à sa grande patrie (France, Italie, Allemagne, etc.), à sa petite patrie (nord, sud, centre, province, etc.). C'est cette localisation sur un terrain précis qui donne à son œuvre un goût unique. Le style, c'est moins l'homme que l'emplacement.

Ensuite, l'homme de génie tient à ses ancêtres qui mêlent, eux, des saveurs de races parfois très multiples et même opposites. Il offre en outre cette particularité d'une sensibilité si étendue et si vive que, dans sa course à travers la mémoire, elle réveille incessamment des fantômes. Le perpétuel frisson épique, héroïque ou lyrique, fait surgir, des profonds abîmes de la mémoire ancestrale ou héréditaire, des figures d'avares, de prodigues, de chastes, de luxurieux, de mécontents, d'allègres, de mélancoliques, des aptitudes de sentiments, de vices, de vertus, et presque de métier, des habitudes, des manies, des tics même, des façons de voir et des tours de langage.

La personnalité géniale est ainsi telle qu'un cep de la vigne natale autour duquel s'enroulent, sur lequel se greffent toutes les plantes et herbes folles de l'hérédité. C'est ce qui permet à l'homme de génie de donner la vie à tant de personnages. Il ne fait que dénommer ses propres fantômes. Dites-vous bien que l'œuvre d'un Shakespeare, si anglais, ou d'un Balzac, si français, n'est, en quelque sorte, que le cri de leur conscience nationale et familiale, qu'un abrégé de leurs ancêtres. Ils ont écrit,

transcrit ce qu'on appelait jadis leurs « livres de raison »,
l'histoire de ceux qui les engendrèrent. Ils sont, pour
notre joie, comme le résumé et le miroir, comme le magnifique aboutissement de toute une longue série humaine, la plus haute fleur sur la hampe, à laquelle montent
les plus forts parfums et les couleurs les plus délicates.

Un homme formé de plusieurs hommes est ainsi plus
capable de sentir, plus capable aussi d'exprimer.

Son âme, tramée de plusieurs âmes, possède une richesse changeante. Sans trêve, il bouge et se modifie. Ce
qui lui donne la cohésion, ce qui forme le faisceau de
tant de baguettes, c'est le sens profond de la race. C'est
là aussi ce qui est en lui le plus susceptible et le plus
irritable. C'est pourquoi les hommes de génie ne sont
jamais mieux inspirés que comme hérauts du patriotisme. Ils communient en ce fraternel instinct avec leurs
concitoyens les plus humbles. L'amour de la patrie, c'est
le pain qu'on partage aux hauts bouts de la table ainsi
qu'aux bas-côtés, l'aliment foncier et inépuisable.

L'ASTRONOME

Le drame très adroitement tiré par M. Henry Bataille
du beau livre de Léon Tolstoï, *Résurrection*, les tristes
nouvelles des Doukhobors, ses disciples, commentées
par notre confrère Lucien Descaves, remettent au premier plan de l'actualité le penseur d'Iasnaïa-Poliana. Le
vieil astronome marche à l'étoile avec une sérénité magnifique. Mais, tandis que lui-même tient la tête levée
vers un idéal impossible, ses doctrines hagardes, violentes et funestes comme des mains d'aveugle, font
choir dans le puits ceux qu'elles étreignent.

Les Doukhobors sont ces illuminés qui, ayant pris au
sérieux le précepte de la non-résistance au mal par la
violence, refusent de porter les armes, de payer les
impôts, de posséder et de cultiver la terre autrement
qu'en collectivité, de légaliser l'union libre, de fournir le
moindre renseignement au recensement et à l'état civil,
de tuer les animaux, de se vêtir de leur cuir ou de leurs
poils, de manger leur chair, de se laver... On se demande
pourquoi ils admettent la marche, qui humilie le sol, et
la respiration, qui vicie l'air.

D'abord relégués au Caucase, puis émigrés au Canada
et dans l'île de Chypre, insociables par excès d'humilité,
intolérables par frénésie de simplicité, ces adeptes du

nouvel évangile sont aujourd'hui errants, à moitié fous, décimés par la misère et les privations de toutes sortes. L'épopée mystique s'achève en déroute. La vie et le bon sens se vengent cruellement de ceux qui méconnurent leurs droits.

De loin, le vieil apôtre leur adresse des encouragements, des admonestations et des épîtres. Il leur crie de la rive : « Nagez toujours ! » Le dernier terme de l'égalité et de la justice n'étant réalisable que par la mort, il attend sans impatience, la main sur l'encrier, le regard sur les aiguilles du destin, que son auguste parole s'accomplisse, que les infortunés Doukhobors soient enfin, par la porte du néant, entrés dans la béatitude éternelle. Ainsi seront réconciliés, sur les corps de ces excellents élèves, le bouddhisme et le christianisme.

Il y a, dans cette attitude de pédagogue forcené et de faiseur d'anges à distance, quelque chose d'âprement comique qui réclamerait, pour ce Socrate plus dangereux, la verve d'un nouvel Aristophane. Mais notre époque, irrespectueuse de la tradition, a placé à fonds perdus son culte, son fétichisme et sa superstition dans un certain nombre de personnes représentatives, au premier rang desquelles figure l'implacable théoricien de *Résurrection*. A l'affût de tout ce qui peut troubler et perturber l'Etat, les Juifs ont adopté Tolstoï. Il n'est pas un fils ou un cousin de financier israélite qui ne soit prêt à partir pour les faubourgs, *la Puissance des ténèbres* sous le bras, afin de l'expliquer au peuple.

Dans la salle de l'Odéon, l'autre soir, tandis que le prince Nekhludoff, bourrelé de remords et de scrupules, s'efforçait, en un magnifique langage et par une méthode impraticable, inhumaine à force d'humanitarisme, de racheter l'âme de la Maslova (c'est toujours, sous une autre forme, la vieille histoire du Dr Faust et de Marguerite), dans cette atmosphère luxueuse et philanthropique, j'admirais l'attendrissement des Hébreux et de nos meilleurs crocodiles.

Il pleurait, le petit coulissier à profil de bouc et de

dromadaire qui, plus tard, sous l'arbre à gogos, gaulera comme monsieur son papa les noix de l'épargne française. Il sanglotait, le vénérable juge à cheveux blancs qui laissa fuir tant de grands escrocs. Il ne pouvait plus supporter le spectacle de cette prostituée incomprise, le trafiquant de chair humaine qui tient sa boutique à Trieste, Hambourg ou Palerme et hoquète de pitié à Paris.

J'ai vu le rejeton d'un voleur de terrains (a-t-il dû en exproprier, des pauvres, ce coquin-là!) qui tenait sa tête chauve dans ses mains frémissantes, avec un zèle de Doukhobor, et expliquait à un vénérable sénateur de sac et de corde la sublimité d'une telle compassion. Vous savez qu'Israël aujourd'hui déclare que tous les hommes sont frères, pour les détrousser plus facilement. Il emporte le sucre, le lard et la bougie, mais il allume pieusement un cierge de deux sous sur l'autel de la fédération universelle.

Le théâtre est une grande école, non pas seulement par ce qui s'agite sur la scène, mais encore et surtout par le public. J'ai pu me rendre compte, pendant cette représentation de *Résurrection*, de la vogue actuelle du tolstoïsme et de quelques-unes de ses raisons profondes. Les sans-patrie et les exploiteurs vont chercher là des motifs nobles pour leurs déprédations et leur lâcheté. L'abandon des biens apparaît aux manieurs d'argent comme une doctrine tout à fait souhaitable, puisqu'ils seraient là pour recueillir les terres et les richesses des princes Nekhludoff. Il n'est pas de zélateur plus passionné de l'altruisme que le plus rapace flibustier du ghetto d'or.

Dans la « non-résistance au mal par la violence », dans les tirades antimilitaristes, les antiques ennemis des Sociétés aryennes ne voient qu'une prime au désarmement, qu'une apologie de la lâcheté. Ce qui leur plaît dans *Bas les armes!* c'est la perspective de **Haut les cours!** Pendant que les peuples s'embrasseront, il sera aisé de vider leurs poches. C'est à la Bourse, comme chacun sait, qu'aboutissent, en nos temps pratiques, les renonciations et les enthousiasmes.

Ainsi songeais-je tandis que le prince Nekhludoff se frappait copieusement la poitrine et dénonçait, par le bel organe retentissant de M. Dumény, les mensonges conventionnels de la société. Je distinguais, tout autour de moi, le plus persistant, le plus ironique de ces mensonges : celui qui fait servir la commisération, l'amertume auguste des larmes, la générosité et la sainteté à l'exploitation méthodique des jobards et des malheureux.

Je distinguais, aux feux de la rampe et du génie littéraire indéniable, cette hypocrisie bien contemporaine qui emploie les idées généreuses à excuser les vilenies, qui s'apitoie exclusivement sur les prostituées et sur les voleurs, qui organise autour des monstres des cortèges de pleureuses et d'administrateurs. Tandis que le musicien Charpentier, dans des séances que Chaumié préside, dresse les petites ouvrières au cabotinage et, avec les meilleures intentions du monde, ouvre un conservatoire de déclassées, nous voyons monter un peu partout les conséquences de la pitié russe, de l'agenouillement devant les dégénérés, les défaillants et les coupables. L'utopie fonctionne devant nous, depuis son origine antirationnelle et antisociale jusqu'à l'épave humaine, son aboutissement. Le courage, en se retirant, laisse aux cœurs la sensiblerie.

Et j'imagine le dernier Doukhobor, s'il en réchappe un, venant trouver dans sa tour d'erreurs le vieux maître imprudent d'Iasnaïa-Poliana, lui montrant ses plaies et son squelette, lui reprochant ainsi sa déchéance : « Pourquoi, toi qui portes la lumière sacrée de l'intelligence, nous as-tu engagés dans de mauvais chemins ? Tu as retracé dans *Résurrection* les remords de celui qui, par luxure, s'est trouvé perdre une destinée et jeter une créature au bagne et au ruisseau. Mais que penses-tu de celui qui, par entêtement d'ascète et dépravation de rêveur, suscite des vagabonds et des réfractaires, des illuminés de la mort lente ?

» Me voici, en haillons, en détresse, tel que m'a fait ta
doctrine absurde. Reconnais en moi ton idée revêtue de
juste assez de chair pour engendrer beaucoup de souffrance. J'ai couru le monde, chassé de partout, car on
applaudissait mon fantôme au théâtre, mais nul n'hé-
bergeait sur les routes la douloureuse réalité que je
devins. Allons, Tolstoï, salue ton Idée évoquée à la
clarté des étoiles, pendant la fête de Pâque, dans l'encens, la joie et les lumières, et qui n'était pas viable, et
qui n'était pas saine et d'où ne pouvaient sortir, hélas !
hélas ! que la désillusion et le deuil !... !... »

LE SOL ET LE LANGAGE

Est-il rien de plus poignant, dans sa simplicité, que ce compte rendu du congrès de Courtrai publié l'autre jour par les journaux : « *A la très importante séance tenue samedi par la commission des intérêts néerlandais, M. H.-J. Emons, d'Amsterdam, a fait remarquer qu'à une conférence où se trouvaient réunis, par les soins des autorités anglaises, sept cents instituteurs des Républiques sud-africaines annexées, lord Milner avait annoncé que l'instruction y serait désormais donnée en anglais... Seul, l'enseignement religieux pourra être donné dans la langue nationale... L'orateur est d'avis que, pour lutter contre l'envahissement de l'anglais, le TAAL, dialecte des Boers, est insuffisant, parce qu'il n'a pas de littérature. La langue néerlandaise classique aurait donc une force de résistance plus considérable.* »

Ici nous sommes sur le terrain des faits. Les grands vocables creux des farceurs et des niais de l'humanitarisme, *Vérité, Justice* et *Lumière*, n'ont plus cours. Les épîtres de la vache à Colas, de Colas à sa vache et au veau d'or, les larmoiements en deux cents lignes, les gémissements en cinq cents pages, les pleurs dans le temple, les clameurs dans la Synagogue, les piétinements dans la Loge auraient cependant une belle occasion de s'exercer. Quel noble rôle que celui du pasteur désaffecté, du pédagogue pour nations en détresse qui s'avancerait dans le champ clos, parmi les ruines fumantes, la Bible laïcisée sous le bras, les paupières baissées, les cheveux huilés et collés, la face jaune, l'index brandi, et dirait aux Anglais de sa voix de prétoire : « Maintenant que vous êtes victorieux, soyez cléments, mes frères, et laissez à ce peuple boer son langage. Au nom de l'Equité, de l'Evolution, de la Révolution et de l'Involution, au nom des Droits de l'Homme, au nom du doigt du sage, par saint Calvin, soyez magnanimes ! Négligez les profits matériels et moraux de la guerre. Emancipez votre Raison et celle des paysans qui vous combattirent. Donnez au monde ce grand exemple ! »

Soyez tranquilles, les prud'hommes en lévite ne bougeront pas. Il se tiendra coi le raseur verni qui, sur tout événement de l'heure présente, promulgue son avis, son conseil et sa loi. Ils se tairont les pharisiens de l'internationalisme, les bavards du laboratoire, les prédicants de la cité future, les racleurs de guitares sémites, les ratiocinateurs du ghetto. Peut-être, pour sauver la face, organiseront-ils, dans un faubourg perdu, une jolie petite réunion pluvieuse et terne, avec des vœux platoniques à la fin. Mais les foudres de carton seront remisées. Elles ne sortent, je vous le dis, que pour les grands anniversaires, quand il est question du kapitaine et des moyens d'avilir la France.

Lorsque, de par la loi du plus fort, un peuple a perdu le droit de s'exprimer dans la langue qu'ont parlée ses ancêtres, il est en quelque sorte en exil chez lui.

En le forçant à employer les mots et les tournures de style que lui-même emploie, le vainqueur exproprie le vaincu de sa pensée pour lui infliger la sienne. Il l'enserre d'un réseau plus profond et plus inéluctable que tous les décrets, que toutes les charges et servitudes, que tous les impôts. Il va chercher le sens de la race là où il est, dans ces vocables qu'a formés un long usage, perfectionnés l'ellipse, assouplis la nécessité de la joie ou de la douleur en commun, et il l'extirpe violemment.

Au cours des siècles et des générations, les termes fréquents ou rares, abstraits ou concrets, héroïques ou familiers, ont contracté, avec les imaginations qui les formèrent ou les transmirent, de ces alliances intimes et métaphoriques qui font du verbe le frère de l'acte, un frère aîné et souvent secourable, lequel guide son cadet vers le patriotisme et la libération, lui prêche le sacrifice, lui préserve la sainte haine de l'oppresseur.

Vous constaterez que, chez tous les peuples, aux beaux moments de leur histoire, à ces tournants abrupts et dangereux qui décident de la destinée, l'enthousiasme foisonne en cris spontanés, en appels généreux, en locutions même régionales et de patois qui traduisent, d'une manière aisée et magnifique, les élans de l'âme nationale.

Le rôle primordial des poètes épiques et lyriques est d'inscrire les fastes de leur pays.

L'antiquité les appelait *devins* comme ceux qui ont la garde des tables sibylines et tiennent, à livre ouvert, le lumineux répertoire de l'héroïsme. On nomme écrivain de génie celui qui, comme Montaigne, Rabelais, Saint-Simon, Pascal ou Chateaubriand, possède au plus haut point le don de magnifier, d'exprimer l'ardeur amoureuse, guerrière, croyante ou satirique de la race, qui ouvre, du bout de sa baguette, les sources jaillissantes hors du terroir.

Celui qui fournit une belle formule, une formule foncière à son pays vient en aide manifeste à celui qui conserve à ce pays une province. Le militaire m'est toujours apparu comme la sauvegarde du penseur et je ne sépare point, dans la reconnaissance émue de mon esprit et de mon cœur, nos grands capitaines de nos grands poètes.

C'est vous dire que les vaniteux qui se targuent du titre d'*intellectuels* pour nier les devoirs du patriotisme ne sont pour moi que de tristes sots, car l'affaiblissement de notre défense serait, par la pénétration de mots étrangers, l'affaiblissement de notre langage, et notre langage disparaîtrait si notre armée n'était plus là pour le préserver avec nos frontières.

Il y a en Provence un dicton fameux de Frédéric Mistral : *Qui tient sa langue tient la clé qui de ses chaînes le délivre.*

C'est parce que les Anglais savent ces choses, que beaucoup de Français ignorent, qu'ils interdiront aux petits Boers de parler leur pauvre vieux *taal*, de même que les Allemands refusent aux petits Alsaciens le droit de s'exprimer en français, de même que les Russes refusent aux petits Polonais celui de pratiquer l'idiome de leurs aïeux. Il n'y a pas que des langues mortes. Il est aussi des langues mourantes, et celles-ci sont les plus à plaindre.

« Ce qu'il me faut, dit quelque part Montaigne, c'est *un parler succulent et hardi, tel sur le papier qu'à la bouche, non point tant délicat et peigné comme véhément et brusque... Et que le Gascon y aille si le Français n'y peut aller.* » Par cette dernière phrase, le sage et véhément auteur des *Essais* rend bien l'étroit compagnonnage du discours et de la province, ce mystérieux rapport de la syntaxe au territoire, qui fait de la grammaire et du dictionnaire les deux ultimes citadelles d'une nation. Mais quand les autres sont démantelées, celles-ci cèdent, hélas ! d'elles-mêmes, et je ne vois pas trop, en dépit de tous les congrès et palabres, comment feront les infortunés Boers pour récupérer leur *taal* ou même la langue néerlandaise classique.

Vous avez remarqué ce passage : *Le taal est insuffisant, parce qu'il n'a pas de littérature.* C'est fort justement raisonné. Le Dante, par sa poésie prestigieuse et rapide, Machiavel, par son jugement à la fois net et visionnaire, ont plus fait pour l'unité de leur nation (cette unité qui, dès le moyen âge, a toujours hanté l'Italie) que cent congrès ou conférences. Grouper les mots, c'est grouper les hommes. S'il en fallait de plus humbles exemples, je vous citerai le cas de *l'argot*, vocabulaire imagé et sauvage, issu du besoin de se sentir les coudes et de s'entendre, à l'écart d'autrui, sur les dures nécessités ou les bas et criminels subterfuges de la lutte pour la vie.

Le même compte rendu du congrès de Courtrai ajoute que l'ancien secrétaire de la République Sud-Africaine, M. Reitz, prononça ces paroles caractéristiques : « *J'ai toujours attaché une grande importance à la question du langage et elle semble capitale aujourd'hui. Sir Alfred Milner a dit à un de nos généraux qu'il ne voulait plus qu'une seule langue dans l'Afrique du Sud. Je lui réponds que le plus puissant tyran de la terre est incapable de réaliser pareil projet contre nous.* »

L'honorable M. Reitz se trompe gravement. Il est notoire, hélas ! que l'annexion habilement poursuivie aboutit, après un stade plus ou moins long, à cette forme particulière d'exil que constitue le langage imposé. Sans doute il y a d'abord des résistances. Les professeurs et les élèves se font fouetter et torturer comme en Alsace-Lorraine ou en Pologne. Puis l'irrésistible linceul du temps, de l'oubli, de l'usage, a raison de cette protestation, si longue, si persistante qu'elle soit. Même s'il poussait encore, parmi les décombres, dans les fers de l'esclavage moral, un grand poète animé du souffle patriotique, il ne serait plus compris de personne ; il passerait méconnu et, pour ceux mêmes de sa propre race, il serait, ô dérision, ainsi qu'un écrivain traduit, c'est-à-dire sans force et sans gloire !...

Chateaubriand parle quelque part d'un très vieux dialecte des Incas qui n'était plus parlé que par de rares et antiques perroquets, sur la cime des arbres, dans les forêts recouvrant ces civilisations disparues. C'est pour éviter ce sort funeste que tant d'hommes de lettres se jettent actuellement dans la mêlée avec la conviction que s'ils sont vaincus, si le tempérament militaire faiblit, si le tempérament catholique cède, c'en est fait à tout jamais de la langue et de la littérature françaises.

LES HORREURS DE LA PAIX

Loin de moi la pensée de vouloir faire ici l'apologie de la guerre. Il n'est pas un homme digne de ce nom qui souhaite à l'heure actuelle, j'imagine, le massacre de ses semblables pour acquérir ou conserver la prééminence dans l'univers. Nous assistons un peu partout, dans l'esprit malheureusement plus que dans le fait, mais c'est toujours l'esprit qui débute, à une restriction de la violence. La planète n'est pas encore aux doux, loin de là. Cependant les doux font effort pour la conquérir. Puis il y a les femmes, les mères surtout, qui maudissent le risque des armes. Or la mère, dans l'humanité, ne vaut pas seulement par son influence familiale. Elle vaut aussi par son action sur l'hérédité. Ce qu'on découvre, chez les plus durs, de prompt à la commisération et à la tendresse est toujours venu de la mère. Elle incline la race vers la pitié. Bien qu'elle n'y paraisse point souvent, la part de la mère du Sauveur est immense dans les *Evangiles*.

Une autre forme de l'héroïsme, dans le sacrifice et dans le pardon : voilà le lent apport de la mère à l'effort de l'humanité, et il rejoint l'apport chrétien.

Mais toute faiblesse n'est pas divine. Tout ce qui est pacifique n'est pas forcément beau. Le but des lignes qui vont suivre est précisément de rechercher s'il n'est pas une paix mauvaise, corruptrice, pire que la guerre et plus dangereuse, car elle est capable, après une période d'apathie, d'engourdissement fiévreux et malsain, de déchaîner d'affreuses violences.

Un peuple qui veut se faire respecter doit donner l'impression de la force. Le temps moderne a créé, entre les nations rivales, un état de lutte permanent, par l'industrie et le commerce. Casqués, cuirassés, armés de pied en cap, nous discutons des tarifs douaniers. Mais cet appareil guerrier est moins exagéré qu'il n'en a l'air, car les discussions d'intérêts peuvent aisément tourner à l'aigre. On en a vu des exemples fameux. Tant qu'il y a concurrence, et c'est la concurrence qui fait la vie, il y a possibilité d'antagonisme furieux.

Le pire danger, c'est d'être lâche. Les escrimeurs savent que, dans une affaire sérieuse, si l'on a une seule minute, par pusillanimité ou distraction, ce que l'on appelle le dessous du fer, on est perdu. Cela est vrai en France plus que partout ailleurs. Le Français, qui est par excellence de tempérament militaire, est, en même temps que celui dont on peut tout obtenir, celui qui se déprime le plus rapidement. Au moment de l'affaire Schnæbelé, nous n'avons pas eu le dessous du fer. Au moment de Fashoda, nous l'avons eu. Seuls Marchand, le héros, et ses compagnons ont sauvé l'honneur.

Par la lâcheté on n'évite point le combat. Mais on est forcé de l'accepter en état d'infériorité, au moment où on ne le veut plus, où on ne l'attend plus, sans cette belle confiance qui donne l'entrain et la victoire et qui nous rend si redoutables. Lorsqu'on a le bon droit pour soi, toute concession est une défaite, toute entrée en discussion une reculade. En d'autres termes, autant il est criminel et absurde de chercher querelle à son voisin, autant il est périlleux et maladroit de ne pas se dresser de tout son orgueil et de toute sa vigueur contre les prétentions injustifiées ou les menaces de ce même voisin. Celui qui se laisse intimider est à demi vaincu.

Croyez-vous que l'affaire Dreyfus, pour parler sans exagération, ni grands mots, n'a pas été deux fois pire que n'importe quel Sedan? Deux ans après Sedan nous reprenions allure, nous commencions à nous relever. Or, regardez où nous en sommes, quel triste gâchis, quelle confusion, quelle atmosphère déprimante pour les volontés les meilleures? Si, par hasard, profitant de l'aubaine, un de nos frères étrangers, un de nos professeurs de justice, de vérité et de lumière, nous infligeait un outrage inéluctable, que ferions-nous, comment réagirions-nous? Oui... je sais... le beau désespoir; mais j'aime mieux la belle espérance.

Elle a été, cette horrible affaire, une guerre de boue dans un marécage de sophismes, un combat de nuit et de paperasses, sans risques sanglants, sans rien qui relevât l'invective, la colère ou l'hypocrisie. Chacun, en fin de compte, est demeuré, la rage au cœur, sur ses positions. Il n'est rien resté de ce long et fastidieux débat que des harangues vaines, des promesses non tenues, des haines sourdes. Cependant tout ce qui faisait la grandeur ou le charme de notre race a disparu dans la tourmente. Une loi de spoliation contre les religieux, un projet de loi humoristique contre les salaires ouvriers, sous prétexte de caisses de retraite, un délabrement indéniable du commerce et des capitaux, voilà, sans compter les ruines morales, le plus clair résultat de l'anecdote.

Les seuls profiteurs de la déroute, les inconscients bouffons de la faillite auront été nos inénarrables ministres. Ces messieurs arrosent de leurs insanes palabres et de leurs liquoreux projets de réformes un pays résigné, amorphe, ahuri, qui n'a même plus la force de prendre les Paillasse par les épaules et de les rejeter au barathre où gisent, disloqués, privés de son, les vieux fantoches à portefeuille.

Ce régime, leur régime, que nous subissons, se maintient par le suffrage des fonctionnaires, puisqu'une grande partie des « citoyens » s'abstient de voter. Il est donc nécessaire d'augmenter sans cesse l'armée innom-

brable, morne, obéissante des fonctionnaires. Pour cela
il faut de l'argent. D'où la loi contre les congrégations,
d'où la loi des retraites ouvrières. J'ai qualifié celle-ci
d'humoristique parce qu'elle est un des pièges les plus
éhontés que l'on ait jamais tendus au prolétariat. Les
salaires seront rognés dans une éventualité incertaine et
lointaine. Ce qui est certain et immédiat, c'est la chute
dans l'escarcelle gouvernementale, vulgairement dé-
nommée fonds d'Etat, d'une quantité considérable de
milliards raflés sur la main-d'œuvre.

Eh bien, je dis que cette indemnité pour frais de guerre
électorale prélevée sur le malheureux quatrième Etat,
dupe des beaux parleurs et des beaux taciturnes, je dis
que cette colossale flibusterie sera dix fois plus préjudi-
ciable à la France que la fameuse rançon de cinq milliards.

Lorsque les malheureux se réveilleront de la torpeur
où les jettent tant de parlottes et de clameurs contradictoires, lorsqu'ils constateront que leurs chefs et leurs
pontifes ont prêté la main à cette énormité, ce sera un flot
terrible et malaisément endiguable de revendications et
de fureurs.

Les pêcheurs en eau trouble s'en tireront toujours,
eux. Au besoin, après avoir suscité la révolte et surexcité
la guerre de classes, ils commanderaient les feux de
pelotons. Mais il y a là, pour tout le monde, ne vous y
trompez pas, un danger louche et permanent.

Payer sa garde prétorienne. Parer, autant que possible,
à la banqueroute imminente. Telles sont les deux grandes
préoccupations de notre actuelle république maçonnique. Pour arriver à ce résultat elle revêt deux masques,
le masque anticlérical et le masque philanthropique. Bas
les masques, tricheuse, et montre à nu ta face torve,
gonflée de venin !

Notre indignation paraîtra faible le jour qu'on verra
lever, sous un ciel d'incendie, la farouche moisson des
horreurs de la paix. Nous ne pouvons pas encore pro-
nostiquer, quel que soit notre pessimisme, la génération

de demain : celle à qui l'on aura retiré avec une adresse diabolique tout idéal, toute générosité, toute croyance patriotique ou religieuse. Ceux qui, souvent de très bonne foi, s'imaginent que l'amour de l'humanité suffit à là conduite de la vie sociale, ceux-là se trompent et nous trompent. L'amour de l'humanité est quelque chose d'intermédiaire, de non déterminé. Il n'est ni assez proche, ni assez lointain. Il a les mauvaises lignes d'horizon; ni immenses, ni précises. Pour donner tout son fruit, il doit être étayé soit par l'amour divin, soit par l'amour de la patrie. La mer et la frontière, ces deux risques, font la population limitrophe plus généreuse, plus ardente et plus fière. Elle a de l'espace et du rêve.

Quand la nation avait un chef nominal, celui-ci s'identifiait avec elle. Nous avons encore des chefs, il en faut, il en faudra toujours.

Mais la différence est que ceux-ci ne relèvent que de leur propre intérêt, de leur propre ambition, ou des ordres d'une coterie qu'ils reflètent. Les choses sont organisées de telle façon qu'une minorité brouillonne et destructive exerce, sur la majorité de nos compatriotes, une tyrannie bien plus complète que celle des pires autocrates. Il n'y a plus de raison patriotique supérieure à tout et à tous. Il n'y a plus que des convoitises et des bas calculs.

Or, écoutez-nous, vous qui nous lisez. Nous n'aurions aucune raison de combattre et d'invectiver les hommes au pouvoir si nous n'étions convaincus qu'ils nous mènent par des voies tortueuses à quelque cataclysme. Comment, où, par quelle fissure se produira celui-ci, c'est le mystère de demain ou d'après-demain. La conduite de la défense républicaine est un échafaudage de mensonges tels qu'il paraît bien difficile que l'étai en subsiste longtemps encore. L'écroulement se fera, comme il arrive, en un point imprévu, sur la pente d'une fausse réussite.

Au moins nous aurons gagné à ceci que l'expérience de la république parlementaire aura été bien faite, et à fond. Nous tiendrons la liste des pantalonnades, des escroqueries et des fraudes simples qu'autorisait la Constitution. Nous pourrons même, si nous en avons le loisir, instaurer un petit lexique où seront inscrites les phrases déclamatoires et, en face, les réalités auxquelles elles correspondent. Ce sera le dictionnaire politicien-gogo et gogo-politicien. On y lira des explications de ce genre : Longue période de paix et de prospérité. — Longue période pendant laquelle il est licite aux dupeurs du peuple de préparer la guerre civile, tout en détroussant la nation... Défense républicaine : cela signifie « le butin français ».

UNE VISIONNAIRE DE LA PASSION

Ce qui me frappe chez les adversaires de notre religion, qui se confondent aujourd'hui avec nos adversaires politiques, c'est leur extraordinaire ignorance que met en valeur un aplomb comique. La plupart des « intellectuels » ont été formés par la primaire et ont puisé leurs saines révoltes dans Homais revu par Boquillon.

Dans le fait les époques de haute culture furent toujours caractérisées par une recrudescence de la foi. Depuis dix-neuf siècles le catholicisme commande et nourrit la vie intérieure. C'est quand celle-ci est la plus forte et la plus riche que le catholicisme est aussi le plus vivace et le plus triomphant. Tous les enthousiasmes d'ici-bas nous ramènent au pied des autels. Seuls l'hypocrisie et l'orgueil nous en éloignent,

Ces réflexions et d'autres, que je voudrais vous communiquer, me poursuivaient comme je relisais, en ces jours saints, la *Douloureuse Passion de N.-S. Jésus-Christ*, d'après les méditations d'Anne-Catherine Emmerich, religieuse Augustine du couvent de Dulmen, en Westphalie, qui vécut et mourut pour l'étonnement de l'Allemagne et l'enseignement de tous les hommes au commencement de notre siècle.

Cette visionnaire apparaissait en plein romantisme.
Elle surgissait de cette merveilleuse effervescence qui se
synthétise pour nous dans le grand nom de Gœthe et
groupe, autour du génie de Weimar, Schiller, Tieck,
Jean-Paul Richter, les Schlegel, Novalis et vingt autres.
Tout alors, philosophie, poésie, musique, art dramatique, tout était en fermentation. Un sens aigu de la
réalité se relevait du frisson lyrique et se parachevait
par la mystique. Car celui qui regarde longuement
et attentivement la nature finit bientôt par entrevoir
Dieu.

Parmi tant d'hommes supérieurs et de cœurs généreux
qu'envahissait la fièvre nouvelle, comparable à celle de
la Renaissance, se trouvait le poète Clément Brentano.
Alors que d'autres s'adonnaient à la critique, lui recher-
chait partout la légende, qui est le fondement du patriotisme. La double invasion des encyclopédistes français
et de nos armées victorieuses repliait l'Allemagne sur ses
origines, renforçait en elle l'amour de la race. Brentano
formait ainsi peu à peu ce recueil célèbre qui s'appelle
l'*Enfant au cor prodigieux*. Au cours de son enquête sur
les hautes aventures de l'esprit, il rencontra la Sœur
Emmerich, fut violemment ému par les phénomènes
miraculeux dont elle était le vivant témoignage, se fit le
secrétaire, à la fois humble et inspiré, de la visionnaire,
et écrivit, sous sa dictée, la *Vie de N.-S. Jésus-Christ*, la
Douloureuse Passion, la *Vie de la Sainte Vierge*.

Il est peu d'œuvres aussi extraordinaires, aussi inex-
plicables, si l'on n'a recours à la Grâce, que ce long récit
détaillé de l'agonie du Divin Maître. Il n'est pas de poème
ni de tragédie qui atteigne, sans apparent effort, à une
pareille beauté simple. Songez que la Sœur Emmerich
était une modeste fille de paysans, qu'elle n'avait jamais
quitté son village, qu'elle tirait toutes ses connaissances
de la lecture des livres saints. Mais par la foi permanente
et brûlante, par les mystérieuses ressources de la vie
contemplative, par la souffrance et la résignation, elle
était parvenue à cet état supérieur de la mystique qui

supprime le temps et l'espace et fait assister les privilégiés au drame sublime du Golgotha.

Il nous faut rire de cette vaine science, pratiquée par
les demi-savants, qui veut dépasser son domaine, fournir de tout ce qui nous émeut et nous trouble des raisons
sommaires, insuffisantes.

Nous vivons à l'heure actuelle dans une tourbe de pédants et de rhéteurs. Quand tel ventripotent dupeur du
peuple a porté sur Jeanne d'Arc ses mains sales en la
traitant de « cabotine », arrive M. Anatole France le jon-
gleur qui prend l'héroïne dans ses mains soignées et, avec
des manières doucereuses, nous instaure un adroit pastiche, une glose à bon marché du miracle. Pour les cuistres de la tribune, de la bibliothèque et du laboratoire,
la Sœur Emmerich ne fut rien qu'une malade. Il ne
manque pas d'étiquettes insultantes dans les bocaux du
Purgon laïque.

Mais la Sœur Emmerich le fut à la façon de ces privilégiés qui se substituent à ceux qui souffrent et prennent
à leur compte les péchés et les expiations des hommes.
Pascal aussi fut un malade du jour qu'il porta cette amu-
lette où s'inscrivait sa révélation. Malades aussi furent
Catherine de Sienne, sainte Angèle de Foligno, Lidwine
de Schiedam, dont M. Huysmans nous a conté la touchante histoire ; toutes les stigmatisées, toutes les con-
templatives, toutes les bienheureuses qui forment depuis
le moyen âge jusqu'à nos jours une chaîne exemplaire et
lumineuse.

A regarder les choses d'un peu près, à l'abri d'une
physiologie blasphématoire et rudimentaire, les illumi-
nées du drame de la *Passion* sont, à travers les siècles,
telles qu'une deuxième commémoration du grand sacrifice expiatoire dont la messe est l'image rituelle. Elles
vivent au milieu de nous ainsi que les garants d'une légende qui ne doit ni se dessécher ni devenir trop exclusivement symbolique. En nous montrant leurs plaies saignantes, les empreintes des clous, de la lance, de la couronne d'épines, elles nous forcent à croire et à prier,

comme Notre-Seigneur fit pour saint Thomas. Elles nous remettent, vis-à-vis du Calvaire, dans l'état d'esprit des contemporains. Elles nous rendent la tradition familière.

Le récit de Catherine Emmerich commence avec les préparatifs de la Cène et la description du Cénacle et va jusqu'à la résurrection du Sauveur. Elle raconte, comme si elle les avait vécues, ces formidables journées desquelles est sorti le monde moderne. Là, chaque heure fut vivante et figurative. La somme émouvante des prophéties fut ramassée sur un étroit espace et dans un moment de la durée qui semble éternel ou soudain selon que l'acte de foi s'étend ou se resserre. La voyante est comme submergée par la multitude de détails qui se précipitent dans son imagination. Cependant ils se coordonnent et n'entravent en rien son langage, qui, au dire de Clément Brentano, était un singulier mélange d'inspiration et de simplicité enfantine.

Représentez-vous la misérable petite chambre d'auberge, au-dessus d'un triste jardinet dans cette froide bourgade de Westphalie, où s'était réfugiée Catherine Emmerich après la dispersion, par décret, des religieuses de son cher couvent. Elle vivait là couchée et malade, sans presque se nourrir, dans la prière et la contemplation perpétuelles, les yeux sur un pauvre crucifix qui méritait de devenir une relique. La vénération dont on entourait ses stigmates lui était tellement insupportable qu'elle cachait sous les draps ses mains saignantes. A son chevet, attentif, exalté, douloureux comme elle, se tenait le poète jadis orgueilleux qu'elle amena sur le tard à confesser qu'il préférait à tous les philosophes une bonne vieille prenant avec foi de l'eau bénite avant de se coucher. Sa sensibilité religieuse était telle qu'elle devinait à distance le passage d'un prêtre portant le Saint-Sacrement sur la route. Elle se soulevait alors, autant que le lui permettaient ses membres las et brisés d'épreuves, et son visage soudain éclairé de joie indiquait la communion de son âme avec le divin voyageur.

Elle ne connaissait que l'histoire abrégée de l'Ancien et du Nouveau Testament, le catéchisme du diocèse et quelques vies des saints. Mais elle avait, comme aucune autre privilégiée, l'intuition de tout ce qui touchait au culte, des fêtes de l'Eglise, de leur signification, de leurs concordances avec les saisons, les travaux des champs. Elle observait et décrivait, avec une précision capable de stupéfier les plus savants docteurs, une incroyable minutie, des localités, des mœurs, des costumes, des circonstances, l'histoire au jour le jour de la vie publique du Sauveur jusqu'à l'Ascension, et celle des apôtres pendant les premières semaines qui suivent la Pentecôte. Le calendrier devenait pour elle un évocateur de toute la sainteté. Il n'était pas un symbole sacré dont elle ne démêlât le sens humain et émouvant avec une sagacité tranquille. On sait qu'elle détermina des emplacements alors méconnus de la Terre Sainte et de Jérusalem, qui depuis furent reconnus exacts. Jamais cette ignorante ne s'écarta de la doctrine, ne trébucha dans la moindre erreur.

Sa puissance de vision est incomparable. La fresque de l'Enfer du Dante paraît faible, si on la rapproche de la trahison de Judas, puis de son égarement, puis de sa mort. « A peine fut-il suspendu à un arbre formé de plusieurs troncs réunis dans un enfoncement que son corps creva et que ses entrailles se répandirent à terre. » Notre-Seigneur au mont des Oliviers, assailli par des légions de démons qui figurent et grimacent toutes les tentations terrestres, tous les péchés, les crimes, les vices, toutes les ingratitudes : Notre-Seigneur devant Caïphe, renié par Pierre, conduit à Pilate, devant Hérode, ramené d'Hérode à Pilate, flagellé, couvert d'injures et de crachats, couronné d'épines, portant sa croix sur la voie douloureuse, rencontrant sa mère, tombant et se relevant, arrivant au Calvaire, enfermé dans la grotte du Golgotha, dépouillé de ses vêtements, abreuvé de vinaigre, crucifié entre les deux larrons, agonisant et mourant pour le salut du monde, chacun de ces éternels épi-

sodes revit pour nous dans une cruauté, une lumière
âpre, une magnificence qui ne se retrouvent au même
degré dans aucune oraison, dans aucun rêve de la semaine sainte. Cela complète les Evangiles sans les inter-
rompre ni les modifier. Le parallèle calvaire de l'auguste
Mère aux sept douleurs est suivi pas à pas, larme à larme,
et sanglot par sanglot. Il se reflète dans le délicat miroir
d'une compassion féminine qui trouve ici des prestiges
nouveaux. Tout apparaît baigné par la Grâce.

Ceci nous prouve que la Passion veille, immanente,
dans l'angoisse humaine. Elle est, au plus profond de
nos cœurs, un rayon stellaire venu de l'Agneau.

RESPECTONS LA LÉGENDE

La représentation de la pièce curieuse, bien mise en
scène, mais mal jouée, de Mme Séverine, *A Sainte-
Hélène*, a précisé en moi un certain nombre de réflexions
dont je désirerais, chers lecteurs, vous faire part.

On remarquera, dans cette œuvre rapide et serrée, le
souci constant de nous représenter l'Empereur déchu et
exilé comme un homme, comme « un pauvre homme »,
c'est le mot de la fin et de toute la situation. L'auteur,
qui a malheureusement l'horreur de la guerre et la
crainte du grand capitaine, semble n'avoir tenté cette
reconstitution scénique de l'île maudite que pour nous
faire assister à un châtiment. Châtiment de quoi ?
D'avoir rendu la France glorieuse, puissante et respectée ?
D'avoir renouvelé Alexandre et César ? D'avoir projeté
sur les tables de la loi une silhouette armée et redoutée ?

Cette moralité tirée de l'épopée impériale et qui
s'appuie sur la décadence fatale de toute grandeur terrestre, cette moralité, ai-je besoin de le dire, est à l'inverse de tout ce que nous éprouvons, de ce que nous
ressentons, nous autres admirateurs du prestige militaire,
nous autres pour qui l'Humanité-France passe avant
l'humanité tout court, comme il sied dans les amours
bien réglées. Mme Séverine ne m'en voudra pas si je lui
affirme qu'un conquérant est, en dépit du préjugé actuel,

aussi utile, aussi indispensable à l'humanité qu'un grand savant ou grand artiste. Oui, je sais, les villes fumantes, les champs couverts de morts et de blessés et la tyrannie opprimant les cœurs...

Mais la tyrannie démocratique est plus laide et plus confuse que la tyrannie d'un seul. Mais les déchets de la lâcheté, de la décomposition nationale, de la convoitise plate et de l'agio sont pires que ceux de la vaillance et de l'énergie patriotiques.

Si nous nous évadons du romantisme qui eut, lui aussi, une île néfaste et un havre sans miséricorde — par abus des termes miséricordieux — si nous renonçons aux poncifs déclamatoires que monnayent aujourd'hui les rhéteurs socialistes, nous constatons que le conquérant, maître et guide de la race expansive, donne à la race conscience d'elle-même et lui permet d'espérer encore, quand viendront les heures d'affaissement et de retrait. Le conquérant sème de l'héroïsme et il enorgueillit la mémoire. Son laurier refleurit sur les tombes de ceux qui sont morts pour et par lui. Il n'annonce pas l'avenir, comme le prophète, il ne le forme pas toujours, mais il lui laisse, en dépôt, son image.

Image directrice, mère de vaillants, d'événements et d'idées et qui exaltera désormais tous les passionnés du drapeau, depuis les poètes sublimes jusqu'aux humbles victimes du devoir patriotique. Regardez : aujourd'hui, hélas, nous courbons la tête et le doute envahit les âmes. Mais le nom du grand capitaine, qui étonna le monde par sa rapide fortune et ses foudroyants succès, est sur toutes les scènes, dans tous les livres, prononcé en toute occasion par ceux-là mêmes qui le maudissent ou feignent de le mépriser. Il continue toujours de combattre, l'illustre vainqueur d'Austerlitz, le tragique vaincu de Waterloo. Luttes plus ténébreuses, moins éclatantes, mais qui n'ont pas moins d'importance quant à son soleil d'outre-tombe. L'épopée, devenue débat, nous est, plus que jamais, présente. Ce fils de la Révolution, qui la broya et la refoula pour entrer au service de la tradition,

cet usurpateur légitimé, qui forgea le génie en couronne, se dresse au milieu de nos querelles, et la force
de vie qui était en lui n'a pas été épuisée par la
mort.

En d'autres termes et plus simplement, quoiqu'un
siècle ne soit pas écoulé depuis cette prodigieuse histoire accomplie, Napoléon Bonaparte est devenu personne légendaire. Il fait partie de ce patrimoine obscur
et actif où se ravitaille la tradition quand elle languit et
dépérit. Malgré tous les efforts de ses détracteurs, même
apitoyés, il ne peut plus être, à nos yeux, un pauvre
homme.

Sans doute nous savons qu'il avait deux pieds, deux
mains, un cœur, la faculté de souffrir et de pleurer
comme tout le monde. Sans doute, grâce à tant d'historiens et de commentateurs scrupuleux et consciencieux,
nous n'ignorons rien de son entourage, de ses parents, de
ses amis, de ses amours et de ses haines. Mais la légende,
une fois établie, dévore incessamment l'analyse. L'analyse et la glose ont cette grande infériorité qu'elles s'en-
chevêtrent et se perfectionnent. Les textes combattent les
textes. De stériles discussions s'engagent. Le royaume
des critiques est cacophonique. Il n'y a pas de document qui ne soit sujet à contestation, qu'un autre document contradictoire ne puisse détruire et supplanter.
Bientôt cette muraille de papier, qui grandit autour d'une
si haute mémoire, l'étouffe et la défigure par zèle excessif
de la préciser.

Au lieu que la légende simplifie. Elle garde la fraîcheur
de l'étonnement et la possibilité du rêve. Sans doute,
elle participe de l'amour avec ses errements et ses défaillances, mais elle a aussi sa sécurité, sa certitude, l'art
d'éliminer le secondaire et de saisir le trait principal,
celui qui emporte tout. Son éclairage est vrai comme
l'instinct, splendide comme la lumière de Rembrandt,
qui ne s'éparpille et poudroie qu'après une coulée de feu
et une nappe d'or. Que cette nappe d'or forme une auréole, une couronne où ne sont plus mentionnées les

épines, voilà ce dont il faut se réjouir. Car la légende est vivifiante, tandis que l'analyse détruit.

Pour me résumer, je préfère *Les Deux Grenadiers* de Henri Heine ou le *Tambour d'Arcole* de Frédéric Mistral au monceau de considérations historiques et philosophiques que la postérité entasse sur le petit caporal. Ces deux poèmes me renseignent mieux, sur la sensibilité de l'époque et l'écho qu'elle a encore dans nos cœurs, que tant de mémoires insignifiants, de récits méticuleusement exacts légués par les contemporains, pieusement conservés dans les archives et les familles.

Notre excessive curiosité et cette recherche infinie du détail qu'a inaugurée, en critique, Sainte-Beuve, concierge sublime, conduisent à une erreur foncière. Cette erreur consiste à traiter le héros légendaire comme n'importe quel personnage historique. C'est une méthode qui flatte l'envie démocratique et lui permet de retrouver, dans les grands hommes, ses propres tares et ses multiples défauts. Vous voyez ainsi certains peintres ramener leurs plus illustres modèles à l'insignifiance du marchand de marrons ou du charbonnier du coin. Ils objectent : « J'ai peint tout ce que j'ai vu et je n'ai peint que ce que j'ai vu... » Sans doute, mais l'essentiel vous a échappé.

Cet essentiel, c'est l'immatériel, la zone mystérieuse qui sépare l'individu utile à sa famille de l'individu indispensable à sa race, l'être même supérieur du héros, la créature du créateur, avec un petit ou un grand *C*. L'enfantillage de l'apostat Renan nous étonne, qui crut ramener Notre-Seigneur Jésus-Christ à la toise humaine, en décrivant des paysages de Palestine. Pour celui qui racheta le monde, il n'y a de biographie possible que les Evangiles ou, à la rigueur, les visions de Catherine Emmerich.

Il est nécessaire d'avoir la foi pour parler dignement de ceux qui la suscitèrent. — L'infortuné M. Anatole France, essayant piteusement sur Jeanne d'Arc les méthodes du professeur Bergeret, rappelle celui qui, selon une métaphore fameuse, s'occupait à empailler le clair de lune. Les croyants ont, comme l'instinct populaire, ce privilège de chanter noblement ce qu'ils révèrent. Ils ne sont pas, pour cela, des aveugles. Mais, ils sont en état de passion, ils négligent inconsciemment ce qui dégrade ou ce qui dissipe l'enthousiasme. Ils ont ce sens des plans et des lignes, de la perspective et du haut relief qui permit à Shakespeare d'écrire *Jules César*, à Fra Angelico de fixer ses adorables songes mystiques, aux pâtres de Provence d'improviser leurs tendres et somptueux Noëls. Ils détiennent la manière abrégée et hardie, souple, sans fioritures ni sécheresse, qui nous arrête, pensifs et recueillis, devant la silhouette d'une femme qui prie ou de deux fiancés qui se séparent ; la manière qui sied à ce qui résume et symbolise la beauté d'ici-bas, l'espérance de l'au-delà.

Mme Séverine m'objectera qu'elle s'appuie sur le journal de Gourgaud et que Gourgaud était un fanatique de l'Empereur. Ceci créait à Gourgaud un droit qui ne vaut pas pour Mme Séverine. Tout ce qui, dans l'œuvre considérable de MM. Vandal et Frédéric Masson, napoléoniens fervents, est à la gloire de leur héros est légitime. L'utilisation qu'en feraient, pour le dénigrer, des poètes sans leur érudition ou des polémistes d'une doctrine adverse serait absolument illégitime. L'analyse, encore une fois, ne peut être ici que la très humble servante de la légende. Etant donné que tous les gros livres des critiques et des savants se résumeront, par le temps et le manuel, en des brochures de colportage, les bons Français seront pour celles qui illustreront la gloire nationale et contre celles qui essaieront, vainement et maladroitement d'ailleurs, de l'amoindrir. On n'éteint pas les feux de l'épopée en soufflant dessus. On les accélère. Les hommes extraordinaires exigent une vérité *à leur taille*, qui n'est pas celle du commun des mortels.

L'ANARCHIE DANS LA FAMILLE

On connaît l'histoire. Elle a fait du bruit ces derniers temps. Jean Jaurès, le fougueux tribun gouvernemental et anticlérical, Jean Jaurès, le mangeur de prêtres et le constructeur des cités futures, Jean Jaurès, l'irréductible et le normalien enragé, trouve excellente, pour ses propres .enfants, l'éducation religieuse qu'il refuse aux enfants des autres. C'est ainsi qu'il fait élever sa fille, dans la plus pure tradition chrétienne, par ces saintes femmes dont il demandera d'ailleurs à la tribune l'expropriation et la spoliation.

Il y a deux termes dans cette remarquable et si typique anecdote : Jean Jaurès lui-même et le cas familial. Nous allons les examiner.

Jean Jaurès, auquel on ne peut refuser la faculté oratoire et une certaine habileté dans la dialectique, est avant tout un rhéteur. Dans notre époque flottante et rapide, aux détours brusques, aux thèses innombrables et contradictoires, très rares sont ceux qu'anime une conviction. Entendez par conviction quelque mobile d'agir, de sentir et de penser qui circule avec notre sang, donne à notre parole et à nos gestes une inclinaison à laquelle on ne peut se soustraire. Les plus remarquables parmi nos contemporains sont des avocats par tempérament et prédestination. Ils embrassent une cause pour laquelle ils arrivent peu à peu à se passionner, comme on se passionne toujours pour ce qui représente à la fois la vanité et le gagne-pain. Ils s'émeuvent au branle de leur langage et de leurs apostrophes enflammées. Ils tonnent et rugissent, puis concèdent et implorent, puis replongent dans la fournaise avec une égale ardeur. Ils se grisent de leur verbe, de leur talent, de l'enthousiasme qu'ils suscitent et ils accentuent involontairement, comme des acteurs, dans le sens où le succès est le plus prompt et le plus grand. Ils forcent sur la réussite.

Si le public, comme on dit, « ne rend pas », ou paraît se fatiguer, vite l'orateur donne un coup de barre, change de direction, empoigne quelquefois la thèse d'à côté, la thèse adverse même, où pourront, pense-t-il, se déployer plus à l'aise ses arguments redondants et ses prosopopées magnifiques.

C'est ainsi que M. Jaurès, député du centre gauche, ultra-modéré et sub-opportuniste, découvrit un beau jour avec raison que sa truculence et ses gémissements trouveraient un meilleur emploi dans le socialisme, qui représente actuellement, dans la politique avocassière, le parti de la veuve et de l'orphelin, mais d'une veuve irritable et irritée, d'un orphelin armé jusqu'aux dents. Il se mua aussitôt en citoyen Jaurès.

De ce jour sa carrière fut faite. Il triompha dans les grèves, du sud au nord et de l'est à l'ouest. Il triompha à la tribune. Quand éclata la sinistre affaire, il triompha simultanément à la barre et dans les salons. Comme il a de la chaleur, l'art de s'éponger le front, d'admonester, d'adjurer, de passer du plaisant au sévère, du ton grave au ton aigu et inversement, comme il est instruit, abondant, fertile en images vives et soudaines, comme il a la gentillesse bohème et dépravée du Midi, le don de s'enflammer sans feu, de transpirer sans sueur et de pleurer sans larmes vraies, ce fut, chez tous les partisans de la Justice, de la Vérité et de la Lumière, un enchantement. Les auditeurs, les heureux mortels admis à un si beau spectacle, sautaient, trépignaient, s'embrassaient, se congratulaient. Jaurès devint successivement le héros, l'apôtre, le bon soleil, l'ouragan, la foudre et la torche. Il était même quelquefois 'a lion, pour ceux que le romantisme n'effraie pas.

J'eus l'occasion, en ces heures noires, d'assister à quelques-unes de ces métamorphoses. Cela se passait, autant que je me le rappelle, au Château-d'Eau, dans une grande réunion dreyfusarde. Il y avait là, comme public, toute la haute usure, tout le redoutable agio de Paris. Vous m'entendez bien : aucun de ces pirates fameux qui accaparent les matières premières, les matières secondes, la main-d'œuvre, qui exploitent affreusement le prolétariat, qui rongent la nation jusqu'à l'os, aucun de ces pilleurs d'épaves qui font leur nid dans la ruine et leur beurre dans l'internationale, ne manquait à l'appel. Tout ce monde-là très élégant, habit et fleur à la boutonnière. Beaucoup de chic.

Devant cette cohorte parla Jaurès. Il fut abondant et superbe. Il parla deux heures d'horloge, d'une infatigable platine, sur la vérité et la justice, sur la nécessité pour le frère de ne jamais exploiter son frère, sur l'abomination militariste et patriote, sur le manque de preuves, la surabondance d'autres preuves, le bordereau, le petit bleu. le 120 court et toute la boutique. Mais c'était la mimique qu'il fallait voir. Il tendait les bras vers tous ces braves gens, vers ces héros de dévouement et d'altruisme, vers ces apôtres de la solidarité que leurs coupés attendaient à la porte, le valet de pied bien stylé apaisant l'impatience du cocher. Il prenait à témoin ces millionnaires de la détresse où végètent tant de pauvres diables. Il assimilait la destinée du traître à celle de toutes les victimes sociales dont l'angoisse, sous ses yeux, fendait le cœur.

Ce fut là une soirée d'une ironie terrible, un de ces spectacles comme en eût souhaité Swift pour rajeunir et mettre au point la verve noire de Gulliver. Pendant ces invectives, d'ailleurs surannées, à l'adresse des militaires et des Jésuites — ce sont encore les Jésuites, mon Dieu

oui, que l'on incrimine dans les grandes circonstances
— pendant cette frime de bateleur et d'estradier, je songeais aux maigres appointements d'un commandant ou
d'un capitaine, au service que l'on exige d'eux, je songeais au dévouement héroïque et obscur des missionnaires, des prêtres, des sœurs de charité, je songeais à
ce qui, dans tous les temps et sous tous les climats, fit le
prestige incomparable de la France. Les faces disparates
et maussades, de type étranger pour la plupart, que
tendaient et distendaient vers l'orateur plutôt la haine
de notre pays et la joie de le voir piétiner qu'une com-
munauté de sentiments, me remplissaient, je l'avoue,
d'une nausée si vive que je dus sortir. On étouffait parmi
tant d'hypocrites.

Cela dit, arrivons au cas familial.

L'anarchie que nous remarquons dans la société se retrouve présentement dans la famille. Quand Jaurès
allègue, afin de s'excuser, qu'il fut obligé de faire une
cote mal taillée pour l'éducation de ses enfants, il n'a pas
tout à fait tort. Le divorce même, sur un cas de cette
nature, n'assurerait point gain de cause au père. On sait
assez comment se comporte, de notre temps, la justice.
Elle examinerait non l'équité et le bon sens, mais la situation politique et sociale des parties en présence. Ce
qu'elle pèserait soigneusement dans ses balances, c'est
non point l'avenir des enfants, mais son propre intérêt
immédiat. De ce côté donc, aucun recours.

A l'heure actuelle, la puissance paternelle n'existe
plus. Elle est soumise, comme le reste, à la faveur et au
caprice.

L'instruction que donne l'Université à l'enfant n'est
pas mauvaise. Jusqu'à ces dernières années tout au
moins. Car il commence à pousser une génération de
jeunes professeurs qui ne cherchent qu'une occasion
d'indiscipline et de révolte pour se faire élire, à la faveur
du tapage, députés révolutionnaires, comme Jaurès et
compagnie. Pour ces messieurs, la chaire enseignante
n'est que le préliminaire de la tribune. On conçoit que

les parents se montrent de moins en moins pressés de
confier leurs enfants aux lycées de l'État. On supprime
Homère et Virgile. On les remplacera bientôt sans doute
par Karl Marx et Kropotkine. Ce n'est pas tout à fait la
même chose.

En revanche, l'éducation universitaire est inexistante,
sinon exécrable. Chacun de nous peut s'en convaincre,
s'il rappelle simplement ses souvenirs C'est pourquoi
beaucoup de parents, même peu chrétiens, préfèrent
pour leur progéniture l'enseignement libre.

En cas de débat, de discussion entre le père et la mère
à ce sujet, qui les départagera?

Le père dit : « Je suis député socialiste. Je ne crois ni
à Dieu ni au Diable. Je ne crois absolument qu'en
Waldeck-Rousseau, qui est immortel et infaillible. J'ai
fait moi-même d'excellentes études philosophiques qui
m'ont prouvé péremptoirement que Dieu n'existe pas.
Cette non-existence de Dieu, à laquelle je dois mes plus
beaux effets oratoires, est aussi claire pour moi que
l'innocence de Dreyfus. Et puis, que diront les frères et
amis s'ils apprennent que je laisse donner à mes enfants
une éducation religieuse? Que diront surtout les adversaires, tous ces misérables de la presse immonde qui ne
songent qu'à retirer le pain de la bouche, le beurre de
l'assiette et la saine doctrine du cerveau libre? »

La mère répond : « Tout cela ne compte pas. Un seul
argument est valable; l'intérêt, le bien de notre enfant.
Il ne sera nulle part aussi bien que dans une maison
religieuse. »

Le moment n'est pas loin où les parents consulteront
l'enfant lui-même pour savoir où va sa préférence. Il est
même curieux qu'il ne se soit pas encore produit de
grèves d'enfants et que ceux-ci n'aient point encore
arboré la fière devise : « L'enfant libre, dans l'État libre. »
Ça viendra.

C'est un plaisir amer pour nous autres, les traditionnels,
de constater que la révolution et le fameux progrès démocratique ne mènent qu'au gâchis et au désordre. Vous

verrez cela dans quelques années, quand affluera la génération des manuels contemporains, celle chez qui l'on a
remplacé le catéchisme par des notions incomplètes de
physique, de mécanique et de chimie. Nous n'avons aucune idée des petits monstres qui vont sortir de la cornue
franc-maçonne. Ce qui mène nos maîtres actuels, c'est
une déformation des doctrines darwiniennes par les
Gambetta et les Paul Bert. Le bas déchet de ces déchets
fera la nourriture des politiciens de demain. De plus en
plus, selon la formule de Leibnitz, on prendra « la paille
des mots pour le grain des choses », et c'est cette paille
empoisonnée que mâcheront, avec des hennissements,
les orateurs de l'avenir.

A moins que ce fumier n'agisse par réaction. Peut-être
ceux qui naîtront de nous, instruits par notre exemple et
nos sottises, rejetteront-ils, dans un accès de dégoût, le
fatras mensonger dont on les accable. Peut-être se tour-
neront-ils, avec respect et gratitude, vers la doctrine de
sagesse éternelle et d'éternelle consolation qui tend toujours ses bras grands ouverts même aux apostats et aux
pitres.

LA MAUVAISE PITIÉ

Nous vivons dans un temps de mauvaise pitié.

J'appelle mauvaise pitié ou pitié faussée celle qu'un verdict récent vient de mettre en lumière. On ne se représente plus la malheureuse étendue sur le sol et râlant sous le couteau du bandit, on se représente le « pauvre bandit » fuyant dans l'aube froide, son crime commis, sans paletot peut-être, avec un frisson de crainte qui pourrait bien aboutir à un frisson de bronchite. On s'attendrit sur son remords, le manque d'appétit et les crampes qui vont le torturer pendant quelques jours. S'il est arrêté, on se demande comment abréger pour lui les formalités douloureuses et dégradantes de l'instruction. Pensez donc. C'est un homme, après tout, et qui a ses susceptibilités. Quand arrive la comparution devant la justice, c'est à qui injuriera, vilipendera le président, si celui-ci se permet la plus petite sévérité vis-à-vis d'un aussi sympathique prévenu, s'il montre le moindre scepticisme.

En vérité, dans l'heure présente, s'il est un métier plus lucratif. plus agréable, plus émouvant encore que celui de traître, c'est sans doute celui de meurtrier.

Nous avions déjà comme fleur de pitié, de justice et

de haute compréhension morale et sociale — pour employer le jargon à la mode — nous proposions à l'enthousiasme difficile des étrangers le « bon juge », le seul, l'unique, le vénérable président Magnaud, de Château-Thierry. Celui-ci ne manque jamais l'occasion de réhabiliter, en audience solennelle, le vagabond, l'insoumise, le révolté. Notez que je ne reproche nullement à ce magistrat son indulgence. Il est très exact que ce bas monde est mal fait, que trop d'iniquités y circulent. C'est même pour cela que l'idée d'une vie future, rédemptrice et compensatrice, n'était pas déjà si nuisible. Je trouve seulement, avec pas mal de bons esprits, que cette même indulgence gagnerait à une simplicité moins voulue et à un ton un peu moins docte. Il ne me plaît guère que le juste fasse graver sur ses cartes de visite « homme juste » et que Cincinnatus fasse remarquer aux envoyés du Sénat romain avec quelle bonhomie rustique il cultive lui-même son petit champ.

Il faut tout de même reconnaître que le président Magnaud a inventé le genre et qu'il y a gagné la maîtrise. Mais ses disciples sont maladroits et trop pressés de le dépasser. Il est certain qu'au moment même où j'écris beaucoup de magistrats parisiens ou de province voient en rêve la belle canaille qu'ils pourront, la larme au coin de l'œil, renvoyer des fins de la plainte, avec des considérants flétrissant l'iniquité sociale et la dureté des riches. C'est ce que nous appelons la corde facile : un effet sûr et trois rappels.

D'où nous vient cette sensiblerie singulière au milieu de la sécheresse et de l'égoïsme contemporains ? Je réponds sans hésitation : du romantisme. C'est au romantisme que nous devons la plupart des conceptions baroques qui fleurissent actuellement et cette sorte de schisme dans la pitié chrétienne, lequel consiste à ne plus voir que Marie-Madeleine avant le rachat, le mauvais larron, Barrabas et, pour couronner le tout, Judas. C'est le romantisme qui nous encombre encore avec son dangereux bagage de pécheresses généreuses et sublimes, de forçats héroïques, de bourgeois vindicatifs et d'implacables aristocrates.

Or, quand je parle de pitié schismatique, laquelle aboutit bien vite à une hérésie dans le sensible, le destin veut que cette forme aberrante de pitié, dont nous dota le romantisme, ait trouvé précisément dans le schisme slave son terrain de culture le plus favorable et nous soit revenue, il y a une dizaine d'années, considérablement illustrée et augmentée par la littérature russe. Tant il est vrai que les formes sentimentales sont liées à des formes religieuses, que le dogme, en tous pays, charrie et traduit nos tournures morales.

Prenez *Crime et Châtiment*, de Dostoievsky, et *Résurrection*, de Tolstoï, vous découvrirez là, magnifiquement drapé de mots pompeux et de circonstances lyriques, tout le répertoire de calembredaines que promènent aujourd'hui par les prétoires et les salons nos prédicateurs en redingote, nos raseurs de l'humanitarisme : « Ce n'est pas sur toi que je pleure, Sonia, c'est sur toute la misère humaine », dit l'assassin grave à la rougissante fille des rues en s'agenouillant devant elle. L'auteur se donne un mal infini pour nous expliquer les motifs puissants et profonds, presque pardonnables, qui poussent le jeune et ardent Pétersbourgeois à occire la vieille usurière. Au cours de cette terrible histoire, tous les damnés, tous les furieux, tous les vicieux nous sont représentés comme foncièrement bons, déviés par des fatalités exceptionnelles, en proie à des théories trop nettes et un peu vives dans l'application immédiate. Au lieu que les non-délinquants sont dépeints presque avec colère et rancune. L'auteur leur en veut de n'être pas dégradés et souillés. Ils lui en paraissent d'autant plus suspects, haïssables.

C'est un parti pris d'attendrissement dans l'horreur qui devient, par le paroxysme, comique. Il en est de même dans *Résurrection*. Les avatars, relèvements et rechutes d'une dame alcoolique sont, aux mains de Tolstoï, les béliers avec lesquels il défonce les portes de la société moderne. Il insulte les pâles innocents, les âmes débiles et tranquilles, qui supportent la souffrance autour d'elles sans rugir, se rouler par terre en proie à des convulsions de justice, à des crises de pardon, l'écume du renoncement à la bouche. Ici la pitié slave, pour s'exprimer mieux, appelle la colère à son aide. Le prophète d'Iasnaïa-Poliana vaticine et foudroie les lâches qui ne se paient pas, au cours d'une existence hideusement paisible, le moindre forfait, la plus humble tare, le plus petit remords. Que deviendraient, juste ciel, les apôtres de la fraternité et de la solidarité si par hasard un moujik ne mourait pas de détresse, de superstition ou de faim !

Car voilà le terrible dans cet ordre d'apitoiement. On renchérit toujours sur le prédécesseur, l'émule ou le voisin : « Ah ! tu prends en main la cause si touchante du voleur et de la rôdeuse. Attends un peu, mon bon-homme, je vais dresser une statue au cambrioleur, chanter l'égorgeur dans des hymnes. »

Ces doctrines, à la longue, pénètrent les masses. Tout forçat se considérera bientôt comme une victime de la société, comme un beau prétexte à campagne de presse. L'ancien gibier de potence, devenu gibier littéraire, nous expliquera sa mauvaise étoile, sa conception faussée du devoir, improvisera sur sa destinée, comme Néron sur l'incendie de Rome. Par la voie compliquée de la pitié fausse nous rentrerons dans le cabotinage, dans la petite conférence matérialiste, dans la Molé du bagne. Aucun de ces messieurs, aucune de ces dames n'ignore plus maintenant que le « borgeois » devient éclairé, que les jurys ont des indulgences extraordinaires, que le niveau des « mentalités » — c'est le terme usuel — se hausse jusqu'au pardon universel. On clarifiera le vitriol et l'on aiguisera le surin en fredonnant la complainte du bon juge, en récitant « la Puissance des Ténèbres ».

Ce n'est pas tout. La science s'en mêle. Avide d'une prompte réclame et de documents sans ordre ni choix, le papa Lombroso, de l'autre côté des Alpes, nous annonce la mort de la responsabilité morale. Rien n'est plus la faute de personne. Celui qui tue agit ainsi en vertu d'un fatal penchant héréditaire. On ne doit plus le punir. On ne saurait même le blâmer. A peine a-t-on le droit de palper son crâne, de mesurer son acuité visuelle et de le prier d'écrire ingénument ses mémoires. S'il a de soi une bonne photographie, son cas n'en sera que meilleur. Voilà un pauvre garçon dont le père était épileptique. Pourquoi ce malheureux ne tuerait-il pas ses cinq petits enfants? Il en sera quitte pour être présenté à la Société d'embryologie, d'ethnologie, de criminologie, de biologie, pour figurer sur une estrade, avec des projections lumineuses, entre deux professeurs débonnaires. Cette demoiselle, à l'âge de trente-cinq ans, a empoisonné son père et sa mère. Faites attention qu'elle a eu, quinze ans auparavant, la scarlatine. En la châtiant, c'est donc la scarlatine que vous prétendriez réprimer!... Folie et sottise. Je vous fais grâce de tous les embellissements qu'ont apportés à cette doctrine si généreuse les sous et contre-Lombroso.

Qu'on ne m'accuse pas d'exagérer ni de forcer les textes pour le plaisir. Je recommande la lecture attentive de toutes les insanités qui se publient à ce sujet aux personnes que la question intéresse. La fausse logique vient ici en aide à la fausse sentimentalité pour absoudre par avance et en quelque façon glorifier tout ce qui se soustrait à la loi morale. Si cela continue, dans quelques années, le crime et le délit seront deux nouvelles branches très licites de l'activité humaine. Il n'y aura plus qu'une seule canaille reconnue, patentée et traquée : le gendarme. Ah ! pour celui-là, par exemple, il est à présumer que les magistrats de l'avenir seront impitoyables. Le gendarme ne représente-t-il pas les principes démodés d'autorité, de propriété et de responsabilité? Ne flotte-t-il pas autour de lui une vague et suprême atmosphère de sabre et de goupillon ?

Or, la somme de pitié disponible dans les cœurs est constante. Ce qui va aux coquins et aux dévoyées est

autant de retiré aux braves gens que l'infortune accable.
Pendant que l'on s'attendrit « à la slave » sur les cou-
reuses et les vagabonds, il y a des ouvrières qui vivent
avec trente sous par jour et des cantonniers qui triment
pour cinquante sous, et même moins, sous le soleil et
sous la pluie. Seulement, elles sont honnêtes, ils sont
scrupuleux et vaillants; ni les uns ni les autres ne sont
thèmes de rhéteurs, prétextes à tirades et monologues.
Nulle belle théorie ne s'applique à eux. Ils ne constituent
point des cas, des monstruosités. Aussi leur détresse
intéresse peu et l'on ne cherche guère à la soulager. Ce
sont les vraies victimes de la mauvaise pitié.

LA FIN DES SNOBISMES

Les événements graves et douloureux qui assombrissent la France d'aujourd'hui, je veux dire la guerre
religieuse, la désorganisation de l'armée, la tyrannie
abjecte des primaires, offrent au moins cette minime
compensation qu'ils nous ramènent à l'essentiel et nous
détournent du colifichet, de l'accessoire, des snobismes.

Dans les heures plates et d'acceptation qui préparèrent
le Panama, l'affaire Dreyfus et la dictature jacobine,
de 1880 à 1897 très exactement, ce furent l'usage et la
mode de s'enthousiasmer pour des riens : ces riens étaient
tantôt littéraires, tantôt artistiques, tantôt philosophiques. Récemment ils devinrent politiques et sociologi-
ques et cela nous fut un présage que les affaires allaient
se gâter. Car les snobismes, ces enfantillages de la maturité, se tiennent tous, forment une filière, un courant qui
a sa source dans la vanité et son embouchure dans la
désorganisation, dans l'anarchie. Le faux engouement
annonce et prépare le désordre.

Je n'ai pas besoin de vous rappeler le triomphe éphémère du naturalisme et l'extraordinaire issue de fumier
qui nous empuantit pendant dix ans. On nous affirmait
que la Vérité — elle avait déjà son grand V — tenait ses
séances ordinaires dans l'égout et que les éléments du

beau devaient être servis dans une auge. Pour ce car-
naval esthétique, les faux groins remplacèrent les faux
nez. La chasse au « document humain » devint plus fructueuse que la chasse aux truffes. Cette besogne n'exigeait
nulle culture, nul goût, nul talent. Il suffisait d'avoir de
l'estomac, de l'aplomb, de prendre un air docte et sentencieux. Dans tout primaire il y a un pion. C'est surtout
à l'école du soir que chacun veut tenir la férule.

Quand cette pluie de boue s'apaisa, le pâle soleil du
symbolisme commença d'éclairer l'horizon. Cette fois la
Vérité — elle conservait toujours son grand V — prit des
aspects de sphinx bleu, de stryge violet, de démone à
crinière et à roulettes. L'incompréhensible fit la loi, un
pauvre incompréhensible bien grêle, bien puéril, qui ne
dissimulait généralement dans sa papillote qu'un calem-
bour ou une niaiserie. C'est un amusement prodigieux,
je vous l'assure, que de parcourir les innombrables
petites revues de l'époque où des jeunes gens terribles,
impassibles, pleins d'énigmes, se tordaient l'âme comme
un bigoudi pour en faire tomber des vers libres ou des
proses versifiées.

Beaucoup de ces anciens éphèbes à la lune sont aujour-
d'hui de braves commerçants, avocats, médecins, subs-
tituts, rangés, assagis et qui ne relisent pas sans sourire
leurs élucubrations de jadis. Sans doute, il y a le proverbe : cela vaut mieux que d'aller au café... Oui, mais
ils y allaient tout de même, au café, et plusieurs sont
morts prématurément, les malheureux, pour avoir voulu
imiter Villiers de l'Isle-Adam ou Verlaine dans leur
bohème impénitente, intransigeante et ambulatoire.

A la même époque, suscitée par le symbolisme amoureux de toute étrangeté, commença de sévir l'admiration
fanatique pour les étrangers. La musique de Richard
Wagner, proclamé le Dieu d'une époque sans Dieu où la
crédulité remplace la croyance, cette musique où le sublime et l'ennuyeux se disputent la prééminence, se mit
à nous inonder de ses gnomes bavards, de ses insuppor-
tables ondines, de ses oiseaux mécaniques, de ses sur-

hommes vainqueurs du dragon. La Tétralogie supplanta
la Bible. Ensuite l'altruisme de Tolstoï, doctrine bour-
beuse et ténébreuse où le grand homme pataugeait lui-
même en bottes de moujik et houppelande d'antimilitariste, lutta quelque temps avec avantage contre le
re-symbolisme d'Henrik Ibsen.

Ce fut l'envol des canards sauvages et des hymnes
d'amour aux mendiants, aux filles perdues, à tous les
forçats. Les fanatiques de ces nouveautés ne savaient pas
s'ils devaient d'abord ne pas résister au mal par là
violence et refuser le service militaire, ou relever, à la
force du poignet, un criminel, ou refaire la société sur
des bases nouvelles. Une multitude de sous-Ibsen nous
imposaient des drames à thèse où chaque personnage,
en se mouchant, ébranlait l'univers, où l'on baissait tout
le temps la lampe, où le moindre geste avait sa signification profonde. Une nuée de sous-Tolstoï rachetaient, à
tour de bras, les empoisonneuses, les incendiaires et les
cambrioleurs. Cette fermentation saugrenue nous préparait la levée des bons juges en quête de réclame néo-
russe.

Derrière ces écrivains, considérables et respectables,
en somme, se pressait cependant, comme il arrive, le
troupeau des nigauds et des adaptateurs : « Pourquoi pas
moi ? » songeait envieusement M. Bjoernstern-Bjornson.
« Pourquoi pas moi ? » gémissaient le cuistre Georg
Brandès, le surcuistre Lombroso et tous les ratés de la
critique, du roman, de l'anthropologie, de l'art dramatique, suisso-belges, germano-danois, anglo-suédois, italo-
monégasques. Car ces messieurs sont généralement à
cheval sur deux races et trois nationalités. Je glisse légèrement sur ce délicieux M. d'Annunzio, qui intitule ses
fours des *victoires mutilées* (!) et qui, ne sachant plus
comment attirer l'attention sur son modeste génie, joue
maintenant à l'anticléricalisme, comme il joua jadis au
socialisme et au plagiat.

Ce fut la période des banquets « en l'honneur de... »,
où il fut de bon ton de saluer dans l'auguste visiteur,

dans le noble étranger, dont personne n'avait lu une ligne, le rénovateur de ceci, le restaurateur de cela, l'intrépide champion de telle grande cause ; les vieux lutteurs du romantisme réapparaissaient sous cette forme exotique. Je crois bien que, pour sa part, M. Georg Brandès, le plus favorisé, n'a pas participé, en cinq ans, à moins d'une vingtaine de ces agapes. Il semble, d'ailleurs, insatiable de popularité, celui-là. A peine sorti de table, il faut qu'il recommence. Mal assuré de son laurier danois, il le cherche éperdument dans nos sauces.

Or, et c'est là que je veux en venir, tous ces snobismes, par des voies diverses, conduisent invariablement à la révolution. Nous avons commencé par rire des riches demeures où, entre la plus savoureuse des poires et le plus onctueux des fromages, la pâmée pour Tolstoï, la lectrice jusqu'à l'aube d'Ibsen, le dégustateur de Karl Marx et de Stirner, le prostré devant Georg Brandès, le frissonnant aux pieds de Bjornson appellent à grands cris le grand soir, la dynamite, la revanche du peuple et autres sanglantes fariboles. Nous nous sommes complaisamment divertis des prêches au dessert, de la veillée d'armes sous les orchidées, de la croisade anticléricale menée, au nom d'Ernest Renan, par les plus ignorantes snobinettes.

Nous avions tort de rire et de nous divertir. Ces outrances, d'aspect inoffensif, ouvraient la brèche aux théories scélérates qu'essaient d'appliquer aujourd'hui les ennemis de l'intérieur. L'affaire Dreyfus a, en quelque sorte, fait le trust de tous les snobismes. Le pédant et lourd naturalisme a donné le signal. Il s'est placé en tête avec son étendard maculé, ses tabliers souillés, ses tombereaux d'ordures. Le déchet du symbolisme a suivi avec la cohorte des intellectuels, des aïssaouas du botticellisme, des extatiques de la Vérité et des contournés de la Lumière.

Dès que la cloche d'alarme eut sonné dans le camp du traître, accoururent aussitôt en hurlant, sous les prétextes les plus variés, les Georg Brandès, les Bjornson, les

Lombroso sans emploi : ils apportaient à la rescousse leurs tableaux noirs, leur audace doctorale, leurs tranchantes affirmations. Ce qui, la veille, n'était que bouffon, prit soudain un aspect tragique. La bourgeoisie cossue, qui avait eu la folle imprudence de flirter avec l'anarchie, voit aujourd'hui se dresser sous ses fenêtres, sans équivoque possible, le drapeau rouge. Le badinage fleuri de l'apostat Renan nous a directement menés aux menaces de l'apostat Combes, à la pratique hardie de Mœrdès. Regardez-y de près et vous constaterez entre ces multiples mensonges littéraires, esthétiques et sociaux, une connexité bien étrange.

C'est ainsi qu'en se jouant d'abord, une partie de la France a commencé à s'écarter du génie français. Quand j'écrivis les *Kamtchatka* — un assez piètre livre d'ailleurs et bien inférieur au sujet — beaucoup d'excellents esprits me reprochèrent d'avoir pris trop au sérieux des plaisanteries et des excentricités qui ne faisaient de mal à personne. Elles faisaient sournoisement du mal au pays. Elles l'intoxiquaient peu à peu. Elles préparaient le terrain où plus tard devait pousser le mancenillier. Brutal ou précieux, élégant ou sauvage, sacrilège ou blasphémateur, le snobisme disloquait la tradition, nous mettait en état d'infériorité.

Mais présentement nous sommes avertis. Le Français n'est jobard que jusqu'au jour où il reçoit une tuile sur la tête. A plus forte raison le toit de notre maison, qui s'écroule, commence-t-il à nous réveiller. L'esprit de la race en travail se met à éliminer les snobismes. Il tranche au ras ces arbustes parasites, tel le bon bûcheron dans la forêt. Il serait cruel d'insister sur la débâcle actuelle du naturalisme, descendu d'un coup, en soixante tomes, dans la fosse sans fond d'où ne reviennent jamais les œuvres mauvaises, les œuvres fléaux. Le public français, si sage, si honnête dans ses diverses couches, quand on ne l'affole point, est maintenant fixé sur la valeur littéraire de ces manuels et sur leur portée morale. Il a fini de s'indigner. Il dédaigne.

Il y a un beau vers de Boileau :

Rarement un esprit ose être ce qu'il est.

Ce vers explique la voie pernicieuse qui va du snobisme
au dreyfusisme, de l'enthousiasme pour ce qu'on ne
comprend pas à l'apologie de la trahison. La clarté est
salubre et vengeresse. L'obscurité est propice aux mauvais coups.

Les amis et suppôts du ministère Mœrdès peuvent bien
élever une statue à Renan. Déjà nous la voyons qui
vacille. Elle ne se tient pas plus debout que sa méthode
de critique venimeuse, de raillerie appliquée aux choses
saintes et respectueuse des politiciens, d'aplatissement
devant les plus forts. L'horizon est plein de statues branlantes comme celle-ci, d'effigies qui s'effritent, de mé-
daillons qui tombent par morceaux. Finis le symbolisme
et le naturalisme ! Morts ou mourants le tolstoïsme, le
wagnérisme, l'anarchie mondaine, l'anticléricalisme à
l'eau de rose !

Appelée par la circonstance, par la nécessité, par le
péril, la Sincérité monte et rougeoie. Elle est le soleil de
la France et n'éclaire les autres qu'après nous. Je vous jure
qu'elle est bonne chrétienne, patriote et qu'elle a le goût
des militaires.

LE SCHISMATIQUE ET L'APOSTAT

Résurrection remet en pleine lumière la figure mi-rustique, mi-seigneuriale du vieux philosophe d'Iasnaïa-Poliana. D'autre part, les zélés fonctionnaires que comptent dans leurs rangs les « Bleus de Bretagne » s'agitent, sous l'œil attendri du ministre Chaumié, pour la statue sacrilège à Tréguier du mauvais prêtre Ernest Renan. Ceci me permet de rapprocher, comme influences politiques, sociales et contemporaines, ce schismatique de cet apostat.

Tolstoï, en effet, c'est le schismatique, et je m'étonne que cette définition ne soit pas encore apparue, avec évidence, aux divers critiques qui l'ont étudié. Il est, pour le schisme d'Orient, ce que George Eliot, par exemple, fut pour le schisme anglican, un interprète littéraire et sentimental. Tant il est vrai que les formes religieuses, même désaffectées et sournoises, demeurent, pour l'esprit, des guides persistants auxquels nul ne peut se soustraire.

Dans ses remarquables études sur le monde slave, M. Louis Léger fait cette juste observation que, de bonne heure, la religion et la race furent étroitement soudées en Russie par le menaçant voisinage de la Pologne catholique, de la Suède luthérienne et des tartares musulmans.

D'autre part, si le schisme est la modification d'un dogme par un tempérament national, il tend à se subdiviser, comme, ce tempérament lui-même, en une multitude d'éléments, de chapelles distinctes. C'est une de ces chapelles, assez peu orthodoxe, mais chrétienne encore d'aspect et d'intention, qui se dresse en ce moment à Iasnaïa-Poliana.

Plus j'approfondis l'œuvre considérable et disparate de Léon Tolstoï, plus je me convaincs qu'il y a en cet illustre auteur la combinaison instable d'un romancier de génie et d'un de ces illuminés vulgaires, comme il en fourmilla à toutes les époques, de la mer Noire à la Baltique, qui prétendaient adapter le christianisme à leur bourgade, à leur humeur propre, à l'actualité. S'il ne s'agissait pas de l'auteur de *Guerre et Paix*, d'*Anna Karenine* et de la *Puissance des ténèbres*, personne ne parlerait de sa doctrine si vague, si contradictoire et si rudimentaire. La gloire du lettré prête quelques-uns de ses feux à la gloriole plus contestable du prophète. Il est fâcheux néanmoins que, sur le tard, les nébuleuses divagations du prophète aient pris une importance exagérée, arrêté dans sa ligne de fougue une œuvre magnifique où brillent encore ces paraboles : *La Sonate à Kreutzer* et *Maître et Serviteur*.

Elle est schismatique, cette pitié russe qu'analysait si finement M. Jean Lorrain et qui s'attache exclusivement aux descendants du mauvais larron, aux descendants de Marie-Madeleine. Elle départage sans discernement, sans équité, la pitié chrétienne, globale mais lucide, qui va d'abord aux détresses sans impureté ni souillure et ne consacre pas aux seules angoisses troubles l'amertume auguste des larmes. Il est schismatique, cet amour russe pour les délinquants et les détraqués qui se complaît dans la livrée du bagne, les souvenirs de boue et de sang. Sans doute il y a la nuit de Pâques, de la résurrection et du rachat. Mais il y eut aussi la nuit de Noël, de la Nativité, de l'innocence où tressaillirent et s'éclairèrent les âmes obscures du bœuf et de l'âne, ces humiliés qui

ne s'insurgent pas. Mais il y eut la nuit du jardin des
Oliviers où frissonna le pur entre les purs et pour les
scrupules les plus hauts.

Tolstoï, cœur de préférence et de lutte, comme tout
dissident, a choisi dans les évangiles ce qui convenait à
son orgueilleuse humilité, à sa pénétrante critique des
mensonges et des hypocrisies inévitables et il a dédaigné
le reste. Avec les débris du sermon sur la montagne il
instaure le sermon sur la steppe. Comme tous ses pareils,
comme ses prédécesseurs historiques, il dédaigne l'œuvre
des conciles et prétend remonter aux sources du Verbe.

Tandis que se déroulaient devant moi, sur la scène de
l'Odéon, les tableaux âpres et colorés de *Résurrection*, je
songeais qu'en dépit de l'auteur, il circule au milieu de
nous, portées par des corps qui continuent de fonctionner
en automates, des âmes terrestrement et définitivement
mortes. Cette mort inapparente leur vint par la débauche,
le doute ou la sécheresse. En quel temps plus que dans
le nôtre vit-on passer de ces cadavres, fiers et rigides,
ennemis du Dieu qui les a quittés, et que toute la bonté,
toute la patience, tout le renoncement des héros les plus
russes ou les plus romanesques n'arriveraient pas à ra-
nimer ?

Renan l'apostat fut, sur le tard, de ces ambulants, de
ces mauvais et sinistres exemples. Son fantôme hante
encore l'époque. Il conduit et dirige, de sa main décharnée,
la persistante haine des francs-maçons, des Homais de
gouvernement, des défroqués dans le style de Combes. Il
est le drapeau de ceux qui renient, qui ricanent et qui
persécutent.

L'apostat est toujours un traître. Comme il tint les
clefs du sanctuaire, il s'en commanda, une fois chassé,
de fausses à son usage et les confia à ceux qui désirent
souiller et blasphémer de près. En ce sens, la statue de
Tréguier serait d'un parfait symbolisme. Il ne faut pas
nous raconter que c'est le zèle pour la littérature qui
groupe ce lot de manifestants. La plupart d'entre eux
n'ont lu que très superficiellement l'auteur des *Origines*

du Christianisme. Ils sourient de béatitude, quand son nom est prononcé devant eux, parce qu'il est convenu que Renan représenta la fleur embaumée du scepticisme contemporain, le dernier mot de la malice radicale et anticléricale. Autour de ce pontife à rebours j'ai vu sourire ainsi jadis, tant ses caudataires avaient peur de ne pas comprendre assez vite l'ironie fatale et prévue qui plissait les lèvres rusées et bridait les paupières d'éléphant.

Quelle belle chose tout de même que le snobisme intellectuel ! Nous entendons répéter partout et même par des traditionnels que Renan fut un grand philosophe parce qu'il essaya de mettre en pratique ce précepte énoncé par lui dans la préface de son étude sur *Averroès et l'Averroïsme :* « Qui sait si la finesse d'esprit ne consiste pas à s'abstenir de conclure ? » Puis les mêmes frénétiques se tournent vers Tolstoï et applaudissent à tout rompre les tirades de l'écrivain le plus pressé de conclure qu'ait produit le dix-neuvième siècle. Tous les amateurs de prétendues nouveautés passent, avec une aisance incroyable, de l'apostat au schismatique et inversement. Ils s'imaginent sans doute que cela fait partie du même lot, de la même pacotille démocratique, collectiviste ou anarchiste, car ces tapageurs de la société future confondent toutes les notions, toutes les révoltes, toutes les doctrines. Cette année, on portera beaucoup, dans les parlottes, conférences et soupes-conférences des dupeurs du peuple, la toge à la Renan avec le bonnet carré à la Tolstoï. Ainsi va la mode.

On ne réagit pas contre ces grotesques confusions. Elles sont normales dans une société qui met à sa tête tous ses ignares et ses métis, prépose à l'instruction de la jeunesse non seulement ses primaires, mais encore ses primates. Les criminels de la rue et des champs étant qualifiés par les juristes modern-style de « dégénérés supérieurs », je qualifierai volontiers de « dégénérés inférieurs » les malandrins de portefeuille et d'assemblée qui persécutent les congréganistes au cri de : « A bas la calotte ! »

Nous pouvons néanmoins remarquer que le cas de Renan s'explique par ceci qu'il fut, avant toutes choses, un auteur dramatique dévoyé. Ce goût de la contradiction et de la contradictoire qui devait le mener si loin, qu'il portait en lui depuis ses débuts, le prédestinait à écrire des tragédies de conscience, au lieu de jouer pour son propre compte la plus sombre de toutes : l'apostasie. En même temps qu'il énonçait une proposition, l'envers de celle-ci se dressait devant lui. La thèse, dans son esprit scénique, faisait surgir aussitôt l'antithèse. Il eût gagné, à laisser dialoguer librement le peuple opprimé de *ses* personnages, tout ce qu'il perdit à jeter aux orties la défroque inemployée de *son* personnage.

Il paraît bien qu'il eut de ceci l'instinct sourd, et ses dialogues philosophiques — *Caliban*, l'*Abbesse de Jouarre*, le *Prêtre de Némi*, etc. — sont là pour témoigner de ce besoin dramatique irrésistible qui se faisait jour à travers les travaux d'exégèse et la controverse religieuse. Mais le joli est que cet hésitant, que ce tâtonnant, que cette victime du débat intérieur entre la Grâce et la disgrâce, sert aujourd'hui de fanion, de signe de ralliement à tous les délirants et profiteurs du matérialisme. C'est un châtiment que le Dante a oublié dans son Enfer : cette mémoire en proie aux mains sales, flétrie par les plus vils hommages !

Vous comprenez que pas un instant, au point de vue de l'action néfaste, je ne compare Renan à Tolstoï. Tolstoï a écrit, dans ces derniers temps, bien des pages fuligineuses, extravagantes, plates ou comiques, selon qu'il découvrait la vraie doctrine ou l'illustrait d'exemples singuliers. Mais il n'a jamais sali son nid. Son œuvre n'est pas un arsenal d'outrages, d'impiétés, de désenchantements. C'est un poète, ivre d'une impossible liberté souvent paradoxale, qui veut remonter le cours des âges, ramener la parole au cri, la maison à la hutte, le complexe au rudimentaire et, en même temps, bannir la guerre et la violence. Il fait de l'âge de pierre l'âge d'or et dénie le glaive à l'instinct.

L'autre, Renan le réprouvé, n'a pas fini d'épuiser son venin. Il est la source d'erreurs malsaines où beaucoup croiront se désaltérer et s'intoxiqueront jusqu'au cœur. Il est le flétrisseur d'enthousiasmes, l'évocateur de morts qui marchent, celui devant qui l'on se signe quand on le rencontre au crépuscule sur un chemin de traverse de la pensée. Autour de sa ténébreuse statue s'assembleront les sorcières modernes, la concupiscence, la fatalité, l'analyse, l'infidélité, et elles poursuivront en glapissant la querelle que leur maître menait en souriant.

J'ai voulu seulement montrer que la religion était toujours le grand fanal, que c'est elle qui crée ces schismes et ces apostasies dont s'émerveillent les contemporains, que la croyance devenue crédulité, illusion ou blasphème n'a cependant pas changé d'autel. Renan prétendait critiquer les Evangiles. Tolstoï prétend les interpréter. D'autres prétendent les interdire ou organiser des contre-évangiles, des antiparaboles, arrêter, ce qui peut se faire, la multiplication des pains, s'opposer par le fer et le feu à la résurrection de Lazare, réaveugler les pèlerins d'Emmaüs. Mais ce qu'aucun homme ne peut faire, si sublime ou si niais qu'il soit, c'est oublier les Evangiles.

LE VERTIGE DE LA MORT

Les affreux accidents qui ont ensanglanté la course Paris-Madrid devenue en quelques heures Paris-Charnier, ces conséquences inévitables d'une vitesse folle et sans contrôle, soulèvent un tourbillon de réflexions.

Nous sommes plongés en ce moment dans une sorte d'atmosphère tragique. L'émeute et la catastrophe sont dans l'air. Le beau et chaud soleil, qui brille au-dessus de tant de deuils soudains, en prend quelque chose d'implacable. A force d'invoquer le Grand Pan, nos néopaïens l'ont fait venir. Pour nos imaginations épouvantées, cette longue route dorée et poussiéreuse entre les champs et les hameaux, cette voie douloureuse, semée de débris et de cadavres, apparaît ainsi qu'un immense ruban d'autel consacré aux dieux aveugles du fatalisme, momentanément vainqueurs du Dieu chrétien, lequel pesait la charité et la mansuétude et donna son prix à la vie humaine.

Je ne sais guère de mort plus atroce que cette mort par éclatement, par fracas brusque de la substance. Elle est instantanée, horrible et sans gloire. Elle est sinistrement matérialiste, issue d'un soubresaut du métal et de l'énergie physique mal domptés qui se cabrent et se vengent stupidement. La mort du marin a le décor des éléments. Elle emporte et ensevelit son homme sans le souiller ni le dégrader. Elle laisse de la place au mystère. Il en est ainsi de la mort du mineur. La mort de l'ouvrier dans son métier, qu'il tombe du toit ou soit saisi par un engrenage, nous émeut parce qu'elle relève de la contrainte sociale et du besoin.

Ce sont là, en quelque façon, des morts par solidarité et qui elles-mêmes n'assassinent point. Elles ne vont point saisir cette proie illicite du soldat qui passe sur le chemin, de l'enfant qui joue, de la vieille dame qui n'a pas le loisir de se garer. Notre pitié pour les automobilistes victimes de leur imprudence se trouve diminuée par celle que nous inspirent leurs victimes collatérales, qui ne faisaient point, elles, du 143 à l'heure.

Je ne parle point ici de la mort philanthropique du médecin, de l'expérimentateur, ni de celle du missionnaire, ni de celle du soldat, les plus nobles de toutes puisqu'elles résultent du sacrifice à un idéal. Si l'on pouvait lire dans l'esprit de ceux-ci, au moment où les ténèbres l'envahissent, on y découvrirait l'image d'un haut devoir, d'une maladie à combattre, d'une foi à propager, de l'étendard à défendre. Que trouverait-on, hélas ! dans cette cervelle éparpillée entre deux bornes kilométriques, en dehors du désir désordonné et forcené de la vitesse ?

Ce désir est devenu un délire. Les Goncourt rapportent dans leur *Journal* cette admirable phrase de Gavarni, lequel avait, comme l'on sait, la passion des mathématiques : « A quoi sert de multiplier la vitesse si l'on multiplie en même temps l'appétit de la vitesse ? » Une véritable frénésie d'accélérer l'allure s'est emparée de tous les chauffeurs et, ce qui est prodigieux, c'est que, dans de telles conditions, le nombre des catastrophes n'ait pas encore été, avant-hier, plus considérable. Tous les témoins de cette fantastique course à la mort, tous les spectateurs postés sur la route de Chartres, nous rapportent le même frisson de terreur et d'admiration qui les saisit devant ces voitures projectiles, ces monstres où la volonté du conducteur cède bientôt à la brutale puissance de la chose conduite.

On les voyait surgir à l'horizon et déferler, par bondissements successifs, avec le mouvement de la vague. On avait à peine le temps de distinguer la silhouette instantanée de la machine et du coureur que l'une et l'autre avaient déjà disparu. Un tel paroxysme de rapidité ne laisse à ceux qui s'y livrent aucune possibilité d'éviter l'obstacle, aucune chance d'échapper à la mort en cas d'accident.

Sans doute il faut, pour affronter de telles épreuves, un rare sang-froid, des muscles souples bridés par une attention sans défaillance et une extraordinaire intrépidité. Ce doit être un état de conscience bien spécial que celui de ces êtres en pleine vigueur qui savent ce qui les guette et montent néanmoins allègrement sur leurs torpilles roulantes au milieu des bravos de l'assistance. La griserie du départ et des kilomètres ne peut pas être continue. Elle a ses effarements, ses rémissions, sa stupeur. C'est alors qu'il faut faire appel à cette suprême énergie que tiennent en réserve, derrière l'habitude et l'accoutumance, un goût du risque sans cesse renouvelé et un parfait mépris de la mort.

Goût du risque et mépris de l'anéantissement, qui sont aussi familiers à certains individus qu'à d'autres la crainte et la chair de poule. C'est une affaire de tempérament d'abord, d'éducation ensuite. Il y a ceux qui naissent braves et ceux qui s'entraînent à être braves, et le mérite des seconds est, ma foi, supérieur à celui des premiers. Il y a des dilettanti, des amateurs et des dégustateurs de la bravoure comme il en est de la lâcheté. Je sais que, pour ma part, je mets cette vertu au-dessus de tout quand elle est complète, physique et morale, individuelle et sociale et de toutes les heures. Elle m'apparaît comme supérieure à l'intelligence, comme une forme de sainteté laïque.

La plupart des vices et des crimes ressortent de la faiblesse, de la mollesse et de la lâcheté : « La faiblesse, dit La Rochefoucauld, est plus l'opposé de la vertu que le vice. » Il y a de la ressource dans un homme brave. On peut attendre toujours de lui repentir, relèvement ou rachat. Il reconnaîtra son erreur. Il n'est pas de recours contre un lâche. Sa cruauté, sa perfidie, sa vilenie profonde sont sans remèdes. La lâcheté est à mon avis le plus grand poison de l'âme et du corps.

Ceci me fait reconnaître volontiers l'héroïsme des coureurs automobilistes. Je regrette seulement que cet héroïsme se galvaude en manifestations à la fois dangereuses et presque vaines. Sans doute, il est bon que cette industrie, toute française et florissante, progresse. Mais un perfectionnement de moteurs, de freins et d'engrenages ne réclame point des hécatombes. Il y a disproportion entre le résultat à obtenir et la dépense de vie et de sang faite pour l'obtenir. Ce massacre à tendances commerciales a quelque chose de puéril, de bien moderne et de révoltant.

Tellement il est vrai que la somme de vaillance et l'amour du risque demeurant des valeurs humaines constantes, on emploie ce risque et cette vaillance à des besognes amoindries quand les vrais motifs de sacrifice et d'abnégation leur font défaut. Nos crocodiles de l'humanitarisme, qui versent tant de larmes sur les guerres de jadis et à la pensée des guerres de demain, accepteront tranquillement l'immolation de nos inconséquents héros au Moloch des grands records et du 130 à l'heure. Ils réserveront leur indignation et leurs apostrophes pour les insolations au cours des manœuvres ou les dures nécessités des compagnies de discipline. Cependant que des tempéraments magnifiques s'useront et se détruiront dans des tentatives insensées, dans des prouesses sans lendemain et sans portée morale — nullement exemplaires.

Je songe, malgré moi, qu'un de ces infortunés projetés contre un passage à niveau, contre un arbre ou dans un champ, avait peut-être en lui, inconsciente, la graine d'un Lassalle, d'un Lannes ou d'un Murat et que cette graine n'a pas levé par la faute des sophismes ambiants, par la mauvaise organisation d'une société qui met au pinacle ses rhéteurs et refoule, dans une moindre action, les actifs et les généreux. Quand le prince de Bismarck ne trouvait pas, dans sa quotidienne besogne diplomatique, l'assouvissement de sa formidable vigueur, il s'amusait à abattre des chênes. Il passait son génie sur le bois. S'il avait vécu de nos jours, en France, dans notre envieuse démocratie, il n'eût jamais été qu'un bûcheron. Ne croyez pas que pour cela il eût évité sa disgrâce. Mais il l'eût tenue du maître d'un chantier au lieu de la recevoir d'un empereur. Il est des niveaux pour chaque catastrophe. Le tout est d'être dans son emploi. On n'échappe pas à sa destinée, mais l'état de la race et de la nation détermine la forme de cette destinée, le costume sous lequel on la reçoit.

Ne préféreriez-vous pas ce valeureux et charmant Marcel Renault, mort dans une charge, le sabre à la main, avec le frisson de la gloire, plutôt que gisant dans une vague auberge pour avoir trop présumé de son habileté de chauffeur ? Il fut un héros, je n'y contredis pas, mais un héros de l'étage inférieur et de l'étape kilométrique, où se discutent des perfectionnements industriels, non du sommet où flotte le drapeau. C'est son pays qui est fautif vis-à-vis de ce brave et de ses pareils pour ne les avoir pas mis en leur place, pour ne leur avoir point réservé la forme de martyre qu'ils méritaient.

Quand la hiérarchie est détruite, quand les cadres sont dispersés, quand l'idéal est en suspicion, les plus hautes vertus perdent leur rang et leur résultat. Le trépas lui-même se banalise. Le champ d'honneur devient un simple champ où expire infertile, pour l'amour de sa marque, celui qui, dans de plus justes circonstances, eût, par sa mort sublime, augmenté la patrie.

L'EMPEREUR ET LA SOCIALE

Le succès foudroyant du parti socialiste en Allemagne, cet échec formidable et imprévu à l'autorité impériale, mérite, à tous les points de vue, notre attention. Voici nos voisins en proie à des difficultés intérieures dont il leur sera bien difficile de sortir sans secousses violentes. Voici, dans un pays de discipline et de hiérarchie, l'accession en bloc aux affaires des disciples de Karl Marx et de Lassalle. S'il est vrai que les révolutions surviennent quand les partis modérés s'amincissent sous la pression des partis extrêmes, cette juxtaposition immédiate ou presque immédiate des conservateurs agrariens et des révolutionnaires apparaît comme lourde de menaces.

Je n'ai pas la prétention de documenter en quelques lignes mes lecteurs sur les progrès constants et soutenus du socialisme allemand depuis les années qui suivirent la guerre de 70-71 jusqu'à cette dernière et historique élection de juin 1903. Il ne m'est pas facile non plus de leur retracer un abrégé des projets mondiaux de Guillaume II et de ses sujets demeurés loyalistes, de cette politique nationaliste et d'Empire, qui est juste l'opposé des aspirations ouvrières et internationales. Je renvoie donc ceux que ces passionnantes questions intéressent à la lecture de trois ouvrages récents qui les édifieront de façon très suffisante : *Vieille France, jeune Allemagne,* du remarquable historien patriote, M. Georges Goyau ; *l'Impérialisme allemand,* de M. Maurice Lair, et, enfin, *la Démocratie socialiste allemande,* de M. Edgard Milhaud ; ce dernier ouvrage est plutôt sympathique aux révolutionnaires, mais il est bourré de renseignements. Nous en sommes venus au point où l'on recherche avant tout la sincérité, qui offre une base de contradiction et d'attaque, non ce qui flatte notre opinion et ne sert qu'à nous engourdir.

Je m'en vais donc essayer de vous dire ce que l'on ne trouve point exposé dans les livres, ce qui cependant crève les yeux et sera, demain, une banalité.

Formée de races et d'aspirations économiques différentes, conglomérat de provinces autochtones, plutôt que nationalité, l'Allemagne contemporaine, sortie tout armée du cerveau de Bismarck, est une sorte de gros cristal instable, en perpétuelle transformation. De province à province le régime électoral et constitutionnel se modifie, les lois organiques varient ; la Prusse est militaire et bureaucratique ; l'Est est demeuré féodal ; le Sud a des tendances démocratiques. Hambourg est une sorte de république autonome. Les régions d'agriculture et de grande propriété foncière se juxtaposent, sans transition, aux régions industrielles, aux centres miniers, aux zones de défense commerciale ou guerrière.

En d'autres termes, dans ce vaste pays, tous les problèmes actuels sont à vif, toutes les séparations sont tranchées. L'Allemagne est un immense laboratoire de tradition et de révolution. Quand nous voyons l'empereur Guillaume II changer chaque jour de costume, chaque mois de tendance politique, chaque année d'alliance et d'orientation, disons-nous que ses oscillations et métamorphoses sont en quelque sorte calquées sur les nécessités ethniques et sociales du pays qu'il dirige — ou par lequel il est dirigé — avec plus de pompe et d'emphase que de sagacité et de bonheur.

Il arrive donc qu'en Allemagne, comme ailleurs et plus qu'ailleurs, la question religieuse domine tout. Car la religion est le seul lien qui, passant au-dessus des divergences d'intérêts, puisse assurer la force et l'entente ; et elle demeure, comme mobile politique, le plus pressant élément de concorde ou de discorde entre les humains. Il n'y a ici-bas que deux questions : celle du ventre et celle du rêve. Que mangerons-nous? A quoi rêverons-nous?

Je prie mes lecteurs de considérer que j'entends ne choquer ici aucune croyance. Il me plaît d'être momentanément un observateur, non plus un polémiste. Or, s'il est exact de dire que le catholicisme est, depuis les luttes implacables du Kulturkampf, le grand terrain d'entente des divers partis conservateurs et du centre, il n'est pas moins vrai que le protestantisme est à la base des multiples fractions du parti libéral et démocratique. Remarquez d'autre part que ces étiquettes ne correspondent qu'à des illusions, car le fond du catholicisme, c'est le libéralisme, alors que la Réforme, après une période de discussion et de libre examen, tend vers un mode d'autorité parlementaire assez voisin de la tyrannie. Seulement c'est la tyrannie réelle de la masse, au lieu d'être la domination apparente d'un seul.

Dans le cri de combat *Los von Rom!* — Libérons-nous de Rome! — il faut reconnaître, poussé par Bismarck, le dernier appel de Martin Luther au principe de force et de séparatisme qui fait le fond de la religion réformée. La puissance toute morale et idéale de la papauté est précisément indestructible parce qu'elle repose sur l'assentiment, non sur un ensemble d'intérêts irréductibles ou la domination d'un homme de génie.

Enfin il est indéniable que, fondé par Marx et Lassalle, le socialisme international ait, à travers ses nouveaux champions Bebel et Liebknecht, Vollmar, Bernstein et Kautsky, conservé l'empreinte de ses fondateurs. Il porte dans ses flancs l'idéal d'Israël, cette forme de communisme hébraïque que l'on a appelée avec raison le nou-

veau messianisme, et qui, pour la civilisation moderne,
constitue le plus grand péril.

Ce ne sont donc pas des partis, mais bien des tempéraments religieux qui viennent de mener, au-delà du
Rhin, la lutte électorale. En fait, Israël triomphe avec le
socialisme. Martin Luther perd du terrain. Le catholicisme conserve ses positions. Toutes les fois que vous
considérerez les manifestations politiques ou sociales de
l'Europe ou de l'Amérique, rappelez-vous que la monarchie libérale est l'aboutissement du catholicisme, le parlementarisme despotique l'aboutissement de la Réforme,
le socialisme collectiviste l'aboutissement du judaïsme.
Cette classification a l'avantage de reposer sur une réalité, non plus sur une fiction nominale. Ajouterai-je que
l'impérialisme est un effort, territorial et colonial, pour
grouper, sous un seul drapeau étendu au-delà des mers,
ces éléments antagonistes et disparates?

Il est bien entendu qu'il s'agit ici de directions générales, dont la plupart des dirigés sont incapables de se
rendre compte. Les trois millions d'électeurs qui viennent de donner leur suffrage à des représentants socialistes hausseraient sans doute les épaules, si on leur
disait qu'ils assurent la victoire d'une doctrine hébraïque. Ils s'imaginent de bonne foi qu'ils se rapprochent de l'âge d'or et de la paix universelle. Ils ne savent
pas que chaque parti a son âge d'or et son âge d'airain,
ses convaincus et ses rhéteurs, sa vérité et ses mensonges, selon le tempérament religieux qu'il représente.

Evidemment les progrès industriels accomplis depuis
la guerre, la gène économique qui, par un châtiment
inattendu, n'a pas cessé d'augmenter, depuis la rançon
des cinq milliards, pendant les « années de gaspillage »,
le besoin de jouissances immédiates et l'effacement de
l'esprit traditionnel, conséquence du matérialisme contemporain, ont contribué à ce résultat. Mais ce furent là
des causes secondaires. Voici maintenant qu'au laboratoire défendu par des forteresses, forme visible de l'Allemagne de tout à l'heure, succède une usine en lutte avec

les champs. Si j'avais à représenter, par une image populaire, cet état de choses en somme assez simple, je montrerais celui qui sort de l'Eglise entrant dans l'agriculture ou dans l'armée, revenant au sol ou à ce qui défend le sol; celui qui sort du temple, entrant au laboratoire; celui qui sort de la synagogue, entrant dans l'industrie, comme serf, ou dans la banque, comme maître. Ces allées et venues traduiraient assez exactement les alternatives belliqueuses, pacifiques ou révolutionnaires de l'Allemagne.

Si nous envisageons maintenant les troupes et non les chefs, nous voyons que le catholicisme entraîne les grands propriétaires fonciers, une partie de la bourgeoisie et des paysans; le protestantisme entraîne les grands industriels et le reste de la bourgeoisie et de la population rurale, les savants de l'Université; le judaïsme entraîne le quatrième Etat. De nouveau retentit la farouche chanson des *Tisserands :* « Mais nous tissons sur nos métiers ton linceul, ô vieille Allemagne ! »

Et, maintenant, que va faire l'Empereur ? Il a jusqu'ici tellement parlé que nous n'avons plus guère confiance qu'en son silence. Sa dernière manifestation oratoire, après la mort sicilienne de son grand ami Krupp, n'a pas été fort heureuse. Il devait terrasser l'hydre socialiste. La voici menaçante, hérissée de plus de têtes que jamais et peu respectueuse d'un Hercule verbal qui brandit trop souvent sans effet son antique massue de Brandebourg. Ce souverain, qui va en trop grande pompe à Rome, ira-t-il demain à Canossa ? Se rapprochera-t-il des catholiques ou son pèlerinage en Terre-Sainte n'était-il qu'une préfiguration d'un rapprochement avec sa Judée? Se souviendra-t-il de la Diète de Worms ou de la Confession d'Augsbourg, ou du congrès ouvrier si comique qu'il institua au début de son règne, ou de ses toasts imprécatoires ?

Avec un orateur aussi changeant et un politique aussi impulsif, toutes les suppositions sont permises. Il est certainement impossible que l'Empereur ne prenne

point parti. Déjà les élus socialistes escomptent ses concessions à la Révolution qui, s'il est sage, se fera bien
sage. Il semble que leur victoire les effraie et qu'ils
soient embarrassés d'elle comme d'un fruit mûri avant
l'heure, qu'ils n'osent pas encore découper ni se partager.

Leur stupeur ne durera pas. Céderaient-ils à cet oppor-
tunisme béat qui, dans tous les pays, envahit les meneurs d'ouvriers, métis eux-mêmes et plus avides que
leurs collègues les plus avides, dès qu'ils tiennent un
bout d'autorité ; se feraient-ils à la fois domestiques de la
sociale et chambellans de la Cour, que l'irritation et les
convictions déçues de leurs électeurs les contraindraient
bientôt à l'action.

Il n'y a pas eu encore, depuis trente ans, de plus
grande menace pour la paix de l'Europe que cette dislo-
cation sociale de l'Allemagne, que ce face-à-face, sans
intermédiaire ni tampon, du pouvoir d'en haut et de la
puissance d'en bas, que ce duel immobile et soudain de
l'Empereur et de la Sociale. On sait assez quel est
l'unique dérivatif, le seul et terrible remède à ce morcel-
lement de la patrie par ses barbares de l'intérieur.

LES INFLUENCES ANGLAISES ET ALLEMANDES

L'avenir nous dira, à défaut du ténébreux M. Delcassé,
quelle fut l'importance secrète de cette visite du roi
Edouard VII, si cette visite solennelle et imprévue fut
faite à la France ou à cette défense républicaine qui est
quelque chose comme le contraire de la France. Pour
l'instant je désirerais, chers lecteurs, examiner, en votre
compagnie, les jeux et les alternatives de la double influence, anglo-saxonne et germanique, sur notre pays,
depuis la guerre franco-allemande. Cette revue, rapide
mais aussi complète que possible, nous fournira plus
d'un enseignement.

Le génie de notre race est à la fois très particulier et
très malléable. Fait d'orgueil et d'impressionnabilité, il
présuppose, chez l'adversaire et le vainqueur, des qualités de premier rang. Si l'on a triomphé de nous, c'est
que l'on possédait des dons et des ressources extraordinaires... C'est ainsi que notre colère cède peu à peu à
l'admiration, à l'engouement. Admiration excessive,
engouement effréné et sans mesure qui nous jette pante-
lants, dépouillés de toute vigueur critique aux pieds de
Schopenhauer, de Bismarck, de Wagner ou de Nietzsche.
Puis le temps fait son œuvre. La raison entre en nous par
les fissures de l'enthousiasme. C'est une justice à nous

rendre que nous nous reprenons aussi vite que nous nous
sommes prêtés.

Cette faculté de nous arracher à nos entraînements et
de nous évader de nos modes sera éternellement pour
l'étranger un objet de stupeur. M. Georg Brandès, par
exemple, ne comprendra jamais pourquoi il ne nous représente plus qu'un assez sombre raseur. Nous ne don-
nons pas deux fois de suite aux mêmes. Celui qui exige
de nous trop de lauriers finit par recevoir des pommes
cuites.

Donc, depuis 1871, l'influence anglaise, jadis prédo-
minante, a trouvé chez nous une rivale redoutable dans
l'influence allemande. Les deux courants saxons, celui
de l'est et celui de l'ouest, se sont répandus, sans se rencontrer, dans les diverses formes de notre activité nationale. Ils n'ont pas pu absorber celle-ci, heureusement.
Ils ne furent pas non plus absorbés par elle. Ce qui peut
s'adapter subsiste. Ce qui ne peut s'adapter s'élimine.
Car un peuple, comme un individu, a un tempérament
réfractaire à certains remèdes et enclin à certaines tendances.

Il était naturel qu'après les leçons de l'année terrible
notre organisation militaire se rapprochât, sur beaucoup
de points, du système de la nation armée, tel que l'a
décrit magistralement Von der Goltz. Mais en politique,
chose étrange, l'homme d'Etat anglais, whig ou tory,
continua d'hypnotiser notre personnel au pouvoir. Depuis Gambetta et Ferry, de sinistre mémoire, jusqu'à
l'actuel M. Delcassé, en passant par MM. de Freycinet
et Hanotaux, tous les ministres, éminents, médiocres
ou nuls qui se succédèrent au quai d'Orsay ou à la présidence du conseil eurent cette seule préoccupation :
« Que pense de moi le cabinet de Londres ?... Quelle
idée se font de moi Disraëli, Gladstone, Rosebery ou Sa-
lisbury ? »

Ce prestige mystérieux et permanent a, autant que sa
flotte et sa ténacité commerciale, assuré la suprématie
de l'Angleterre dans toutes les questions pendantes.

La génération de politiciens démocrates formés par les loges et la brasserie considère avec admiration cette aristocratie d'affaires qui gère élégamment le plus grand comptoir du monde. Les orchidées, les redingotes, les éponges monstres de leur Chamberlain et de leurs Arthur Balfour font rêver nos Camille Pelletan.

Dans le domaine industriel, l'Allemagne aujourd'hui tient la corde. A tous les points de vue elle possède la force, puisqu'elle est l'empire de l'électricité. On sait assez que sa marine marche à pas de géant et que les progrès incessants de la Germania flottante préoccupent vivement l'Angleterre. C'est au delà du Rhin désormais que l'on ira chercher les modèles de chantiers, cuirasses et tourelles armées. Il en est de même quant au commerce. La marque *made in Germania* épouvante Manchester et Birmingham et l'article allemand envahit Paris. Il n'y a guère que dans la mode masculine, le vêtement, la bonneterie et l'article sport que l'Angleterre soit inexpugnable. Pour ce qui est du mobilier, il semble bien que le modern-style ait fait son temps, que le mouvement issu des préraphaëlites et des esthètes, de leur habileté à draper les étoffes, à mêler les styles et à affadir les couleurs aboutisse à la confusion et à la bizarrerie.

Nous en avons assez, je crois, des fauteuils où l'on ne peut s'asseoir, des tables losangiques à dix-huit pieds, des bahuts en forme de pains, des pupitres à tête humaine, des assiettes découpées en sphinx et de la verrerie symbolique où transparaissent des vers de Baudelaire ou de Rossetti. Là, comme ailleurs, l'outrance a tué l'originalité. On se lasse vite de manger dans une salle vert d'eau sur les papiers et tentures de laquelle s'entrelacent des anges et des laboureurs, des Saint-Graal et des potirons. Trop d'intentions et de significations ne conviennent pas à l'usage quotidien. A nous l'acajou, la bonne vieille chaise française et les tables rondes dites de « famille ». Excuse-moi, grande ombre de Ruskin, déformée par tes admirateurs et devenue un peu comique ! Eteignez-vous momentanément, ô sept flambeaux de l'architecture et du botticellisme londonien !

Il y a une quinzaine d'années, la philosophie anglaise de Spencer, de Bain, de Stuart Mill et des autres, cette théorie évolutionniste sortie des travaux du grand Darwin était encore fort à la mode. Pareille à une pharmacie de bord, étiquetée et classée, bien rangée dans des compartiments, elle avait des explications pour tout, une méthode enfantine et des prétentions infinies. Elle satisfaisait l'esprit à bon compte, remplaçait la réflexion et le laboratoire, démontrait l'univers en trente leçons. Je me rappelle notre maître Burdeau nous dictant, de son accent sans réplique : « Grand A : origine de l'âme... Petit a : qu'elle n'est pas distincte du corps... petit b : opinion des évolutionnistes anglais... »

Aujourd'hui, l'opinion des évolutionnistes anglais a cessé de nous intéresser. Il n'y a plus guère, en France, qu'un seul élève d'Herbert Spencer, M. Clemenceau, auteur du *Grand Pan* — ran-tan-plan — où sont révélés l'origine du monde, le sens spiroïde — si j'ose le dire — du progrès et la source des sentiments primordiaux.

En quatre cents pages, pour trois francs cinquante, on sait comment tout est arrivé. Il n'y a plus à y revenir. On a le bon Dieu dans sa poche.

En revanche, voici Frédéric Nietzsche, dont la contradiction brumeuse, le lyrisme cruel, l'humour empoisonné et l'analyse sans frein supplantent, même chez les snobs, le fanatisme pour son ami, puis ennemi Richard Wagner. Au moment où j'écris, l'infortuné Richard Wagner a perdu la moitié, sinon les trois quarts de sa couronne, tombée dans le Rhin avec ses dieux, ses gnomes, ses ondines, ses géants et ses indigérables livrets traduits en petit nègre : « De toi, ô guerrière, pourquoi ne plus la lance pique-t-elle? » Parce que nous sommes invinciblement ramenés vers une musique plus claire et plus sobre, privée de ces grandes zones d'ennui qui sont les taches du soleil de Wahnfried. Parce que, comme l'enfant du conte d'Andersen qui avait vu, enfin, que le Roi était nu, nous osons avouer l'effroyable déchet que laissent à l'imagination tant de philtres et de glaives, tant de casques qui entrèrent chez nous, en 1870, par la pointe. Nous tenons le défaut de ta cuirasse, ô Siegfried vieilli dans la forêt qui meurt. Nous réclamons un oiseau véritable, que submergera moins la symphonie.

Georges Meredith mis à part, la littérature anglaise est, depuis vingt ans, absolument muette. On a bien essayé de nous glisser, dans la pacotille, Rudyard Kipling. Mais nous sommes devenus malins et nous avons de la résistance.

Dans le vaste royaume de la science aussi, nous nous sommes assez bien tenus, nous sommes demeurés autochtones. Sans doute l'Allemagne nous a, par l'entraînement, imposé quelques-unes de ses méthodes d'érudition, son scrupule critique, ses systèmes de force et de coercition dans la thérapeutique des maladies nerveuses; mais nous avons gardé, dans l'exposé et la dialectique des idées générales, une prééminence pure de tout contact. La science anglaise se tait, comme la poésie anglaise. Nous ne saurions prendre d'inspiration là où il n'y a pas de modèles.

En somme, ce rapide résumé nous montre que l'influence allemande est, chez nous, depuis l'année terrible, supérieure à l'influence anglaise et que, depuis quelques années seulement, l'influence allemande est, elle aussi, en voie de décroissance. Nous nous révélons à nous-mêmes, un peu plus chaque jour, dans tous les domaines; nous reformons, lentement et pièce à pièce, notre personnalité commerciale, industrielle, artistique et scientifique dissociée à la suite de la guerre. On peut consulter avec fruit, à ce sujet, l'enquête récente de M. Jacques Morland.

C'est, je crois, le propre des nations latines et catholiques de procéder ainsi par alternatives de lumière et d'ombre, de grâce et de sécheresse, par phases d'ascension et de déchéance. La race anglo-saxonne et germanique et la religion réformée imposent un autre mode d'évolution. C'est pourquoi de celles-ci à celles-là, en dépit des alliances ou des mésalliances, des visites de souverains, des baisers Lamourette, des bouderies et des réconciliations, les influences ne sont que transitoires et les ententes que momentanées. L'âme latine n'a qu'une sœur : l'âme slave.

L'EUROPE DÉSUNIE DEVANT LES ÉTATS-UNIS

Dès que la guerre effective a éclaté, avec la brusquerie que l'on sait, entre la Russie et le Japon, les observateurs renseignés se sont demandé aussitôt quelle allait être l'attitude de l'Amérique. Quelques esprits aventureux, et que nous voulons croire malintentionnés, présumaient que le Japon, pour être aussi hardi et intraitable, devait avoir reçu des assurances, sinon de renfort, tout au moins de réconfort, venant d'une nation qu'on ne précisait pas. Depuis, nous avons eu la note circulaire de M. Hay, parlant au nom du cabinet de Washington, relative à l'intégrité de la Chine et au respect de son entité administrative. Note bizarre, ambiguë, pleine de périls, que les chancelleries européennes cherchent à « clarifier et simplifier », lisez « à éluder » actuellement, puisque la Mandchourie, théâtre de la guerre présente, doit rester forcément en dehors de la neutralité chinoise.

Derrière cette note de M. Hay apparaît nettement l'intention d'enlever par avance à la Russie les avantages qu'elle pourrait tirer demain de la lutte, de rendre vains ses sacrifices en hommes et en argent. Une pareille démarche, située en dehors des usages, tout en ayant l'air de s'y conformer, témoigne une fois de plus de l'extrème

audace de l'Amérique en matière de politique étrangère.
Cette audace est un péril plus grand pour la paix du
monde que la très hypothétique invasion des Jaunes.

Les questions de sympathie ou d'antipathie doivent
rester en dehors du débat. Personnellement je n'ai que
de l'admiration, je l'avoue, pour le formidable développement industriel et commercial des États-Unis, pour le
souffle patriotique qui meut cette masse gigantesque,
pour la ténacité, la perspicacité, l'intrépidité de ce représentatif président Roosevelt en qui toute une race peut se
mirer avec orgueil. Au déploiement d'ardeur virile que
manifestent les Américains, correspondent la grâce et
l'enjouement des Américaines ainsi qu'une fine ciselure
sur un gantelet d'acier. Ces femmes charmantes et culti-
vées, qui s'intéressent à tous les arts, sont la parure d'un
peuple de conquête.

C'est donc cette éventualité de conquête seule que j'envisage et que je convie mes lecteurs et concitoyens à
considérer sérieusement avec moi. S'il est vrai que, dans
le temps moderne, la nécessité de vivre, de s'étendre et
de commercer mesure la convoitise militaire, s'il est vrai
que les armes doivent nécessairement, dans un laps déterminé, succéder aux ballots et cargaisons pour faciliter
leur écoulement et leur passage, l'Europe serait une
vieille folle de ne pas examiner d'ores et déjà les mesures
de défense et de préservation que commandent l'entreprise et les grands rêves des fidèles sujets du président
Roosevelt.

L'entreprise est manifeste et sans ménagement. Je
citerai, sans m'étendre là-dessus, la récente et opportune
création de la république de Panama, qui a mis les chancelleries en présence du fait accompli. James Monroe,
dans un message célèbre, émit jadis l'opinion que les
États européens ne devaient jamais intervenir en Amérique. Cette doctrine de Monroe fait des petits à dents de
carnassiers. Force nous est de reconnaître ici, adaptés
au besoin de vitesse contemporain, les principes de la
manière bismarckienne. En deux temps et quatre mouve-

ments un grand État démembre un petit, sous le prétexte de l'émanciper, et s'annexe la part qui lui convient.

Les richesses continuellement accrues des États-Unis
autorisent et appuient toutes leurs prétentions. Cette
archi-milliardaire nation n'a plus d'autre frein que
l'Océan. Elle y embarque aujourd'hui ses grands rêves.
Si l'idéal de l'Angleterre est l'océan Indien, lac anglais,
celui du second rameau anglo-saxon est l'océan Pacifique,
lac américain. La politique d'expansion coloniale, la politique d'empire moderne, qui procède au partage de la
planète, réclame impérieusement et impérialement les
routes de la mer. C'est sur ces routes, incessamment
parcourues, que la métropole envoie ses marchandises,
les missionnaires de son commerce, de ses tournures
d'esprit, de son langage, les répondants et les garants de
son énergie. Ces routes sont ses bras et ses muscles.
Elles sont indispensables à son activité, à son avenir. Ces
chemins humides de l'espace sont les conditions de sa
durée.

C'est cette politique de la mer qui donne une telle importance aux moindres îles, aux plus petits dépôts de
charbon. Tout peuple qui ne se meut pas s'atrophie. Plus
ce peuple est riche et pléthorique, plus son champ d'activité doit s'étendre. A cette heure, des milliers d'Américains de toutes classes et de toutes professions cherchent
sur la carte du globe les débouchés, les havres de ravi-
taillement, les ports de pénétration qui autoriseront de
fructueux hinterlands. Car celui qui a un droit sur quelques lieues de côte, acquiert un droit consécutif sur le
terrain qui succède au rivage. Le retour périodique des
mêmes combinaisons humaines et conquérantes nous ramène aux migrations des Phéniciens; nous essaimons
par les comptoirs.

Cette formule que je réitère, parce qu'elle est lourde
de sens et de menaces, « l'océan Pacifique, lac américain », ce desideratum maritime et géographique vous
expliquera présentement bien des choses. Le Japon est

en quelque sorte la première ligne d'invasion de l'Amérique du Nord vers la Chine, et la Chine, réservoir fabuleux d'hommes et de richesses, attire toutes les convoitises puisqu'elle est ce qui reste à partager. Ainsi l'Amérique pousse le monde jaune, appuie sur lui de toutes ses forces, de tout son outillage, de tout son argent, cela d'une façon presque inconsciente. Les hommes d'État les plus subtils et les plus vigoureux ne sont plus autre chose que les metteurs au point, les clarificateurs de la triomphante politique d'empire. Les grands capitaines de demain devront connaître les voies de la mer.

En présence d'une telle impulsion, d'une convoitise aussi bien définie, de moyens de réalisation aussi sûrs, que pensez-vous, chers lecteurs, que doive faire l'Europe ? Les préoccupations que je viens de passer en revue hantent les cerveaux de tous les conducteurs de peuples. L'Empereur allemand, qui dit avec tant de fierté : « notre avenir est vers la mer », est renseigné sur l'étendue du péril américain, tout comme peut l'être l'amirauté anglaise, tout comme l'est, mieux que personne, le Tsar. Devant de semblables problèmes, les chancelleries sentent leur impuissance, aussi foncière, j'allais écrire aussi risible, que celle des congrès de la paix et autres palabres humanitaires. Une race intrépide et qui est en voie de croissance, comme l'Amérique, une race que ses milliards poussent au dehors, fait éclater toutes les faibles lisières de la diplomatie et des traités. Ses engagements mêmes n'enraieraient point la fatalité qui la lance, sur ses vaisseaux neufs, à l'assaut du monde.

Je suis persuadé, pour ma part, que de plus en plus, par la contrainte des faits, l'union va s'imposer aux États d'Europe devant cet inéluctable adversaire. Nul ne saurait encore prévoir les surprises de cet engagement de première ligne entre la Russie et le Japon. Mais chacun sent confusément qu'il y a là comme le stade préliminaire d'un état nouveau, comme un avertissement à l'Europe. Tous nous attendons quelque chose qui est dans l'air, quelque démarche significative dont la note circulaire de

M. Hay n'est que l'essai, le tâtonnement. C'est à Port-Arthur qu'est la guerre, et les plus perspicaces louchent vers New-York, assez soucieux de l'attitude que vont adopter, brusquement ou progressivement, les futurs maîtres du Pacifique.

Voyez la gêne et l'anxiété de la Russie qui a besoin, pour ses flottes de secours, des routes de la mer, des passages de la Baltique et de la mer Noire, qui reconnaît un peu tard l'urgence de la politique d'empire, à laquelle ses voies de communication terrienne, ses immenses chemins de fer ne servent point. Les États européens seraient atteints de délire, s'ils entravaient la libre circulation des croiseurs et cuirassés russes se portant à l'appui de l'escadre du Pacifique, car ils ne feraient ainsi qu'encourager les espérances des États-Unis, que délabrer la puissance qui, sur l'autre rive du grand « lac » convoité, lui fait contrepoids.

Quand un pays comme l'Amérique est lancé dans une telle politique, il ne peut plus s'arrêter, le voudrait-il, et les événements qui se succèdent dépendent non plus du hasard ni des circonstances accidentelles, mais bien de la continuité, de la connexité de ses visées. L'occupation de la Corée par le Japon, l'abandon de la Mandchourie par les Russes deviennent, pour les États-Unis, des préoccupations obsédantes, que les Japonais interprètent, traduisent à leur manière et selon leur barbarie particulière. Autour des belligérants, les flottes européennes s'occupent fiévreusement à préserver la neutralité. Qui nous dit qu'un jour ou l'autre une flammèche, partie du foyer central et tombant sur un vaisseau des neutres, ne propagera point l'incendie malgré les efforts des pompiers ?

Voici donc cette chimère des États-Unis d'Europe, qui faisait sourire les diplomates, en voie de s'imposer aux peuples rivaux, non plus comme utopie, mais comme nécessité vitale. Ne doutez pas que les visites royales, les tentatives de rapprochement, d'oubli d'anciennes querelles, les essais de concorde intereuropéenne, qui se manifestent depuis quelque temps, constituent moins

des actes de philanthropie, comme le croient les naïfs,
que des symptômes de défense en commun, d'union
commandée par un grave péril. Les races cherchent leur
équilibre. Quand l'une d'elles, par son expansion et ses
empiètements, menace toutes les autres à la fois, elle les
soude et les agglomère contre elle, elle fait passer au
second plan les querelles qui tendraient à les diviser.

La Russie apprend à ses dépens que quiconque n'a pas
l'empire de la mer est tributaire d'autrui. Mais elle peut
se tourner vers les nations de l'Europe et leur dire :
« Votre sort est lié au mien. Mon affaiblissement sera
demain votre faiblesse. Nous sommes réciproquement
solidaires. » Plus loin que la duplice et que la triplice les
hommes d'État du vieux monde envisagent dès maintenant la quintuple alliance.

ÉDOUARD DRUMONT

La personnalité des polémistes, même célèbres, est
toujours partiellement méconnue. La brume du combat
les environne. C'est ce qui m'autorise à parler aujour-
d'hui d'Edouard Drumont.

Edouard Drumont fut un ami de jeunesse d'Alphonse
Daudet. Je le connais et je l'aime depuis ma toute petite
enfance. Sa personnalité valeureuse est mêlée à mes
plus chers souvenirs. L'accent si humain de sa voix, le
feu de ses regards me sont chose douce et familière. La
suite des jours et des heures m'a appris à admirer davantage mon grand ami et à le comprendre mieux à mesure que s'étendait ma culture. Mais pour ce qui est de
ma joie à le retrouver, à converser et discuter avec lui,
j'en suis demeuré à mes impressions déjà lointaines, à
l'hospitalière terrasse de Champrosay d'où la vue s'étendait sur la Seine, ses lumineux coteaux et, par la fertilité
des causeries, sur tout le domaine moral de l'esprit et du
cœur.

J'entends le rire de mon père assis, sa couverture sur
les genoux, sa petite pipe à la bouche ; de temps en
temps il la retire, l'écendre et l'inspecte d'un œil attentif ;
sur son sérieux visage incliné passe la lueur rose du crépuscule. Edmond de Goncourt marche à grands pas, fa-

connant son discours de ses mains nerveuses. François
Coppée illumine tout de sa merveilleuse ironie qu'accompagne un massacre de cigarettes. Puis tout se tait.
Frédéric Mistral, d'un ton harmonieux, lent, elliptique,
conte une légende de la vieille Provence ; Drumont le
guette avec un sourire d'admiration, heureux de constater, à la source même, les forces vives et pures de la
race.

La race... Elle est le génie du pamphlétaire comme
elle est le génie du poète. C'est elle, c'est son miroir tendu
qui reflète le maigre visage de Don Quichotte et le gras
profil de Sancho, l'âpre allégorie de Gulliver, la fièvre
guerrière de Jean des Entomeures, la fièvre effarée de
Panurge. Il est deux sortes de satiristes : ceux qui symbolisent leur indignation, la libèrent à côté de la vie, en
font du drame comme Aristophane, de l'épique fantaisie
comme Swift et Rabelais ; ceux qui la lancent dans la vie
même, sans ménagements, transposition ni réticence, en
font du schisme comme Martin Luther, de la révolution
comme Jean-Jacques Rousseau, de la révolte traditionnelle comme Drumont.

Rappelez-vous ce qu'était notre pays en 1885, avant
l'apparition de la *France Juive* : le pâturage de la race
tronquée. Le Youtre insolent régnait partout. Il menait
l'opinion et le Parlement, ravageait la fortune nationale
en toute sécurité, insultait les prêtres, les sœurs de charité, les écrivains conservateurs, imposait sa philosophie
matérialiste, son jargon stupide, son aplomb de bouc,
son odeur. Il trônait à la Bourse, dans les ministères,
dans les salons aristocratiques. La France, dans son ensemble, ressemblait à une de ces représentations de gala
à l'Opéra, où les meilleures places sont occupées par
toutes ces trognes noires et purulentes qui vont du coulissier dromadaire, de l'agent de publicité pareil à Pha-
raon, jusqu'au grand vautour de la Finance, au plus noble
baron de la Détrousse. Cependant que les quelques rares
Français admis à ces solennités du ghetto tendent l'o-
reille aux étages supérieurs, près du lustre.

Sur le fumier hébraïque, le jacobinisme florissait. Il avait trouvé là son terrain de choix, ses alliances, son ferment.

Tout à coup, sous le ciel livide et bas éclatait un coup de tonnerre. Un éclair de vérité déchira l'horizon. Le livre vengeur venait de paraître. Livre de jugement et d'histoire, tout resplendissant d'une colère lucide. Livre fatal, voulu par la circonstance, élaboré par l'oppression lente, cri d'un cœur captif, d'une poitrine longtemps contractée, d'une conscience qui n'en pouvait plus. Livre audacieux et divinatoire. Il se levait, parmi les esclaves tremblants et courbés, un maître du style qui brisait les chaînes. Un homme, enfin, n'avait pas peur ; il désignait à haute voix les maudits et les marquait effroyablement. Eveillée de son cauchemar, la Gaule se souleva, pesante encore, les paupières lourdes, les yeux embués ; elle distingua à son chevet, d'une manière d'abord difforme et confuse, les souilleurs, les empoisonneurs et les voleurs qui se répartissaient la besogne. Elle ne devait plus se rendormir.

Suivirent, à de courts intervalles, *la Fin d'un Monde*, *la Dernière Bataille*, *le Testament d'un Antisémite*. Drumont marchait devant les événements, d'un pas victorieux, assuré, tranquille. Il prédisait puis allait plus loin et, derrière lui, tout s'effondrait dans les formes annoncées par son verbe et selon des ruines précisées.

Il avait dit : « Le Juif vous ruine. Petits bourgeois, paysans, attention ! On vous leurre avec de grands mots, une façade de démocratie mensongère. Vous êtes la proie des faiseurs d'affaires aux ordres de la race tronquée. » Bientôt survenait le Panama, puis le Parlement-Panama. L'édifice de boue et de concussion s'écroulait sur la tête de ses constructeurs, les trois illustres Youpins Jacques de Reinach, Cornélius Herz et Arton dit l'intermédiaire.

Relisez *La Dernière Bataille*, parue en 1890, deux ans avant ces fameux scandales, puis, aussitôt après, lisez *Leurs Figures* de Maurice Barrès, qui raconte les faits réalisés. Comparez et dites-moi si l'on rencontra jamais

prédiction plus méticuleuse et mieux accomplie dans
l'histoire des tables sibyllines qui réglaient jadis les des-
tins de Rome.

Drumont avait dit : « Le Juif vous trahit : il est un animal d'une autre espèce qui vit en parasite sur un peuple.
La légende de ce peuple le fait ricaner. Il tient vos
croyances pour des préjugés, vos enthousiasmes pour
des sornettes. Le mot de *patrie* n'a pas de sens pour lui,
pas plus que celui de *drapeau*, d'*honneur*, de *sacrifice*. Il
ne voit là, suivant sa jugeotte, que des artifices de lexique, des attrape-nigauds, un formulaire électoral. Il se
sert de cette phraséologie pour ses prospectus financiers.
Hors cela, elle lui paraît vaine. »

Bientôt survenait l'affaire Dreyfus, puis le ministère
des souillures. Suivant l'admirable parole d'Albert Vandal, *l'avocat Waldeck plaidait la cause contre la France.*
Toute la Juiverie, Reinach en tête, marchait à fond,
comme une seule truie, contre cette armée que nous
adorons, cette religion qui fut celle de nos ancêtres. La
canaille de l'or et du chèque prétendait nous imposer son
talmud, sa loi nomade et corruptrice. Cette vermine ne
voulait plus entendre parler de guerre, de revanche, de
frontière, ni même d'expansion coloniale. Elle nous refusait le droit de nous battre. Elle nous refusait le droit
de prier. Elle nous vouait, à tout jamais, à la politique
de la Maçonnerie, de la Banqueroute et de la Trahison.
Nous ne pouvions plus contracter d'alliance sans l'autorisation de la Haute Banque.

A ce moment, ceux mêmes qui taxaient jadis Drumont
d'exagération et de pessimisme, déclarèrent qu'il était un
prophète et qu'il avait observé, dans sa polémique, une
mesure et une correction peut-être excessives. Aujour-
d'hui, on peut affirmer, sans forcer la note, que la
France exaspérée vomit le Juif. Partout où l'on passe, où
l'on séjourne, où l'on se renseigne, ce n'est qu'une seule
clameur de haro. Depuis le château jusqu'à la masure,
du premier au cinquième et de la capitale aux frontières,
la même fureur, identique et renseignée, gronde, bouil-

lonne, monte, envahit les plus circonspects, les plus ti-
morés, les plus scrupuleux. Or, quel que soit le génie du
Révélateur, il faut bien qu'une pareille haine, pour se
faire ainsi manifeste, soit nourrie par les circonstances.

Oui, certes, l'auteur de *La France Juive* a été, dans son
pays, un prophète. Et ce n'est pas fini. Ecoutez-moi, vous
qui me lisez et savez bien que je n'ai aucune mauvaise
raison, aucun grief personnel pour vous parler comme je
vous parle : cela ne fait que commencer. Dans le danger,
le Juif perd la tête. Il voudra remonter le courant, lutter
contre l'irrésistible. Il ne fera qu'entasser les gaffes, les
insanités et les crimes, que creuser l'abîme entre lui et
nous. Les temps de l'aveuglement sont révolus. Le voile
d'Isis est déchiré, qui nous cachait le louche sanctuaire.
Chaque outrage à ce que nous respectons sera relevé
désormais d'une main robuste et implacable. Sur notre
sol nous serons les maîtres. Déjà, comme pour la mort
de César, les chiens et les oiseaux donnent des signes.

Edouard Drumont, et ce sera sa gloire, nous aura appris à *lire* la vie contemporaine, à deviner, derrière la
parade et le boniment, ce qui se passe, au fond de la baraque de foire parlementaire, entre Israël, Cartouche et
Homais. C'est Israël d'ailleurs qui mène ses deux com-
pères, qui les commande et qui les munit. Pour quiconque connaît bien *La France Juive*, les événements de
ces dernières années sont clairs, nets et compréhensibles.
Tant de faillites et de hontes, une dégradation si rapide
sont le fait de la race de Sem, de sa mainmise sur notre
commerce, notre industrie, notre politique intérieure et
extérieure. Notre légende était prisonnière. Le Directeur
de *La Libre Parole* l'a libérée. Ce que Taine fit pour le
jacobinisme et les crocodiles d'autrefois, il l'a fait pour
l'époque actuelle, avec une méthode aussi sûre.

Car ce pamphlétaire est un érudit. Celui qui s'est ainsi
lancé tout seul, voici quinze ans passés, dans la bagarre,
est sorti, tout armé, de sa bibliothèque, de la vie la plus
modeste, la plus paisible, la plus studieuse qui soit. Les
trois passions secondes de Drumont sont, après son

pays, les tableaux, les meubles et les livres. Il eût vécu,
comme Montaigne, dans « sa librairie », explorant le
passé, animant les archives, reconstituant des figures
d'autrefois, parfaitement heureux comme son oncle Bu-
chon, qui écrivit l'*Histoire de Morée*, si la tyrannie des
boucs à face humaine, des manieurs de l'or et du fumier,
et des Francs-Maçons à leur solde ne lui avait rendu l'âme
opprimée, la retraite amère et le silence intolérable. Il
était de ceux qui de bonne heure ont mâché l'herbe de
véhémence, laquelle rend toute iniquité odieuse, toute
lâcheté inadmissible. Il était de ceux par qui les ancêtres
suscitent une descendance avilie et morne. Il était du
sang des vengeurs.

Sa voix forte et bien timbrée fut entendue de tous dès
le début. Il y eut là cette stupeur joyeuse qui marque
l'arrivée des héros et délabre à l'avance les monstres
qu'ils vont combattre. Comme dans la fameuse toile du
Carpaccio, le dragon juif, installé dans l'ossuaire de
France, rongeait à pleins crocs un charnier de victimes,
quand apparut celui que la tourbe hébraïque traitait mé-
prisamment de « petit journaliste ». On peut dire que le
petit journaliste leur donna un joli fil à retordre. Ah !
peuple de Judas, pauvre peuple ! Ignoreras-tu toujours
ceux au milieu desquels tu vis, détesté, puant et hilare ?
Ne comprendras-tu pas que cette bonhomie française,
qui condescend parfois jusqu'à la veulerie, est suivie de
redressements terribles et que tes relations, tes alliances,
ni tes chèques ne te sauveront d'une juste vengeance,
lentement forgée et rejointe ?...

Que vous dirai-je de l'écrivain que vous ne soyez à
même de constater chaque jour. La vigueur du style
de Drumont se relève d'une sorte de familiarité épique.
Sa colère se meut, comme celle de Saint-Simon, à travers
une richesse verbale étendue et nombreuse, un réseau
d'images simples et vives qu'elle arrache en passant, pour
franchir. C'est une colère venue de loin, du seizième
siècle par la verdeur, la foulée des grappes satiriques, le
ferment magnifique et traditionnel, une colère ressai-

sie par l'analyse moderne, martelée par la réflexion, trempée par l'observation scientifique. Cette colère bonhomme et bien de chez nous est extraordinairement lucide et tranchante. Elle ne fatigue jamais, car, parfois, elle consent à rire, comme riait Jupiter dans l'Olympe, à l'occasion d'un tremblement de terre. Elle s'apaise, arrivée au but, puis, la main pendante au long du glaive, considère de haut, avec une chrétienne indulgence, l'ennemi terrassé et écumant.

L'éloquent pamphlétaire de *La France Juive* m'apparaît, dans notre littérature, comme fort supérieur à ses émules. Hello se projette trop dans l'abstrait. Il raffine en dehors du monde. Veuillot est sujet fréquemment à une crispation sèche et voulue, dans la manière du dix-septième siècle, sans la maîtrise de cette grande époque. Blanc de Saint-Bonnet enfin se complaît dans ses belles périodes jusqu'à une redondance harmonieuse qui tient du prêche et de la dissertation. Je mets à part Joseph de Maistre, merveilleux tacticien des idées, mais qui mène une campagne glacée dans les soirs de Saint-Pétersbourg, et le grand romantique Barbey d'Aurevilly, fils du rêve et de l'invective.

Il y a chez Edouard Drumont, comme on l'observe chez les réformateurs, l'abondance plébéienne jointe au goût aristocratique du terme juste et solide. Son verbe a une fraternité, une moiteur. Il se fait aimer en convaincant. Il vaticine à la bonne franquette, sous forme de causerie. Il a sa main sur votre épaule. Ceux qui ont le privilège de son amitié savent à quel point chez lui l'homme et l'auteur coïncident. Causeur exquis et renseigné sur tout, il fuit la pédanterie comme la peste. Ce guerrier, défublant ses armes, est, au coin de son feu, le plus bienveillant des amis et qui ne donne que de sages conseils.

Modéré et intrépide, voilà les deux termes qui définissent le mieux celui que la race maudite, troussée et fouettée par lui, s'acharne vainement à dépeindre comme un énergumène. Je souhaite aux Juifs, le jour du règlement de comptes, Drumont comme président du tribunal des

Restitutions. Il les admonestera gentiment, tranquillement, en phrases précises. Je le vois très bien, se penchant avec un sourire vers ses assesseurs de droite et de
gauche, afin d'obtenir une réduction de peine. Les grands
banquiers, les moyens flibustiers, les petits coulissiers,
toute la clique pouilleuse diront en frottant leurs lor-
gnettes dans le train qui les rapatriera vers Francfort ou
Trieste : « Mais qu'est-ce qu'on nous disait donc ! Il est
tout à fait gentil cet Edouard Drumont. C'est lui décidément le Bon Juge. »

L'ARGENTIER

M. Maurice Rouvier possède une si merveilleuse capacité financière qu'il donne l'impression, à ses amis comme à ses ennemis, d'un homme, politiquement parlant, capable de tout.

Il est l'Argentier incontesté et indispensable du régime. C'est dire qu'il en sera, vraisemblablement, un jour ou l'autre, le fossoyeur. Il est, d'autre part, le grand agent de change et de courtage de la Juiverie. Il paraît disposer pleinement de la confiance du Roi-Fumier, et vous savez que les princes d'Israël et les barons de Waterloo ne placent point celle-ci à l'aveuglette. Il accomplit, en collaboration avec son souverain, avec le maître effectif de la République, les opérations les plus sournoises et les plus ténébreuses de notre temps. Ceci le rend à la fois suspect et vénérable à ses collègues.

Tandis que d'autres, comme Jaurès et consorts, dansent et trépignent sur le devant de la baraque, s'époumonnent à jouer de la trompette et à ameuter les badauds, tandis que Loubet, au concours d'enseignes, obtient le grand prix Elyséen pour *Au Finaud de Montélimar* entre son chien, sa pipe et son garde, tandis que Waldeck plaide et navigue, visite les rois et les empereurs et noue au loin les intrigues futures, il y a dans le fond de la boutique les compteurs de recette et les metteurs en

scène, les importants, les directeurs, les guides, les Reinach, les Raynal, les Ranc. Au premier rang de ceux-ci
fonctionne et agit Maurice Rouvier.

Il est de la race dangereuse qui ne tient pas à la vedette. Il se moque de toute préséance autant que du
" qu'en dira-t-on ? ". Les puissants réalistes sont ainsi.
Il a subi tant de lâchages, tant d'abandons, tant de
trahisons, depuis qu'il façonne et pétrit la boue parlementaire, que rien dans l'apparat de l'assemblée, ni honte
ni gloriole, ne peut plus l'émouvoir. Un mot d'argot
exprime cela. Il est « blindé ».

Il connaît tous ceux qui l'entourent, qui le redoutent
et dont il joue. Dans cette extraordinaire étude historique, *Leurs Figures*, qui met mon ami Maurice Barrès
sur le même rang littéraire et de pamphlétaire que Saint-
Simon, lisez la page immortelle où l'Argentier nous est
montré faisant tête aux chiens, lors de la fameuse curée
panamiste du 20 décembre 1892.

Rouvier est cité sur les chèques. Il monte à la tribune
et s'écrie dans un adroit délire de franchise : « *Oui, je
n'ai pas trouvé dans les fonds secrets, pour les appeler par
leur nom, les ressources dont j'avais besoin, et j'ai fait
appel à la bourse de mes amis... Quant à ceux qui m'inter-
rompent, s'ils avaient été autrement défendus et servis,
peut-être à cette heure ne seraient-ils pas sur ces bancs.* »

Cela est d'un beau cynisme débraillé et cela ne déplaît
point. A côté d'une larve comme Antonin Proust, un tel
lutteur dut faire bon effet. Barrès ajoute : « *Sans doute
il sentit la chute complète, car longeant, pour regagner sa
place, le banc des ministres, il leur dit :* " AU MOINS,
VOUS N'ALLEZ PAS ME FAIRE COUCHER A MAZAS. »

Vous comprenez que, quand un gaillard de ce tempérament a passé par une telle suée, qu'il est remonté sur
sa bête financière par le poil raréfié du budget et que,
dix ans après, il se trouve de nouveau ministre et s'occupe à boucher les fuites de l'épargne, il est ce qu'on
appelle " une personne avertie" et ne se déconcerte plus
aisément.

C'est ce qui, dans ce régime, fera la stupeur de l'avenir.
Rien n'y peut tuer les énergiques. Il y a dix ans, chacun
s'accordait à considérer Rouvier comme fini. C'eût été
vrai s'il avait été un leader de parade, un héros de décor,
une pièce montée. Or, il était une pièce peu démontable,
une vis, une cheville essentielle du mannequin maçonnique à tête juive qui domine le champ du gogo français.
Il fit le gros dos, reçut la bourrasque, amorça des entreprises particulières, histoire de garder le contact et de ne
pas perdre la main. Aujourd'hui notre débrouillard, notre
Samson des colonnes de chiffres est déjà accepté comme
le chef de la prochaine combinaison ministérielle.

C'est le secret de polichinelle que les jours de Combes
sont comptés. Maintenant qu'il a fait sa vile besogne, on
n'a plus besoin du mauvais prêtre. C'est un outil sali et
démanché qu'on jettera demain dans le trou où fermen-
tent les déconsidérés, les déchus et les périmés. D'autre
part, le Roi-Fumier et les Barons larrons ne souhaitent
pas que des imbéciles, par simple fureur anticléricale,
purgent la France de tous ses capitaux disponibles et
ainsi saccagent leurs récoltes. La race tronquée veut bien
asservir la race française et tuer en elle toute initiative.
Mais elle exige qu'elle donne de l'or, que la tonte coutu-
mière ait lieu en temps opportun. Que ferait-elle d'un
peuple définitivement appauvri ?

Voilà pourquoi Rouvier sera prochainement le soli-
veau préposé par Israël à la garde des grenouilles parlementaires. Voilà pourquoi les vieux rongeurs du grand
ghetto ont modéré la chute de la rente. Ils ont pris un
gage en échange, et ce gage est la remise des affaires, de
toutes les affaires aux mains expertes du levantin.

Je dis " du levantin ", car l'Argentier a bien l'aspect
d'un portefaix embauché à Marseille comme gas à tout
faire et à tout tenter. Grand, massif, voûté comme s'il
portait la balle de son passé sur son dos, il tangue et
roule ainsi qu'un corsaire descendu à terre pour la débauche un soir. On sent que, sa besace à nouveau rem-
plie et ses appétits soulagés, il reprendra la mer sans

scrupule. Il faut un fameux tour de rein pour, de commis
de Zafiropoulo, devenir commis de Rothschild.

La tête est à la fois fine et brutale. Les yeux, noirs et
vifs, embusqués, ont un feu étonnant. Quand je rencontre
Rouvier, je songe à l'antithèse de cette masse de chair
évidemment violente, que mène et bride un esprit de
ruse. Ce congestif derrière un guichet doit apporter à ses
opérations, à ses combinaisons, à ses manigances, une
fièvre recuite, une fougue contenue qui fait de lui un
agent merveilleux pour les froids calculateurs de notre
ruine. Ce masque d'écumeur est appliqué sur un cerveau farci de reports, de liquidations et d'emprunts. Ce
trouveur d'expédients de budget a tout l'air d'un nomade
utilisé par d'autres nomades pour l'exploitation et l'expropriation des sédentaires. Il a, si j'ose dire, le facies
global et progressif. Mais sa sensualité trop comprimée
doit éclater avec fracas de temps à autre.

Elle se soulage mal à la tribune. Il a beau mugir, mar-
teler le bois, avec un de ces *creux* du Midi épouvantables
qui annoncent aux parlementeurs que Plutus n'est pas
mort, comme son ancêtre barbaresque de jadis dut an-
noncer que Pan était mort, il a beau cambrer cu accentuer sa voussure, ainsi qu'un cauchemar des eaux-fortes
de Goya, on sent qu'il n'arrive pas à se vider et qu'un
trop-plein bouillonne en lui. Il est guetté par le scandale.
Il semble qu'il tienne tous ses auditeurs et les secoue de ses
bras trop longs. Au reste, c'est le cas, et les nouveaux,
les " bleus ", considèrent avec admiration cet ancien que
l'adversité n'a pu abattre, et qui jongle avec les milliards.

A maintes reprises, de connivence avec ses maîtres, il
se donna des airs héroïques et sauva le marché. Quand
se produisit, il y a quelques années, l'aventure du Comptoir d'Escompte, il réunit les chefs des principaux éta-
blissements financiers, leur démontra à quel point leurs
intérêts seraient lésés par une déconfiture complète, les
persuada et empêcha un désastre. Il était là, et magnifiquement, dans son rôle d'ultime ressource, de dernière
carte, de va-tout.

Vous comprenez maintenant que, pour un pareil manœuvrier, les compromissions antérieures ne comptent
pas. La situation fiduciaire de Maurice Rouvier est présentement telle que, s'il paraissait désespérer, le régime
tout entier s'effondrerait. Au moins ce seraient un aléa et
un malaise où les pires excès seraient à craindre. Car la
France supporte les exactions morales, mais le jour où
les intérêts seraient trop vivement, trop immédiatement menacés, le jour où la dégringolade continue de la
rente présagerait la banqueroute, ce radeau pourri des
parlementaires de la Méduse disparaîtrait dans un cyclone.

On dit un peu partout que de grandes inquiétudes et de
vastes soucis plissent actuellement le front audacieux de
l'Argentier. S'il en est ainsi, il ne fait que traduire l'inquiétude et le souci de ses patrons de la Haute Banque.
L'alliance avec le socialisme n'est pas une opération de
tout repos. Le moment où les farceurs seraient débordés
par les sincères marquerait le brusque divorce entre l'internationale des riches et les meneurs de l'internationale
des pauvres. Le Roi-Fumier veut bien de Jaurès, mais il
ne voudrait pas de Guesde. Des larbins, soit, mais pas
de gêneurs. L'ascension brusque du prolétariat jetterait,
n'en doutez pas, Israël dans une réaction violente et
armée. C'est pour le coup, mes chers amis, qu'on ne cracherait plus sur les militaires.

En dépit de ces perspectives, Maurice Rouvier m'apparaît plutôt comme l'homme d'un coup de sang que
comme celui d'un coup d'Etat. Non que je lui croie aucun
scrupule. Il a la cruauté inconsciente de ceux qui " chiffrent " continuellement la vie humaine, en tout envisagent la valeur et l'équivalence métallique. Mais il est
fatigué, las de la lutte, incapable de réveiller belliqueusement en lui le vieux pirate ancestral. Et c'est tant
mieux. Il serait déplorable que celui qui a commencé en
vaudevilliste du Palais-Royal, finît en traître de l'Ambigu... hébreu.

LA FAUSSE ÉNIGME

Maître Waldeck-Rousseau nous arrive de Rome, après un petit voyage de circumnavigation diplomatique, dans le temps même où paraît de lui un recueil de discours intitulé : *Action républicaine et sociale*. Ce remarquable aquarelliste ne nous en voudra pas si nous constatons que le personnage est, chez lui, infiniment supérieur à l'écrivain, au beau parleur, au beau taciturne et, j'ajouterai, au philosophe.

Décidément, ces fameux tacticiens du parlementarisme ne supportent pas la lecture. Qui diable s'aviserait d'ouvrir aujourd'hui les tomes ennuyeux et vides où sont figés les beuglements de Gambetta? Nul ne se risquerait à troubler le vaste silence de ces catacombes, où retentirent jadis tant d'échos. Dites-moi où, en quel pays, sont les palabres de Jules Ferry! Or voici le troisième mannequin de la troisième République étendu lui-même, les bras repliés, dans le cercueil prématuré des caractères d'imprimerie. Comme tous ces tapageurs de l'actualité deviennent modestes dans les bibliothèques et les boîtes des quais !

Nous ne supposons pas que l'Académie française s'avilisse jamais jusqu'à admettre en un de ses fauteuils ce pourvoyeur de Haute Cour, ce proscripteur gelé, cet homme sans gestes ni vergogne. Si une pareille éventualité se produisait, ce serait la fin morale d'une compagnie devenue une succursale du fonctionnariat Les écrivains indépendants, qui n'occupent ni emploi officiel, ni sinécure administrative et ne convoitent pas la rosette avilie se chargeraient du « De profundis ». Mais au cas où le parti de la servitude l'emporterait, il suffirait de quelques extraits judicieusement choisis parmi les œuvres du récipiendaire pour mettre aux esclaves le nez dans leur honte.

La pauvreté intellectuelle de celui qui ramassa le fouet dans le fumier Dreyfus, pour mener la chiourme de la majorité gouvernementale, apparaît aux yeux de tous les lecteurs. Comment se fait-il donc que ces pâles clichés, que ces poncifs de développement, que cette argumentation sans feu ni lumière de l'avocat qui, selon le beau mot de Vandal, « plaidait la cause contre la France », aient déterminé un plan de combat, entraîné et maintenu des votes, provoqué tant de polémiques ?

La réponse est facile : maître Waldeck-Rousseau aurait peint à la tribune un de ces paysages où il excelle, la tête de son comédien préféré, le portrait du plus joli monsieur de la société, imité la sirène de son yacht, le chant du cygne Loubet ou le braiement assermenté de Jaurès, que le résultat final eût été le même. Le travail était déjà fait dans la coulisse, quand il abordait le guignol aux harangues. Ses palabres représentaient une formalité, un usage courant. Quand il montait le petit escalier, son pas automatique et son visage blafard montraient assez qu'il sacrifiait à une routine.

Maître Waldeck-Rousseau sait corrompre. Il a le flair du gibier à point. C'est ainsi qu'il fait la cuisine, dans une casserole bien étamée, relevant les manches de sa toge. Depuis le temps qu'il est aux affaires, qu'il fréquente les juristes et les sénateurs, les députés et les intermédiaires, qu'il jauge et pèse les convoitises, qu'il « fait la tare », dans les deux sens du mot, il a eu le loisir de se perfectionner dans le mépris de l'humanité et l'art d'accommoder les restes de conscience. Il n'ignore point qu'en ce milieu spécial et charmant, tout ce qui ne s'intimide pas s'achète. A quelqu'un qui se défendait devant lui contre une supposition déshonorante, il dit avec l'accent du cœur : « Pourquoi l'eussiez-vous fait, en somme, puisque vous n'aviez pas d'intérêt à le faire ? »

Mot précieux et qui peint le rêveur. Pour cet accoutumé à la pourriture politique, il n'est parfum que de fermentation et saveur que de faisandage. Devant ces yeux vitreux de paysagiste, il marchande, celui-là qui discute ; il fixe son taux, celui qui cède ; il met une surenchère, celui qui se reprend. Quand mourut, laissant un lourd héritage, le fidèle Demagny, maître Waldeck-Rousseau eut un chagrin réel, parce qu'il perdait là son meilleur agent de courtage politique et de publicité.

Toute l'habileté de maître Waldeck consiste à tabler sur la vilenie humaine. Les convictions sont, pour lui, des masques complets et les opinions de simples faux-nez. Il considère l'enthousiasme comme un degré de plus dans la supercherie, l'idéalisme comme une émulation dans la roublardise, le patriotisme comme une frime de choix. Celui qui se frappe la poitrine hisse, pour lui, le niveau du gousset. Il a, au cours de sa longue carrière, défendu des clients si « maussades » (pour employer une sorte d'euphémisme) et de si tristes intérêts, que, généralisant son observation, il croit à l'achat et au trafic comme d'autres en Dieu et au drapeau. Comme, pendant une séance sauvage, un député de l'opposition murmurait à son oreille : « Hein, deux tambours et douze grenadiers !... » il fit cette réponse monumentale : « Oui, mais il n'y aurait pas de talent ! »

Celui qui ne croit qu'à l'hypocrisie, qui refrène incessamment en soi la sincérité, fabrique forcément de la convoitise et accumule de la passion torve. Tout dilettante du scepticisme devient, sur certains points, le pire des jobards, le jobard sans joie et sans éclat qui s'entoure de mille précautions pour construire un débile château de cartes.

Le château de maître Waldeck, qu'il échafaude péniblement, c'est le palais de l'Elysée. Le rusé Loubet sait cela. Il a bien compris, le rusé Loubet, que l'entrevue accidentelle avec Guillaume II sur le fameux yacht en chocolat, que l'entrevue avec le roi d'Italie ne sont que les prolégomènes de toute une diplomatie ténébreuse, que l'art de représenter la France, sans permission et sans mandat, plus brillamment que ne peut le faire un vieux joueur de boules de Montélimar.

Il sait aussi, le subtil Loubet, que les affaires Humbert ne poussent pas toutes seules dans un parc aussi bien gardé que la Défense républicaine et qu'il faut cirer le Parquet, si l'on veut qu'il devienne glissant. Il connaît le nom du frotteur, les projets du navigateur; mais il a dans sa gibecière de quoi répondre au Macbeth morne qui va consulter les sorcières en Norvège; et je crois que la forêt de Rambouillet va se mettre en route pour Dunsinane avant que les faiseurs de rois ne reprennent le chemin de Versailles.

Nous allons assister à une belle lutte. Pour qui pariez-vous, mesdames et messieurs? Pour le matois du Midi ou pour l'homme sans gestes? Parodiant un mot fameux du sagace Clemenceau, je parie pour Loubet ou, à son défaut, pour Fallières. Lord Macbeth demeurera tane de Cawdor, c'est-à-dire président du conseil éventuel, ce qui est déjà bien joli. Apprenez, monsieur l'insatiable, que posséder un dossier sur chacun de ses collègues n'est pas toujours le moyen de les faire marcher. Il devient aisément rétif celui qui eut plus de peur que de mal.

Je n'oublierai jamais l'attitude de maître Waldeck, dans la galerie des Bustes, le jour de l'élection de Félix Faure. Alors, il était candidat à la présidence, mais comme défenseur de l'ordre social et non, ainsi qu'il le serait aujourd'hui, en qualité de protecteur des Juifs et des meneurs du collectivisme. Raynal, non Jaurès, ouvrait sa route. Il jouait sur le tableau de droite et pas encore sur celui d'extrême gauche.

Autour de lui, immobile, attentif uniquement à la

fumée de ses cigarettes, comme autour d'un personnage
enchanté, tournaient les zélateurs, les caudataires, les
parasites, la clique dont il aime à s'entourer comme d'un
encens à bon marché. Un deuxième cercle, plus distant,
était décrit par les scélérats dont il a, sur ses tablettes,
le répertoire et les jeux principaux. Ces deux groupes
ne se mêlaient point. Ils faisaient l'orbite et le champ de ce
regard voilé par la paupière lourde, qui ne reconnaît
qu'à bon escient, n'allume point de sympathie inutile.

A sa rigidité, à son silence, à ses émissaires, à ses
ilotes, je reconnus sans admiration dans ce peseur de
cuivre, dans ce concupiscent de si peu de chose, la
« Fausse Énigme », le Sphinx du temps présent qui ne
dit rien parce qu'il n'a rien à dire et que fait seul vibrer,
mélancoliquement, le vent sec de l'âpreté parlementaire.
Il était, comme Clopin-Trouillefou, le roi de cette Cour
des Miracles, et la vanité de sa fonction m'apparut dans
une lumière blessante.

Quel métier, réfléchissez-y ! Proscrire et persécuter
sans haine, parce que l'on a besoin des voix des persé-
cuteurs et des proscripteurs. S'astreindre à la fréquentation d'imbéciles, de subalternes et de goujats, parce que
ce sont les seuls qui gardent, dans la fortune, le goût des
basses besognes. Etre un grand homme pour parvenus,
un puits de science pour ignorants, un épate-nigauds. Se
donner par surcroît des airs d'artiste, d'ami de la mer et
de visiteur de musées. Jouer celui qui aspire au repos
quand on aspire à la plus misérable, à la mieux rétri-
buée de toutes les fonctions officielles. Ne jamais entendre une parole sincère, ne jamais serrer une main qui ne
cherche pas une décoration, un manche de fauteuil, une
pièce de vingt francs. Vivre, comme un paria doré, dans
un prestige de carton, méprisé par tout ce qu'il y a de
fier et de libre dans son pays..... Il n'est pas, à mon
avis, de pire misère, de plus déplorable destin.

RANC OU L'INSPIRATEUR

Tandis que certains farceurs et bouffons d'assemblée comme Jean Jaurès tapagent au premier plan du guignol parlementaire, font semblant de rosser le gendarme et de caresser l'homme de la campagne, d'injurier le grand Turc (ça n'est pas dangereux, et ça pose toujours un orateur), de s'endormir confortablement sur le matelas rembourré de l'utopie collectiviste, de bondir à la vue d'un prêtre ou d'un moine, tandis que ces fantoches accomplissent leur destinée qui est de duper le peuple, d'autres, dans la coulisse, insoucieux d'une vaine renommée, meuvent méthodiquement les ficelles des pantins.

Au premier rang de ces inspirateurs obscurs et actifs figure, sans aucun doute, M. Arthur Ranc, sénateur de la Corse.

Quand le résultat du scrutin fut connu, M. Arthur Ranc, dans un élan de gratitude bien compréhensible, écrivit à M. Emmanuel Arène, grand électeur en cette île fortunée :

« Exprimez enfin à cet admirable corps électoral, à cette noble et belle Corse républicaine, ma vive et profonde reconnaissance pour cet inoubliable témoignage que je veux reporter tout entier à la mémoire de notre grand et cher Gambetta.

Je me suis demandé, pendant quelques minutes, avec angoisse, ce que le « grand et cher Gambetta » avait à faire dans cette aventure. Puis je me suis rappelé qu'en disciple fidèle, M. Ranc ne pouvait pas prononcer trois paroles sans citer le borgne sonore.

Je ne pense pas, néanmoins, qu'on ait alléché cet admirable corps électoral avec de si touchants souvenirs. Il me paraît plus probable que la perspective de bureaux de tabac, de postes innombrables et de chemins vicinaux dirigea vers l'influent Arthur Ranc la sollicitude de ces émouvantes populations.

A défaut du papa Combes, apostat démissionnaire en faveur de la Charente-Inférieure, du papa Combes, qui avait l'avantage immédiat et certain d'être ministre de l'intérieur, l'île modèle a choisi sans hésitation celui qui, après l'homme en place, promettait d'être le plus fructueux. Elle espère ainsi se faire pardonner d'avoir donné le jour à Napoléon.

Le calcul n'est pas si mauvais ; M. Ranc est considéré, par de bons esprits, comme le « Deus » ou plutôt comme l' « Antideus ex machinâ » (vu son anticléricalisme notoire) de toute la politique présente. Il recueille actuellement les fruits savoureux d'une longue et habile persévérance. Derrière l'apparent conseil des ministres, qui sans cesse s'éboule, se modifie et passe, siège en permanence un autre conseil moins transitoire, moins aventuré, plus conscient. Quand on écrira l'histoire vraie de notre démocratie parlementaire, on s'apercevra qu'elle ne fut, depuis trente années, qu'une suite ininterrompue de complots, d'ententes et de conciliabules.

M. Arthur Ranc a le style du complot. Il a, comme on dit, été pris tout jeune, et sa biographie offre ceci de caractéristique que, très mouvementée dans la première partie, elle eut l'air, dans la seconde, de s'apaiser. Ceci n'est qu'une illusion d'optique. L'âme de M. Ranc n'a pas changé. Impliqué, en 1853, dans le complot de l'Opéra-Comique, traduit en police correctionnelle comme affilié à une société secrète, condamné à un an de prison, impliqué dans l'affaire de Bellemare, transporté à Lambessa en 1856, évadé de Lambessa, professeur en Suisse, détenu à Sainte-Pélagie pour un article jugé séditieux, maire à Paris en 1870, directeur de la Sûreté générale, membre de la Commune au 26 mars, démissionnaire, condamné à mort par un conseil de guerre en 1873, fugitif en Belgique, amnistié en 1879, député en 1881, sénateur de la Seine en 1891, il a gagné vaillamment ses galons dans cette équipe de révolutionnaires assagis, qui mettent aujourd'hui leur expérience au service de la Franc-Maçonnerie.

De l'avis de tous ceux qui l'approchent et qui ont subi son influence, il a l'art de concilier les convoitises, de calmer les mécontents, de faire prendre patience aux avides. Il est un des rares qui y voient clair dans cette mêlée si confuse des ambitions de parti et des haines de secte. Il a duré, comme Talleyrand, c'est-à-dire que, derrière les grands mots, il a appris, par la fréquentation, à juger nettement les caractères ou plutôt les manques de caractère, et, en matière de vilenie d'assemblée, il est probable que rien ne l'étonne plus. Au milieu de tous ces « m'as-tu entendu », de ces paillasses de tribune et de couloirs, il tranche par cette redoutable vertu : la modestie. Il ne tient pas à la vedette. Il laisse à d'autres les dignités, les charges, les rubans. Il est vraisemblable qu'il considère avec mépris ces profiteurs de la chose publique, si âpres à la curée, puis si débiles dès qu'on les prend la main dans le sac.

Le plaisir de ce partisan aux manières courtoises, de ce fanatique masqué de sérénité, doit être de voir éclater sur la place publique les bombes retentissantes qu'il forge au fond de la cave. Dans son laboratoire, c'est-à-dire dans les loges et dans les réunions discrètes, il a combiné les explosifs. Il apprécie ensuite leurs dégâts avec un détachement philanthropique. Joignez à cela qu'il possède sur le bout du doigt son personnel républicain, comme un bon préfet de police les états de service de ses agents. Il sait quelle besogne convient à celui-ci, à quel moment celui-là doit entrer en scène, sous quel éclairage ; jusqu'où tel autre a besoin du souffleur. Il est un régisseur incomparable.

Ces conquérants de la pénombre ne sont pas faits pour le grand jour.

En pleine lumière ils clignotent et se troublent. Le moment venu de sortir, de se montrer, ils délèguent un camarade à leur place. C'est à Ranc que nous devons Combes. Si Combes mourait ou désertait son poste, tenez pour assuré qu'un autre Combes attend son tour dans la coulisse. Celui-là gouverne vraiment qui choisit les hommes et les remplace.

Le « grand et cher » Gambetta avait deux lieutenants, Spuller et lui. Spuller représentait le main droite, ce qu'il appelait, le pauvre, l'*esprit nouveau*, personne n'a jamais su pourquoi. Il marchait lentement vers les naïfs ralliés en leur faisant autant de saluts que le lui permettait sa corpulence. Cependant, à gauche, Ranc grognait et boudait au fond de sa niche intransigeante et, quand un conscrvateur un peu jobard (il en reste) s'approchait avec une tartine de conciliation, l'ex-proscrit montrait les crocs. Ainsi, le matois tonitruant, le subtil Italien de Cahors pouvait manœuvrer les plateaux de la balance dans le sens convenable à son intrigue, alternant le fouet et le sucre.

Rendons cette justice à Arthur Ranc, qu'il est bien meilleur écrivain et journaliste que ne le fut jamais Spuller. Je préfère, et de beaucoup, le *Roman d'une conspiration* au *Lamennais*, si terne et si veule, par lequel l'autre enfant de chœur acheva son humble carrière. Littérairement, Arthur Ranc est de l'école de Voltaire et de Courier. Il est sobre, non sans élégance. Il n'enfle pas le ton. Il sait le prix des mots et du temps. Il ne se lance pas dans des élucubrations philosophiques à six sous la douzaine, selon le mode Clemenceau, ni dans les calembredaines bistournées du citoyen Jaurès.

Les deux passions dominantes d'Arthur Ranc : l'anticléricalisme, l'antimilitarisme, se trouvent être aujour-

d'hui celles de la majorité. Il n'a pas peu contribué à ce
sinistre résultat. On sait que, dans les divers épisodes de
l'affaire Dreyfus, dans la préparation de la revision et de
la Haute Cour, notamment, il remplit sa fonction habi-
tuelle, qui est de souder, d'amalgamer toutes les forces
antitraditionnelles, les Juifs qu'il a appris à respecter à
l'école de Gambetta, les protestants qui lui sont chers et
les Francs-Maçons dont il est. Il échoua au Sénat en 1900,
sans doute, mais son influence en ce milieu n'en demeurait pas moins prépondérante. Ses doctrines et ses haines
planaient sur l'Assemblée. S'il n'avait été élu en Corse,
il n'eût eu qu'à s'asseoir tranquillement au pied de la
tribune aux harangues, rectifiant le texte des vieux orateurs. Cette attitude symbolique eût convenu à sa face
lourde, attentive, toute feutrée d'une fausse bonhomie.

Le premier, peut-être, il entrevit tout le parti que la
Révolution pourrait tirer de cette banale affaire d'espion-
nage juif. Le premier il eut l'idée de scinder la trahison
en deux branches : la juridique, qui décomposait l'action
militaire par l'intrusion de la justice civile ; la politique,
qui livrait le pays aux menées ténébreuses de la haute
banque momentanément alliée des loges et du collectivisme.

Nos tyranneaux ont tout de même de la chance. Tandis
que des chefs tels que Ranc s'emploient pour eux avec
talent et abnégation, ceux qui furent élus contre eux,
pour servir la cause de la résistance, vont parader sur des
estrades, au son de l'*Internationale*, avec des Jaurès et des
Pressensé. Ils poussent la... candeur jusqu'à s'inquiéter
des Macédoniens, quand chez eux l'on persécute les sœurs
de charité et l'on bannit les patriotes, tant est vif, chez
certains tempéraments, le désir d'amadouer l'adversaire,
d'obtenir de lui un sourire ou quelque banal compli-
ment..... Oh! les quémandeurs de courtoisie !...

LE COMÉDIEN TRAGIQUE

J'applique volontiers à lord Byron cette appellation
dont le grand romancier anglais George Meredith grati-
fia, dans un livre fameux, le très byronien démagogue
Ferdinand Lassalle.

L'œuvre de l'auteur de *Manfred*, cette œuvre véhé-
mente, fruste par endroits et magnifique, de *Childe
Harold* à *Don Juan*, n'est, en effet, qu'une sorte d'auto-
biographie idéalisée du personnage qu'il eût voulu jouer
et ne réalisa, en dépit de la gloire, qu'imparfaitement.

Il est moins un poète prédestiné qu'un tempérament
excessif qui trouva son issue dans la poésie. Elle lui fut
un cri plutôt qu'un chant : « Me fuir moi-même, dit-il,
ç'a été toujours là mon vrai, mon unique, mon seul motif
pour barbouiller du papier et pour publier. » Il diffère
par là de son ami Shelley et de son contemporain Keats.
Son style d'embrun, de nuées et d'éclairs, avec de
grandes ouvertures sur l'infini, est une de ces galopades
au bord de la mer comme il aimait à en exécuter sur les
plages retentissantes de l'Adriatique, en compagnie de
Trelawnay et de Williams. Or, on ne fuit ainsi que ce qui
obsède. Il s'était tellement penché sur le gouffre (selon
sa propre expression) de sa personnalité, il avait tellement exploré, d'une torche hagarde et fumeuse, la grotte

de ses passions et de ses désirs, qu'il ne souhaitait plus
que briser son miroir et sympathiser avec la vie des
autres.

Son ultime effort en ce sens lui fit trouver la mort à
Missolonghi. Dans la guerre pour l'indépendance grecque,
il poursuivait sa propre indépendance, l'oubli de lord
Byron, des attitudes, des masques divers et des avatars
de lord Byron, l'oubli des déclarations, des lettres
d'amour, de rupture et de haine, l'oubli des femmes du
monde, des orgueilleuses ladies, des comtesses italiennes,
des bas-bleus, des actrices et des quarts d'actrice de la
Fenice et d'ailleurs, des bourgeoises comme Mariana, des
filles du peuple comme Margarita, l'oubli des chuchotements, des racontars, des blâmes et des éloges, des
applaudissements et des sifflets.

C'est une extraordinaire histoire, digne de tenter un
vrai critique, que celle de cet homme de génie qui eut la
préoccupation constante d'étonner et l'ennui d'avoir
étonné, qui rechercha si avidement l'excentricité et
s'irrita d'avoir ameuté tant de badauds sur les parapets
de son existence torrentueuse ; il disait de Gœthe, avec
émotion : « Je l'aime parce que c'est un excentrique... »
et, certes, il se trompait, car le maître de Weimar avait
horreur des monstres et des phénomènes ; l'attirail de
Byron, avec ses maîtresses, ses serviteurs, ses perroquets, dans cette visite projetée et qui n'eut jamais lieu,
l'aurait profondément gêné et révolté. Gœthe inventa à
son usage une composition de soi-même, une armure de
haute hypocrisie et de sincérité qui le tint à l'abri des
fâcheuses aventures où aimait à s'engager son imprudent
rival en romantisme.

Ce mélange de cabotinage et de lyrisme, qui est le
fond de lord Byron, suscita autour de lui une curiosité
prodigieuse, dont les remous ne sont pas éteints. Il a
positivement inventé un genre. L'agitateur allemand Ferdinand Lassalle, dont je citais le nom en tête de ces
lignes, fut une silhouette byronienne. A force de chercher
le tragique, il finit par le rencontrer et mourut en duel

pour cette fausse Guiccioli qui s'appela Hélène de
Dœnniges. Car le zèle à copier le héros provoque le parallélisme des héroïnes. Shelley, âme pure et inquiète,
corps peu adapté aux tours de force de natation qu'affec-
tionnait son illustre camarade, se noya dans le golfe de
Livourne, victime de son émulation. Giacomo Leopardi
consuma sa courte et étincelante carrière à vouloir trans-
former sa bosse en pied-bot et son pessimisme d'infirme
en mélancolie vénitienne.

Sur les races slave et polonaise, chez qui la frénésie ne
gâte rien, l'influence de Byron fut immense. Pouchkine,
le plus important de tous, dans le sang duquel la Russie
et l'Abyssinie s'associaient, par l'hérédité, si bizarre-
ment, s'appliqua à copier *Lara*, le *Giaour*, *Manfred* et
périt dans un duel stupide. Ii en fut de même de Lermontof. J'ajoute que le génie de Pouchkine et le talent
de Lermontof s'allumèrent au foyer byronien. Tourgue-
new, grand seigneur et chasseur, fut heureux que ses
goûts coïncidassent avec ceux du héros de Missolonghi.
Si Byron avait vécu de notre temps, il est probable qu'il
n'eût pas négligé l'apostolat rustique et chevaleresque
de Léon Tolstoï, et le costume de paysan l'eût tenté
comme les autres costumes : « Produire de l'effet et faire
parler de lui, c'était là son plus grand plaisir », a écrit
justement Philarète Chasles.

Je ne rappellerai que pour mémoire les attitudes d'Alfred de Musset, qui poussa le dévouement pour son modèle jusqu'à s'enfiévrer d'amour et de trahison à Venise ;
celles de Baudelaire, qui, dans le magasin aux accessoires
byroniens, choisit la défroque du dandy, chère, puis
odieuse à lady Holland ; celles, enfin, de Barbey d'Aurevilly, bien touchant dans la parodie enthousiaste du lord
botté et fascinant, lequel écrivait comme on rame et
menaçait ses amoureuses d'une cravache dont il se fusti-
geait lui-même dans ses moments d'âcre désespoir.

Revue forcément incomplète. On n'en finirait pas
d'énumérer les déformations du byronisme à travers les
plus remarquables personnalités du siècle. Un des plus

impressionnés, jusque dans sa maîtrise poétique, fut Richard Wagner, amateur d'étoffes brillantes, de parfums, de châteaux, de séductions physiques, de pèlerinages, se drapant — sans un goût inné — dans une mélancolie que déchirait tout à coup son humour germanique, évocateur d'images sacrilèges, poussant la fantaisie jusqu'à la frasque, et la curiosité du déguisement jusqu'à celle de la métamorphose morale. J'étais surpris, l'autre soir, en écoutant *Manfred*, de l'empreinte profonde laissée par son auteur dans la genèse de la *Tétralogie* : les tragiques fileuses qui invoquent Astarté rappellent les Nornes du *Crépuscule des Dieux*. Astarté elle-même apparaît à Manfred comme la Walkyrie à Siegmund, et lui présage sa mort dans les mêmes termes somptueux et lourds. Les mêmes obscurs remords, la même confusion de races entre les demi-dieux et les humains s'agitent dans les deux œuvres.

En Angleterre, enfin, Tennyson, à ses débuts, et Robert Browning, toute sa vie — lui aussi habita les rives du Grand Canal — eurent un faible et un penchant pour le bohème aristocrate et sublime qui brûlait les cendres de ses amis à la manière des guerriers antiques, buvait le vin du Rhin dans une tête de mort, après avoir pris la précaution d'ouvrir les fenêtres de son palais, histoire de ne priver personne du spectacle, et effarait la société londonienne tout en la remplissant d'admiration. N'avons-nous pas vu, ces dernières années, le pastiche tourner au scandale et l'élégance dédaigneuse des conventions virer à la débauche dans la personne du malheureux qui se vantait d'être en coquetterie « avec Apollon et la couleur orange » et chanta la geôle de Reading pour mourir décrié dans une mansarde ?

La liste des excentricités de lord Byron, dressée d'après ses fanatiques, ses ennemis ou les spectateurs indifférents, emplirait un long volume. Elles tenaient toutes, si on les examine de près, à cette cause étrange que leur auteur voulait toujours aller plus loin que la franchise, renchérir sur la sincérité. Il obtenait ainsi l'affectation, piège suprême des exaltés que ne contiennent ni règle, ni discipline, ni foi.

Ce poète forcené — lisez à ce sujet l'étude de Taine, *Glenarvon*, le pamphlet de Caroline Lamb, ex-maîtresse du demi-dieu, et surtout la biographie par Thomas Moore — ce dilettante du paroxysme était, toute révérence gardée, semblable au chien dont parle Sénèque, lequel, par appétit de la bouchée suivante, ne connut le goût d'aucune bouchée. Le noble lord dévorait sans mâcher toutes les satisfactions de ce monde et la hâte du plaisir prochain lui rendait chaque plaisir insipide. Il s'est identifié avec *Don Juan*. C'est en ce poème frissonnant et précipité qu'il faut, comme l'a dit Moore, chercher sa vraie histoire, sa légende et l'origine de ses désillusions. Si je ne craignais d'être accusé de cléricalisme sournois, je vous dirais bien quelle est, à mon avis, la cause ultime de cette frénésie : la disparition de la croyance dans un tempérament de croyant et d'apôtre qui subsiste et, privé des lumières de la foi, se débat comme il peut par les ténèbres sensuelles et la pénombre sentimentale.

Telle est la source douloureuse du romantisme ; il n'y en a pas d'autre. Nous devons au retrait de la foi, par l'effort matérialiste du dix-huitième siècle, cette forme d'art ingénue et tourmentée, cette affectation nouvelle, un nombre incroyable d'infortunes, de vicissitudes et de déchéances. Chateaubriand le sentit bien quand il se libéra violemment et rafraîchit toute son époque fiévreuse par le *Génie du Christianisme*. Lorsqu'on n'a plus un Dieu à prier, l'on s'agenouille devant sa propre image. Les forces de la contemplation deviennent funestes si elles s'appliquent à celui qui se confronte à soi-même.

Quoi qu'il en soit, Byron choisit Missolonghi comme il aurait choisi le cloître. Quiconque méditera l'étonnant dialogue de Manfred et de l'abbé de Saint-Maurice ne peut conserver aucun doute là-dessus.

Mais, pour en arriver là, que de détours et de circuits, que de pérégrinations en Roumanie, en Italie, en Grèce, que de projets de pérégrination en Amérique, que d'éner-

gie dépensée à des insanités, à des vanités, à de fausses
excitations, à des parodiès du risque, du sacrifice et de
l'enthousiasme ! Byron a le cabotinage historique. Chaque
fois qu'il visite une prison célèbre, il exige de passer
une nuit dans le cachot de tel ou tel condamné illustre,
au grand ébahissement des gardiens. Il se joue le Tasse
dans la geôle de Florence et Marino Faliero dans celle de
Venise. Il me rappelle cette actrice qui demanda naguère
à être enterrée fictivement en gondole ou celle qui se fit
reconduire six fois de suite à Saint-Pierre par un cocher
grandement épouvanté, parce qu'elle ne pouvait s'y
rassasier d'oraisons. Chaque fois qu'il aperçoit un bras
de mer, un détroit, il veut le traverser à la nage. Un soir,
au sortir d'un bal dans un palais, il se jette dans le grand
canal et prétend ainsi regagner le couvent des Arméniens,
heureux d'étonner les bons pères, ses hôtes. Il se promène à cheval au Lido, pour la stupeur des « pescatori »;
il nargue publiquement l'ambassadeur anglais à Constan-
tinople ; il affiche et proclame au son du tambour, comme
des victoires, ses liaisons les plus passagères.

Il est ivre de popularité. Il se déguise en cynique, lui
si fin, si subtil, si habile à dépouiller les vanités d'autrui
et à faire surgir le comique. Il faut qu'il affronte et qu'il
brave, qu'il frôle incessamment le ridicule, qu'il explique surabondamment son caractère : « Moi qui, moi
je... un adorable scélérat, un irrésistible bandit tel que
moi... Retenez-moi, je ferais un malheur... » Il se chérit,
s'apostrophe, s'invective, se bénit dans la même minute,
dans la même strophe. Il a gâché, dans des niaiseries,
ses chefs-d'œuvre mis à part, la substance de vingt
autres chefs-d'œuvre.

Ah ! le pauvre, le cher comédien tragique !

LE PRÉSIDENT DE LA PATRIE FRANÇAISE

Les divers ânes plus ou moins rouges qui, dans les
journaux juifs à masques littéraires ou révolutionnaires,
braient quotidiennement à la mort supposée du nationalisme, auraient bien dû trotter l'autre jour jusqu'à Neuilly,
où eut lieu le banquet des délégués provinciaux. Ils
eussent vu là, groupée autour de ses chefs, une assemblée enthousiaste et frémissante. Edouard Drumont,
Lemaître, François Coppée, furent frénétiquement accla-
més. Comment donc leur cause et la nôtre ne serait-elle
pas finalement victorieuse, puisqu'elle est la cause même
de la France !

Pendant ce repas de cinq cents couverts, qui fut cordial
et terriblement chaud, à tous les points de vue, je regar-
dais fréquemment Jules Lemaître, assis non loin de moi,
tranquille et vaillant comme à son ordinaire, et des réflexions me venaient en foule que je voudrais vous communiquer.

Je me rappelais d'abord les paroles divinatoires de
mon père qui le connaissait de longue date, qui l'aimait
et disait de lui : « Un sceptique, Jules Lemaître, allons
donc ! Pas plus que moi-même. Il est un merveilleux critique. Il a la vision claire. Il sait démêler l'accessoire et
rire de l'accessoire. Mais voyez sa bouche si nette, et si

bonne, presque candide. Le jour qu'il rencontrera l'essentiel, cette bouche-là trahit une âme d'apôtre.

» Lemaître est parfaitement capable de sacrifier sa vie à une idée dont il aura admis, après jugement, la supériorité sur toutes les autres. »

C'est la plus haute et la plus noble idée, après celle de Dieu, celle de patrie, qui s'est chargée de réaliser la prédiction d'Alphonse Daudet. Elle a fait la somme de toutes les puissances de finesse et de pénétration qui distinguent l'auteur de l'*Aînée* et de *Révoltée*. Elle a donné, au régime intérieur des aspirations et des images, cet ordre souverain, cette hiérarchie qui conjoint la maîtrise du cœur à la maîtrise de l'intelligence. Elle a mis l'écrivain en face de ses origines, de la source de tous ses dons et elle lui a tenu ce langage :

« Je suis ta mère. Tu me dois tout. C'est de moi que tu tiens cette clarté qui te permet de te guider dans la forêt des opinions littéraires et philosophiques, ce discernement qui s'élève au-dessus des humeurs et des modes, cette sagacité avertie par laquelle tu échappes aux tentations du préjugé, aux pièges du paradoxe et de la révolte facile. Je t'ai confié l'ironie de mes meilleures provinces, où le passage pesant de l'Histoire a laissé des marques directrices, des avertissements, des bornes, des garde-fous. Je t'ai placé dans ma meilleure lignée, celle de Montaigne et de Sainte-Beuve. Je t'ai appris à bien sourire et à t'indigner à propos... Maintenant, mon fils, à mon aide ! Défends-moi avec mes propres armes, ô toi que j'ai si complètement armé. »

Du moment qu'il avait entendu cet appel, ce grand esprit, si juste et lucide et qui sait l'exacte valeur des mots, ne pouvait plus lui résister. Il y avait là désormais pour lui le double attrait de la beauté, car la patrie commande le verbe, et d'une tâche austère à remplir. Celui qu'on croyait un hésitant, parce que dans chaque conflit d'opinions il pesait sagement l'alternative, déploya soudain une énergie et manifesta une persévérance, dont ses adversaires mêmes furent émerveillés. Tant il est vrai

que la voix de la race est la seule qui s'impose en dominatrice et réveille en nous la nature profonde, celle que
nous dissimule la routine journalière.

Certes, Jules Lemaître était admirablement préparé à
cette révélation de soi-même, au rôle glorieux que lui
destinaient les événements. Dans cette extraordinaire
série d'études qui fit sa réputation de critique, *les Contemporains*, il s'attachait surtout aux écrivains qui mirent
au service d'une grande cause leur individualité et leur
génie, à Lamartine et à Louis Veuillot, pour ne citer que
ces deux-là. Il les jugeait selon leur idéal, selon leur
ligne de faîte, et par là se rapprochait d'eux, il échappait
à ce travers bien moderne qui traite la légende par l'analyse et prétend nous dessiner un visage, sans ombre, en
disposant, à la suite les uns des autres, les oreilles, le
nez, les traits principaux ; ce qui donne un monstre, non
une figure.

Avec une rare intuition et un sens aigu des réalités, il
décrivait les poètes et les penseurs comme s'il les voyait
venir de loin, du fond de leurs rêves, et ne les interro-
geait que de près, quand ils avaient fini de réfléchir ou
de chanter. Il réservait son sarcasme aux attitudes et
aux grimaces, sa sympathie ardente à la sincérité, d'où
qu'elle vînt, où qu'elle tendît, pourvu qu'elle s'exprimât
largement et vigoureusement. Il ne tomba jamais dans la
mauvaise erreur de rire, comme la sorcière Koundry ou
l'apostat Renan, sur le passage de celui qui porte sa
croix. Par la culture la plus raffinée, par l'harmonieux
progrès de sa connaissance, il se préparait à communier
avec l'âme nationale et populaire.

Les politiciens de carrière (oh ! messieurs, la jolie carrière !) ont l'habitude constante de lui reprocher de ne
pas être des leurs. Le raté de la littérature Clemenceau,
le raté de la philosophie Jaurès, le raté du barreau Waldeck, ont leur opinion faite là-dessus. Du dramaturge
des *Rois*, du *Pardon*, du *Député Leveau*, l'avocat d'Eiffel
et des Juifs a eu le toupet de dire un jour, à propos des
élections, qu'il *ne réussissait pas ses pièces*. Vous voyez

d'ici s'esclaffer les parasites, brocanteurs et marchands
de comestibles, qui forment la cour ordinaire de ce
paria comblé. Le pitre en bâ, bâ, bâ, se tord de rire,
attendant une décoration, et le ferblantier familier tombe
à terre... Regardez cependant, ô Waldeck, votre actuelle
situation à tous deux.

Nous entourons d'affection Jules Lemaître qui n'a
absolument rien à nous offrir. Nous l'admirons. Nous le
vénérons. Il nous est un maître et un chef.

Vous, lâché par un Parlement qui n'a plus besoin de
vous, étant assez grand pour se rouler tout seul dans la
boue, renié par vos anciens zélateurs qui n'espèrent plus
de vous ni pâtée, ni croix, ni prébendes, vous apparais-
sez aux yeux de tous, ainsi qu'un ambitieux gelé et dé-
garni : « Tu me donnes froid », vous dit la fortune... Non,
décidément, mon garçon, vous ne réussissez pas vos
aquarelles.

Ce sera, devant la postérité, l'éternel honneur de Jules
Lemaître de n'avoir pas été un homme politique. Il a
visé plus loin et plus haut qu'une intrigue de circonstance
et d'assemblée. Il sait, mieux que quiconque, toutes les
vilenies, tous les reniements, toutes les concessions basses
que nécessite le fait de « mettre la main à la pâte ». Par
la pureté de son âme, la dignité de sa vie et l'envergure
de son intelligence, il échappe à cette sale cuisine. Il a
voulu généreusement restituer courage et confiance à
ceux qui paraissaient s'abandonner, offrir l'exemple d'un
sage, vivant à l'abri, et qui renonçait aux temples se-
reins pour se lancer dans la bagarre. Le cri impérieux de
sa conscience indignée l'a arraché à sa bibliothèque, à
ses songes ornés, à son ironie. Cet homme, simple et
bon, marche à la lutte comme à un sacrifice allègre.

Mais que ses adversaires, qui sont aussi ceux de son
pays, ne s'y trompent pas. Il est d'un entêtement invincible. Il suffit de considérer son beau front, solide et
bombé, son droit regard, ses gestes déterminés; il suffit
d'entendre sa voix, si humaine, si chaude et persuasive,
où chaque mot prend son accent et sa couleur, pour être

bien convaincu que rien, sa décision une fois arrêtée, ne saurait le faire reculer. Il est le vigneron qu'aucun effort, qu'aucune ruse, qu'aucune insulte ne parviendront à détourner de sa vigne, j'entends de cette Ligue de la Patrie Française, qu'il a fondée, et à laquelle il communique sa flamme, son entrain, sa perspicacité.

Prenez-en votre parti, malandrins du Bloc, casseroles de la batterie maçonnique, crocodiles charmants qui léchez Dreyfus et que nourrit Combes de Mœrdès. La Patrie Française est unie et forte et vous devez compter avec elle. C'est autour de votre écuelle, mes mignons, qu'il y a aujourd'hui dispute et qu'il y aura demain pugilat. Vous la secouez trop de vos langues avides. Vous la briserez tout à l'heure et ses morceaux vous estropieront.

« Union, avant tout, de tous les bons Français !... » proclamait l'autre soir Jules Lemaître. Sa parole sera écoutée et son conseil sera suivi. La maison brûle présentement et les incendiaires sont à l'œuvre. Les sauveteurs n'ont qu'à les inonder, sans s'inquiéter des différences de parti qui nuiraient au salut commun. Une seule chose est certaine, dans le désarroi général : tout vaut mieux que ce que nous avons. C'est par la Ligue du désintéressement que triomphera l'intérêt supérieur de la France !

Pour avoir compris cette grande vérité, Jules Lemaître mérite autant de lauriers que s'il avait déjà la victoire.

LA PREMIÈRE NATIONALISTE

MADAME EDMOND ADAM

J'ai là sur ma table le quatre-vingtième numéro de cette petite et substantielle brochure : *Parole française à l'Etranger*, que Mme Edmond Adam lance deux fois par mois en guerrière avancée dans la bataille. L'ex-directrice de la *Nouvelle Revue*, débarrassée des lourds fardeaux d'administration et de rédaction, continue ainsi, pour son propre compte, l'apostolat de patriotisme auquel elle a voué sa vie.

Mme Adam a joué dans mon existence un rôle si considérable que je ne puis parler de mon admiration pour elle qu'avec une sorte de pudeur émue. Il y a dix ans aujourd'hui que je lui portai mes premiers essais littéraires qu'elle imprima dans sa revue. J'avais peur. Je sentais vaguement que ce n'était pas un travail très fameux ni capable d'intéresser beaucoup de personnes. Elle me rassura. Elle m'accueillit avec cette rare bonté dont elle possède le secret génie, avec ce maternel sourire qui réconforta et releva tant d'âmes lasses ou débutantes. Elle ne me fit aucune observation et ne me proposa aucune correction, mais, au cours d'une petite causerie sur les objets les plus divers, elle m'indiqua, avec

une sagesse et un tact admirables, les points faibles de
ma manière et les moyens d'y remédier.

A combien d'écrivains Mme Adam n'a-t-elle pas rendu
le même service !

Elle devina Maupassant, elle publia ces fortes études
qui fondèrent la réputation de Paul Bourget, elle ouvrit
à Loti les portes du succès et de la gloire. Parmi ceux de
ma génération, il en est bien peu qu'elle n'ait encouragés
et mis en lumière dès ces heures initiales toujours pé-
nibles, où l'on ne rencontre à l'ordinaire que refus et
visages maussades.

Son plaisir est de voir fleurir, d'aider au développement des natures, de favoriser de mille manières l'éclo-
sion d'une personnalité. Elle ne craint ni la nouveauté,
ni l'étrangeté. Elle est plus hardie que les plus hardis.
Seulement, elle enseigne à tous ces lois d'harmonie et
d'équilibre sans lesquelles la plante pousse mal, s'étiole
et meurt.

Je ne parlerai ici que brièvement du lettré merveilleux
et subtil qu'est Mme Adam, du prosateur poète de
Païenne, de *Grecque*, du *Rêve sur le Divin*, de l'évocatrice
enfiévrée de tableaux d'histoire et de paysages... Cela
m'entraînerait trop loin. Je veux surtout vous montrer la
Française.

Cette femme d'une culture encyclopédique et d'une inlassable curiosité intellectuelle, cet être d'imagination et
de rêve, cette voyageuse des libres espaces, des terres
inconnues, des horizons nouveaux, cette analyste éprise
de légende a une ligne de fougue, la Tradition ; un axe
immuable, le sens de la race ; un guide qui n'hésite pas,
l'amour de la Patrie.

Dans les yeux clairs de Mme Adam sont toutes les
forces claires de la France. Ils sont, ces yeux, comme nos
rivières, que leur limpidité laisse croire peu profondes
et qui recèlent de vrais abîmes. Ils savent observer et refléter ; mais la réalité en eux se prolonge de toute l'intuition, rejoint ce réseau mystérieux qui confine à la
haute mystique, réseau où les images fixées prennent la

lueur et la pérennité des étoiles, commandent comme
elles à la destinée.

Lorsque l'on cause avec Mme Adam, même d'une chose
banale et courante, subitement, après un petit silence de
sa part, où elle prend en quelque sorte son élan, le ton
s'élève. Le particulier renforce le général. Une leçon
morale, légère, enjouée et haute, ressort d'un simple
récit discursif, d'une anecdote ou d'un fait immédiat.
L'on se rend compte alors de l'étrange pouvoir qui est en
cette évocatrice, qu'elle relève d'une grâce émouvante.

Frappée au cœur par nos désastres, elle a gardé de sa
blessure ce don miraculeux qu'eurent tous les héros, qui
crée en eux la clairvoyance.

Rien ne dévie jamais son regard sûr et droit. Ceux qui
cherchèrent à la duper, à lui raconter des histoires, à la
lancer sur de fausses pistes, en furent régulièrement
pour leurs frais. D'où beaucoup de calomnies, de sornettes et de rancunes.

Il n'est pas un événement de politique extérieure, pas
une alliance, pas une mésalliance, pas un faux pas, pas
une erreur dangereuse que depuis trente ans Mme Adam
n'ait prédits, annoncés, dénoncés. Sans nul souci des
niais qui ricanent, des coquins qui conspirent, des faibles qui s'écartent, sans nul émoi devant les dangers innombrables que sèment sous les pas d'une femme isolée
des luttes incessantes et sans rémission, droite, fière,
souriante, pendant trente années, elle catéchisa son
pays rebelle et répéta que la Patrie doit passer avant tout
le reste, que le drapeau est le plus grand emblème, que
les tenaces sont victorieux, que la victoire est nécessaire.

Autour d'elle, inébranlable et sereine, se multipliaient
les abandons, les oublis, les apostasies, les fautes et les
crimes. Elle voulait cependant, comme l'a dit Drumont,
libérer son âme.

L'expansion de cette âme est très exactement marquée
par nos frontières. Il y a en Mme Adam cette synthèse
sagace du Nord et du Midi, cette harmonieuse souplesse

de la réalité au sein du rêve, cet accord de l'espoir, du songe et de l'effort, qui marque chez nous les privilégiés. Elle possède le double frisson, latin et celte. Elle se repose de l'un par l'autre. Et son lyrisme très spécial est fait de cette alternative. Et c'est encore cette alternative qui lui permet de voir d'un même relief l'intérêt si divers de son pays, de calculer le meilleur chemin par un jeu prompt et juste de la probabilité intérieure.

Je sais bien que nos hommes d'Etat, nos grands ministres, nos meilleurs maîtres, ont raillé souvent cette intrépide qui les gênait dans leurs calculs. Cependant, le peu qu'ils ont réalisé leur fut suggéré par Mme Adam et, lorsqu'on écrira la véritable histoire de l'alliance franco-russe, Hanotaux lui-même, que j'aime bien, sera forcé de reconnaître qu'il eut en elle un précurseur. Ceci dit en toute cordialité, pour donner à chacun son dû.

Habile aux choses de la politique, intimement liée à l'histoire effective de la troisième République, Mme Adam méprisa toujours, d'un superbe mépris, les politiciens. Le jour qu'elle vit clair dans la faiblesse de Gambetta, dans les honteux trafics de l'entourage de Gambetta, ce jour-là elle rompit bruyamment avec ses amis de la veille, ses ennemis du lendemain, bien résolue à éviter toute compromission même d'apparence. Elle est de la race qu'on n'amadoue pas, qu'on n'attache pas au char du triomphe.

Lors d'une réunion solennelle et fameuse, elle prédit à quelques-uns des pilleurs d'épaves leur déshonneur et leur ruine imminente, puis, tranquille, continua sa route, débarrassée des intrigants.

Quelques drôles, publiquement, l'attaquèrent, de ceux qui n'ont pas peur des femmes. Ils furent rares et restèrent méprisés. Ses ennemis mêmes furent subjugués par sa générosité, sa noblesse, son art d'oublier les injures et de ne retenir, parmi tant de querelles, que ce qui avait une portée générale, que ce qui touchait à la Patrie.

Cette passion du sol qui l'anime, cette ferveur nationale, Mme Adam la porte en elle, discrètement aux heures calmes, belliqueusement aux heures tragiques. C'est une flamme qu'alimente le souffle du destin. A son reflet elle juge ceux qui l'entourent. Elle lui sert d'épreuve et de fanal dans les ténèbres du temps présent.

Mais qu'on ne s'y trompe pas. Cette illuminée du devoir français, cette patriote qui se souvient et sait se taire, peut mettre au service de sa foi les plus prodigieuses ressources pratiques. Aucun obstacle n'arrêterait Mme Adam quand il s'agirait de son pays. Elle éventerait tout subterfuge et déjouerait tout stratagème. Elle ne donnerait dans aucun piège. Les postes les plus importants seraient tenus par elle comme par personne, tant elle a le sens aigu des moindres détails et de l'ensemble, dès que sa passion centrale est en jeu.

Il faut la proposer à nos contemporains, à nos contemporaines comme le plus étonnant exemple de ce qu'une hérédité qui se concentre et grandit sans cesse peut former, au sein de la race, de génie représentatif. L'harmonie de l'individu n'est qu'un accord parfait entre les survivances de ses ancêtres. Lisez, pour vous en rendre compte, la *Parole française à l'Etranger*.

LES GONCOURT ET LE RÉALISME

La brillante reprise de *Germinie Lacerteux* au théâtre
du Vaudeville a mis au premier plan de l'actualité un problème littéraire des plus intéressants et des plus contro-
versés : les origines du réalisme ; problème qui a, comme
nous le verrons, une importance morale. Quels furent les
initiateurs du grand mouvement contemporain qui en-
traîna le roman français dans la rue, le faubourg, les antres
de la misère et jusque sur la place publique?... Je réponds
hardiment : Les Goncourt. Zola ne fut que leur mauvais
imitateur. Il grossit démesurément et déforma leurs
vigoureux procédés, leur scrupuleuse méthode. Il mit
leurs fines remarques en caractères d'affiches et placarda
celles-ci sur tous les dépotoirs du vice et de la déchéance, sous couleur de manifestes littéraires. Il attabla
de force le roman chez le marchand de vin, le grisa d'un
alcool italien romantique et frelaté, lui suggéra de plates
utopies, la métaphysique de Boquillon et la sociologie
de Homais, puis le fit choir dans le ruisseau.

Mais auparavant il s'était taillé une bannière de con-
trebande dans la renommée de ses prédécesseurs, des
Goncourt et des Flaubert, il avait badigeonné dessus :
« naturalisme », ce qui ne signifie rien du tout, et
il allait criant partout : « C'est moi qui porte la bannière. »

Il fallut, chose étrange, presque vingt-cinq ans pour que la vérité — avec un petit *v* — apparût, pour que la lumière — avec un petit *l* — se montrât. Dans la préface de *Germinie Lacerteux*, écrite en octobre 1864, les Goncourt disaient en propres termes et, ce que ne devait pas imiter Zola, en termes appropriés : « Aujourd'hui que le roman s'élargit et grandit, qu'il commence à être la grande forme sérieuse, passionnée, vivante, de l'étude littéraire et de l'enquête sociale, qu'il devient, par l'analyse et par la recherche psychologique, l'histoire contemporaine, aujourd'hui que le roman s'est imposé les études et les devoirs de la science, il peut en revendiquer les libertés et les franchises. » Voilà, en quelques lignes sobres et nettes, l'essentiel de ce que l'auteur de l'*Assommoir* devait délayer en sept tomes d'une prétendue critique qui tient tout entière dans ces trois mots : « Moi, moi, moi ».

Je demande à ceux de mes lecteurs qui auront été applaudir cette extraordinaire Réjane dans le rôle âpre et douloureux d'une servante déchue et martyrisée, je leur demande d'ouvrir, au retour, le roman. Je ne crois pas que l'on puisse relever le moindre mot choquant, la moindre phrase basse ou plate, la moindre image licencieuse dans cette biographie terrible et lamentable qui part de la frénésie amoureuse pour aboutir à l'hôpital et au cimetière, par la dette, le remords et la souffrance. Un souffle chrétien anime ce livre où la pitié lave toutes les souillures. Par leurs origines et leurs attaches les Goncourt, ces innovateurs, se trouvaient être, comme le fut mon père, des traditionnels.

Ils étaient aussi des idéalistes, chez qui le sens exquis de la beauté esthétique, passagère et fragmentaire, put quelquefois obnubiler le sens de la beauté éternelle, immuable et morale, mais qui revinrent toujours et éperdument à celle-ci par leur naturelle horreur de la vulgarité et de la malséance. Maintes fois la gendelettre envieuse leur reprocha une aristocratie qui, naturelle et foncière, les sauva de la trivialité. Ils abordèrent les

plus rudes, les plus sombres sujets par le haut, en
laissant ouvertes des soupapes sur l'air pur et les
étoiles. Ils suivirent la voie normale et légitime, qui va
de l'intelligence et de la sensibilité à l'instinct, non la
voie inverse et monstrueuse qui raisonne d'après les
appétits et instaure, sur la sensualité immédiate, je ne
sais quelle « philomanie » de la matière.

Enfin, ces écrivains cultivés ne tombaient pas dans le
ridicule de découvrir Baruch tous les matins. Emile Zola
crut de bonne foi avoir inventé Claude Bernard, et il
l'accommoda à une sauce dont ce remarquable expérimentateur n'eût pas voulu pour ses cochons d'Inde. Comme
il s'ennuyait seul dans son naturalisme, il tenta d'y attirer successivement ses confrères plus ou moins récalci-
trants, divers savants d'époques diverses, des sociologues
plus ou moins fameux, puis, descendant l'échelle, des
députés, des sénateurs, des ivrognes et des anarchistes.
A force de se mêler à la foule, il ne put plus remonter
chez lui, je veux dire dans son talent d'assembleur, de
ravaudeur des idées d'autrui.

Pour ce qui est de la documentation exacte, jamais
Zola, ce poète forain qui invoquait sans cesse le document humain, ne s'en préoccupa le moins du monde. Il
se renseignait à coup de manuels, puis il construisait
hâtivement, sur ses notions plus ou moins branlantes,
en bon primaire, des théories habillées en ouvriers ou
en bourgeois, qui menaçaient le ciel de leurs poings de
carton, mais n'avaient point de pieds. Il a semé son
temps de ces mannequins sans forme ni visage, qui ne
sont même pas des épouvantails et attirent présentement
de vilains oiseaux.

Or, ouvrez le *Journal des Goncourt* à l'année 1862 et
vous y découvrirez, avec l'histoire de leur servante Rose,
la genèse de *Germinie Lacerteux*. Dans ce roman, comme
dans *Manette Salomon*, *Sœur Philomène*, *Charles Demailly*
et ce chef-d'œuvre, *Madame Gervaisais*, ils s'appuyèrent
scrupuleusement sur l'observation directe et palpitante :
« Pauvre créature — s'écrient-ils à la révélation de ces

hontes ancillaires — nous lui pardonnons, et même une grande commisération nous vient pour elle, en nous rendant compte de tout ce qu'elle a souffert. » C'est cette étincelle de pitié vraie qui met le feu à la riche et jumelle imagination des deux frères, va illuminer ces régions profondes de l'âme, ensemencées par les ancêtres, où sommeille l'esprit des évangiles. C'est cette pitié vraie qui les sauve de la boue qu'ils traversent, qui les dirige et leur fait éviter les ornières où la finesse s'enlize, les précipices où sombre le talent.

Beaucoup de critiques et non des moindres saluent en Gustave Flaubert le fondateur de l'école réaliste. D'abord il n'y a pas d'école. Dans Chateaubriand, fils de l'Océan et de la Foi — pour ne pas remonter plus haut que le dix-neuvième siècle — dans le chantre d'*Atala* et de *René*, dans l'autobiographe des *Mémoires d'outre-tombe*, on admire un don de prise immédiate sur la vie et sur les gens qu'eut aussi, dans *Choses vues*, Victor Hugo. Le magnifique halluciné de *Plein ciel*, le médiocre halluciné de *La Fin de Satan*, le vieux derviche tourneur des hyperboles et des métaphores sut, quand il daigna s'arrêter quelques instants, observer et décrire avec acuité. Balzac portait certainement en lui l'univers qu'il projeta sur ses contemporains sous le nom de *Comédie humaine*, mais parfois des voix du dehors pénètrent son dialogue intérieur et il les fixe, pour notre admiration. Stendhal rangea, étiqueta et tailla les merveilleux cristaux de son intuition historique et psychologique où quelques gouttes d'expérience personnelle sont en suspension.

Donc les ignorants seuls parlent d'école. C'est néanmoins à *Madame Bovary* que remonte l'audace de franchir certains domaines jusque-là réservés, et de tout laisser entendre. C'est dans *Madame Bovary* aussi qu'apparaît, pour la première fois, la curiosité éperdue de la vie courante, des perles qu'on trouve dans cette rivière quotidienne, banale seulement pour les esprits frustes. Mais, à y regarder de près, *Madame Bovary*, œuvre intermédiaire entre le romantisme et le réalisme comme oscille son héroïne elle-même entre le rêve et le réel, œuvre de transition, comparable à un *Don Quichotte* moderne — c'est le même sujet, le même réveil brusque de l'exaltation par les faits — inaugure moins une date qu'elle ne facilite un passage. Gustave Flaubert est pareil à un aigle blessé que les aspérités du chemin font souffrir, qui rampe, alors observe et voit de près, puis s'élève à la vision d'ensemble et oublie d'un coup d'ailes, puis retombe... Il n'a pas pris son parti des tristesses et des infirmités de l'existence journalière.

Les Goncourt ont accepté cette existence et l'ont inscrite, notée patiemment au jour le jour. Telle est la grande nouveauté qu'ils apportèrent, la cause des résistances acharnées qu'ils ont rencontrées et que leurs ouvrages rencontrent encore. On leur a reproché d'être trop méticuleux, de ne pas ménager suffisamment les perspectives. Cette critique, méritée peut-être pour d'autres œuvres, n'est pas méritée en ce qui concerne *Germinie Lacerteux*. On leur a reproché d'avoir, dans ce livre-là précisément, employé un procédé de chapitres courts, d'aspects rapides et changeants, qui morcèle le plan et le rend indécis. Mais si le réalisme n'agit pas ainsi, s'il ne s'assujettit pas à copier le mécanisme de la vie — où les ensembles ne ressortent qu'après coup de l'agglomération, en apparence discontinue, de petits événements typiques — s'il met la moralité au début et cloue le cadre au mur avant d'y avoir groupé les croquis, il cesse aussitôt d'être le réalisme.

Je vois d'avance les objections, et je ne prétends pas ici prôner telle ou telle manière, telle ou telle doctrine littéraire. Je tiens seulement à bien établir que les coups de grosse caisse naturaliste ne nous ont pas empêchés d'entendre la voix humaine et initiale qui sort de l'œuvre des Goncourt. Je ne discute pas davantage la question de savoir si *Germinie Lacerteux* est une suite de tableaux émouvants ou une pièce construite selon les recettes du parfait dramaturge. Il me suffit de revendiquer, pour le maître disparu, une priorité qui lui tenait justement au cœur et qui a son importance dans l'histoire littéraire.

Cette formule de notation fidèle, les Goncourt l'avaient déjà employée dans leurs travaux historiques, quand ils eurent l'idée de l'adapter au roman. Le génie de Taine s'en est inspiré dans ses *Origines de la France contemporaine*. Quand les médecins veulent étudier une maladie, ils groupent un grand nombre d' « observations » — c'est le terme consacré — prises, chaque matin et chaque soir, au lit du malade. Ils font une sorte de portrait composite d'une multitude de photographies individuelles. Les Goncourt s'y prenaient ainsi pour décrire une passion ou un vice, une de ces tares progressives qui ramènent l'homme à l'animal, déchaînent en lui l'automatisme de l'instinct. Il y a loin de cette méthode à l'application qu'en a faite un disciple dégénéré.

UN CONTEMPORAIN

La nouvelle série des *Discours de Combat*, de M. Ferdinand Brunetière, nous est un intéressant prétexte à examiner une des figures les plus nobles, les plus caractéristiques de ce temps.

Il y a, semble-t-il, en M. Ferdinand Brunetière, la cohabitation d'un logicien et d'un réaliste. C'est dire que l'auteur des *Etudes critiques sur l'Histoire de la littérature française* participe à la fois du dix-septième, du dix-neuvième et encore mieux du vingtième siècle. De Descartes, il tient et applique le précepte fameux : « Diviser la difficulté en autant de parcelles qu'il se pourra pour la mieux résoudre », le discours persuasif et la stricte méthode ; Port-Royal lui a légué de sa rigueur et de son goût des nouveautés. Mais aussi, par un extraordinaire contraste, nul ne fut plus de son époque et de son heure que ce pénétrant admirateur de Darwin, que ce Sage habile à dégager les beautés secrètes du vieil axiome : « Tout change, excepté cela même qui change. »

Aussi j'estime ce contemporain comme le mieux doué des penseurs. Il est armé d'une dialectique savoureuse, celle même qu'utilisa, au siècle de Louis XIV, le langage peut-être le plus clair et le plus circonspect qu'on ait

mis au service des idées. Il possède à fond cette culture
historique et scientifique qui fait qu'on ne s'ébahit plus
devant les aphorismes des pédants et les formules des laboratoires. Il s'est proposé le but admirable de concilier ces
deux principes que seules croient irréconciliables la foi
médiocre et la mauvaise foi : la religion et le progrès.
Il est, dans le domaine du raisonnement, le champion de
l'Eglise militante.

Avec cela, ce traditionnel de haute allure est indépendant comme pas un. Je crois que nul, parmi ses pires et
nos pires adversaires, ne lui refuserait cette vertu. Pour
les honneurs qu'il a lentement conquis, il s'est imposé,
on ne l'a pas choisi. Je ne me permettrais pas un tel
éloge, étant moi-même ami de l'indépendance, si M. Brunetière ne savait que je n'ai rien à attendre de lui, rien
que l'agrément de le lire et de l'écouter.

Cette horreur de l'intrigue et de la sournoiserie, il la
porte dans son argumentation. Celle-ci n'est pas touffue,
comme le croient quelques détracteurs qui ne le lisent
point. Elle n'est pas souple, ni ondoyante. Elle aborde
les obstacles de front, les contourne en stratège, les con-
quiert de haute lutte Si vous n'avez encore eu ce plaisir,
hâtez-vous d'assister à une conférence de M. Brunetière,
le meilleur orateur de ce temps, à mon avis. D'abord
parce qu'il ne parle que quand il a quelque chose à dire.
Ensuite parce que le ton âpre, le style abrégé, la véhémence du débit et du geste même témoignent d'un constant effort à serrer, étreindre la sincérité... la sincérité
qui est, plus loin et plus humainement que la vérité et
que la justice, tout ce dont nous puissions témoigner
ici-bas.

M. Ferdinand Brunetière est un de ces privilégiés que
leur passion des paroles sincères, telle qu'une projection
immédiate de l'âme, entraîne irrésistiblement dans tout
le domaine de la critique, depuis celle des genres littéraires et des formes d'esprit, des personnalités et des
tempéraments artistiques, jusqu'à celle de l'Histoire,
jusqu'à celle des tournures morales, jusqu'à la suprême

et formidable question religieuse. Il m'apparaît comme rudoyé et bousculé par sa propre fougue, comme torturé par son scrupule de moraliste et de directeur de conscience. Il passe ainsi, sans hâte, non sans profit pour nous et pour lui, de la bibliothèque à l'exégèse et de celle-ci à la doctrine. Il nous renseigne sur chaque étape. Il veut que nous n'ignorions rien du parcours. Il nous tend jusqu'à ses erreurs et à ses variations, qui furent rares, à titres de renseignement. Et jamais ce pèlerin de soi-même n'a abdiqué la curiosité.

La récompense d'un zèle si constant, d'une incomparable ténacité, c'est que M. Brunetière grandit sans cesse, à mesure que, dans son ascension vers les problèmes immaculés et éternels, il découvre des horizons nouveaux. Le sens du divin se nourrit chez lui de son expérience quotidienne et d'une ardeur intellectuelle qui ne se ralentit pas, qui ne risque jamais de s'ossifier, de se pétrifier. Quelque sympathie que j'aie pour sa personne, la vie parisienne est ainsi faite que je n'ai pas eu plus d'une dizaine de fois l'occasion de m'entretenir avec lui. De ces rapides rencontres, il m'est demeuré l'impression d'un bouillonnement de projets et d'intentions, derrière un regard dont la franchise tient à bien fixer, établir et délimiter la conviction présente. Ainsi, j'ai pu discerner en lui un frénétique pondéré et un explorateur certain d'aboutir. Son inquiétude est grosse de sa sérénité.

L'idée fondamentale de M. Brunetière, telle qu'elle ressort de cette nouvelle série des *Discours de Combat* — si justement nommés, — c'est qu'il ne faut pas laisser s'accréditer la fausse légende du catholicisme opposé au progrès, de la foi ennemie de la science, c'est qu'il faut détruire par la racine les sophismes dont se nourrit l'anticléricalisme actuel.

L'espoir en Dieu, la doctrine du vrai Dieu, la parole du Christ sont immuables dans leur essence, nous dit-il. Mais ni cette espérance, ni cette doctrine, ni cette parole ne se considèrent comme dépossédées de cette liberté intérieure qui règle tout le transformisme ici-bas. C'est en

elles au contraire que cette liberté, inconnue du paganisme,
a trouvé sa direction et ses fanaux pour la dure traversée de toutes les tyrannies, de toutes les ténèbres, de
toutes les oppressions, de tous les schismes. Certes le
dogme ne change pas, mais les lumineuses avenues que
le dogme creuse dans l'âme humaine contractent des
rapports nouveaux. La prière demeure éternellement la
clé de la conscience. Mais la conscience enrichit sans
relâche, et grâce à l'oraison, son domaine intime et
suprasensible, de sorte que la prière donne accès à des
extases, à des contritions sans cesse plus nombreuses et
fructueuses.

Historiquement, d'ailleurs, cette théorie n'est guère
discutable. La plupart des grandes « nouveautés » des
temps modernes ne furent que des schismes religieux,
des greffes de la raison sur cet arbre immense de la foi
qui ombragera nos petits-fils comme il ombrageait nos
ancêtres. Mais dès que la raison lève et bourgeonne ici
ou là, elle s'imagine qu'il faut combattre et elle déclare
momentanément la guerre à ce dont elle est une bou-
ture. Le chapitre intitulé l'*Œuvre de Calvin* est une
éloquente démonstration de ce fait. M. Brunetière a bien
compris, et il expose, avec magnificence, que le rationalisme contemporain n'est lui-même qu'un schisme
greffé sur la Réforme, que le criticisme d'Emmanuel
Kant est une chapelle dissidente creusée dans l'ouvrage
du célèbre réformateur : *L'Institution chrétienne ;* que
l'*Origine des espèces*, de Darwin, cette histoire des
variations organiques, est un chapitre de l'histoire des
variations religieuses, celui qui succède au monument
du cardinal Newman, à l'*Essai sur le développement de la
doctrine chrétienne :* Darwin ou le schisme de la Genèse.

Il n'est pas douteux que le *Contrat social* de Rousseau,
protestant de Genève, soit, lui aussi, une déviation, une
déformation, une monstruosité, si vous voulez, de ce
tempérament chrétien qui donna aux mots Liberté,
Egalité, Fraternité, une valeur que devait galvauder la
Révolution. L'étude que M. Brunetière consacre à la

Solidarité est bien amusante comme remise au point de
théories et d'hypothèses qu'a confondues, en un inextri-
cable pathos, le philosophe de la Marne, M. Léon Bourgeois. Il est certain qu'en un tel débat M. Léon Bourgeois n'est pas de force. Quand, dans les séances de
logique, le président se permet de rappeler à l'ordre
M. Brunetière, c'est le président qui paie l'amende. Un
dialecticien, même supérieur à l'apôtre radical de la solidarité, se ruinerait à ce jeu-là.

Je m'étais promis de vous citer, chemin faisant, le
texte même de M. Brunetière et voici que je n'en trouve
pas la place, tellement notre auteur est nourri, tellement
il est cohésif. Il faut étudier et mûrir lentement dans la
solitude, non dans la précipitation d'un article de
journal, les motifs d'espérer et les raisons de croire, tels
que les énumère cet esprit sagace et obstiné. Entre
ceux qui essaient de nous démontrer comment les
dogmes finissent et ceux qui nous racontent comment
ils renaissent, lui établit comment ils évoluent. Ces
questions ardues et complexes sont élucidées par lui
de telle manière qu'elles semblent, après lecture, res-
sortir presque de l'évidence. Cet écrivain s'impose dans
le moment même qu'il expose. Il est impétueux mais
nullement acerbe, et il commence toujours par orner
son contradicteur d'arguments si bien choisis que l'on
se demande comment il arrivera à détruire par la suite
ce qu'il vient, si généreusement, d'édifier.

Le plus beau joyau de l'ouvrage, et son fermoir à mon
avis, car il ajuste toute l'armure, c'est l'étude sur Taine.
Il y a là des remarques de M. Brunetière sur l'auteur de
la *Littérature anglaise* et de *l'Intelligence* qui pourraient
excellemment s'adapter à M. Brunetière en personne, la
secrète sympathie d'un critique sincère pour un autre
critique sincère. Si divers par tant de côtés, ces deux
hommes furent de même trempe. Ils eurent, chacun, une
individualité assez forte pour assimiler toute leur
époque sans subir en rien ses préjugés. Est-ce là ce qu'on
appelle régenter ?

En vérité, l'heure est singulière.

Dans cette démocratie, qui est poussée à détruire par l'ignorance de ses meneurs, encore plus qu'elle n'éprouve de joie à détruire, il y a une élite énergique et impavide qui ne s'occupe qu'à réédifier. Les dynamiteurs pullulent, mais de laborieux architectes surgissent au milieu des ruines, témoignent, par leur tranquille puissance, de la vitalité qui sauve encore notre pays.

Alors qu'au sortir du dix-huitième siècle impie, mécaniste et pressé de conclure, quand il n'était pas obscène et frivole, le génie sensible de Chateaubriand ralluma la foi dans les cœurs, M. Ferdinand Brunetière, aujourd'hui, lave des souillures du matérialisme la haute raison, qui accepte le dogme et respecte le besoin de croire. La pensée traditionnelle peut le saluer avec fierté, et j'ajouterai, avec tendresse.

LES ROSES FLÉTRIES

L'ancien poète des *Noces Corinthiennes*, que vient de jouer si malencontreusement l'Odéon, l'actuel chantre des noces dreyfusardes, M. Anatole France, nous offre le douloureux spectacle d'un sceptique transformé, sur le tard, en sectaire. Comme son maître Renan l'apostat, il s'évade du Banquet de Platon, du repas de sérénité philosophique, par la mauvaise porte, la porte basse, avec un air courroucé et une couronne de roses flétries.

C'est là le châtiment habituel de ceux qui abusent du don de sourire. L'ironie n'est pas une attitude morale qui convienne à tous les moments de la vie. Alors qu'elle restreint l'enthousiasme, elle devient pernicieuse et empruntée. Quand elle s'attaque à la légende, elle est aisément vaincue par elle. En ce moment même, l'auteur du *Lys rouge* entreprend de nous raconter Jeanne d'Arc. Il est à craindre qu'en dépit de la critique des textes, des arguties melliflues, de la souple cadence des phrases, la vierge inspirée et guerrière, celle que le m'as-tu-entendu Jaurès traita naguère si effrontément de cabotine, ne triomphe avec aisance d'un historien si peu fait pour elle. Vous remarquerez que la mémoire de N.-S. Jésus-Christ n'a pas trop souffert des sarcasmes masqués de candeur, des blasphèmes ingénus, du pittoresque venimeux que

lança contre sa divinité le mauvais pèlerin de la prière
sur l'Acropole.

L'ironie, chez M. Anatole France, est devenue un tic de
la face, une sorte de crispation, une grimace. D'ailleurs
elle n'est plus éclectique, ni sagace, ni même indépen-
dante. Par la bouche amère de son Bergeret, il l'applique
à la tradition nationale, à l'Eglise, à l'armée, à l'héroïsme,
mais il ne l'applique pas aux révolutionnaires, à la défense républicaine, à la clique soldée.

Nous avons présentement affaire à une raillerie de partisan. Cet ironiste siège à l'extrême gauche. Il a les superstitions maçonniques. Son vocabulaire d'humaniste
dissimule mal le genre de convictions aigries et renfor-
cées qui animent un Brisson ou un Bourgeois. Voilà qui
est infiniment triste.

Livrez-vous au petit travail auquel je viens de m'appliquer. Dépouillez de leurs périodes aimables, de leur
nombre, de leur enjouement, les trois récents volumes
qui s'intitulent l'*Orme du Mail*, le *Mannequin d'osier*,
M. Bergeret à Paris. Vous verrez alors comment ont
tourné les anciennes opinions de M. Jérôme Coignard, ce
qu'est devenue la philosophie du rôtisseur de la Reine
Pédauque, le bohémianisme de Choulette du *Lys rouge*.
Tels les vociférateurs du café de Madrid, les théoriciens
de la Commune devinrent par la suite ministres, ambas-
sadeurs et fonctionnaires.

Il n'y a rien dans le langage du professeur Bergeret
qui puisse déplaire à Millerand, et si Leygues le Disert
rencontrait ce gaillard-là sur ses fiches, il lui donnerait,
n'en doutez pas, de l'avancement et une croix de la Légion
d'honneur.

Ce pour quoi plaide M. Anatole France, grimé en Bergeret, c'est l'internationale, c'est « tous les hommes sont
frères », c'est la métaphysique du caboulot, la religion
du Dieu soleil. Cet esprit de haute culture est sorti de la
bibliothèque où il consultait Platon et Plotin, où il reli-
sait les contes philosophiques de Voltaire et s'assouplis-
sait aux somptueuses périodes de Gustave Flaubert; il a

quitté ce que Montaigne appelait « sa librairie » pour passer d'emblée aux réunions publiques, aux écoles du soir et du grand soir. Il n'a guère connu l'air pur ni le contact direct de la vie.

C'est ce qui donne à l'œuvre de M. Anatole France, charmante et prenante en certains endroits, ce parfum de renfermé qui va en s'accentuant des premiers livres vers les derniers, cette odeur qu'ont les salles d'étude, les galeries des antiques, à laquelle se mêle vers la fin, pour notre étonnement, le fumet des clabauderies politiques de la gargote des frères et amis. Nous aurions pu prévoir, en somme, une semblable métamorphose. Quand M. Anatole France nous contait ses voyages, il entrait dans les villes par l'histoire, il en sortait par le musée. De même qu'il est pour les lettres françaises un ornement, non une nécessité, la haute culture, pour son esprit, était une surcharge plus qu'une aide. Il s'en est débarrassé violemment, quand il voulut aller à la vie, par la ressource commode de l'anarchie.

Joignez à cela qu'il était doux pour ce sceptique, pour ce rôdeur de la pensée universelle, pour ce tâtonnant de toutes les croyances, d'entrer en courant, afin de s'y reposer, dans la geôle d'une conviction fixe, celle-ci fût-elle aussi maussade et mal meublée que le positivisme sectaire : « Enfin, me voilà donc prisonnier ! » dut s'écrier M. Anatole France, quand il lut pour la première fois le Bordereau dont il devait faire son Evangile. En cours de lutte, cet amoureux de la beauté et de l'élégance intellectuelle dut bien éprouver quelques désillusions. Ses compagnons de bataille n'étaient pas tous de son niveau. Certains propos, même conformes à sa nouvelle doctrine, durent le choquer et le hérisser. Mais il s'en consolait avec du vocable, qui est la chose qui lui manque le moins, et il excusait les pires insanités de ses partisans par des exemples tirés des anciens. Je crois l'entendre : « Certainement, certainement, mon cher ami. Socrate, enfin, n'est-ce pas, tout de même, devait être quelqu'un dans le genre de M. Thévenet. Mais M. Thévenet a été ministre et c'est une grande supériorité. »

Hélas, hélas, nous connaissons ce genre de sport. Renan déjà l'avait cultivé. Il peut éblouir les personnes innocentes et amuser les inhabituées, mais il ne mène pas loin. Il est le piège suprême des hésitants, de ceux qu'a lassés leur propre vagabondage dans le labyrinthe des sentiments et des idées. Ils n'ont plus au fond qu'un désir : défubler leur masque ironique, pouvoir respirer librement.

Ces réflexions me hantaient l'autre jour comme j'écoutais les *Noces Corinthiennes*. Il y avait là, naturellement, le ban et l'arrière-ban du dreyfusisme, convoqué pour la circonstance, et cela formait une claque encombrante, enthousiaste, qui applaudissait à tout propos, surtout hors de propos. Il s'agit en cette mélopée — qui voudrait bien être un drame mi-antique, mi-shakespearien et n'est en somme qu'un livret d'opéra — d'une lutte, dans le cœur d'une jeune fiancée, entre le paganisme à son déclin et le christianisme à son aurore. Aphrodite l'entraîne vers son amant, mais elle fut consacrée au Dieu nouveau par sa mère, et, ne voulant être infidèle ni à l'un ni à l'autre, elle choisit la mort comme échappatoire. Il apparaît, en cette œuvre sommaire et verbeuse à la fois, que M. Anatole France, quand il la conçut et l'exécuta, était déjà prédisposé à la prédication pour le kapitaine. Ses tirades contre le christianisme sont d'un péripatéticien de la franc-maçonnerie.

Il nous représente la foi des évangiles comme une superstition de ténèbres et de douleurs, le culte de Vénus et de Jupiter comme une sauvegarde de lumière et de joie. Il semble qu'il ait oublié le déluge de sang qui couvrait les autels païens, le sacrifice d'Iphigénie et des autres. Sa punition est que son anticléricalisme s'exprime ici en vers de mirliton et qu'il ne retrouve un peu d'envergure que dans les parties purement lyriques. Ecoutez en quels termes Hippias, c'est le héros de cette morose cérémonie, s'adresse au « Dieu des Galiléens » :

Je te connais enfin, esprit gonflé d'envie,
Spectre qui viens troubler la fête de la vie,
Mauvais démon, armé contre le genre humain,
Qui fais traîner le chant des pleurs sur ton chemin.

Ces vers-là seraient de M. de Lanessan ou de M. Trouillot que je ne les en estimerais pas davantage. Mais à peine résonnaient-ils dans l'enceinte de l'Odéon que l'armée des énergumènes trois points poussait des rugissements d'admiration. Ils avaient un « penseur » avec eux ! Tant pis pour M. Anatole France s'il porte la peine d'un pareil entourage.

La dernière fois que j'ai eu l'occasion d'entendre causer librement M. Anatole France, lequel, entre nous soit dit, abuse un peu de l'anecdote préparée, genre excellent, mais fatigant à la longue, c'était à un petit dîner d'hommes de lettres qui ne devait avoir lieu qu'une fois. Etaient présents, outre l'auteur de *Thaïs*, mon père, MM. Emile Zola, Paul Bourget et Maurice Barrès. L'Affaire venait d'éclater. Il fut curieux de voir comme déjà les positions étaient prises, comme déjà l'amour de la controverse et de la comparaison d'écritures s'installait en certains convives et en révoltait d'autres. Je ne fus pas alors médiocrement surpris de constater en M. Anatole France un matérialiste ardent que je ne soupçonnais guère. Depuis j'ai compris.

Je considère aujourd'hui M. Anatole France comme le plus bel exemple d'une âme de révolté qu'a recouverte, assouplie, engourdie pour un temps, une éducation traditionnelle. En vain l'auteur des *Opinions de Jérôme Coignard* et de *Thaïs* chercha à apaiser dans la critique contemporaine et dans l'étude de l'antiquité la soif de dissertation destructrice et de rationalisme anarchique qui le dévorait. En vain le voltairien qui était en lui tenta-t-il à maintes reprises de s'embarquer pour les îles bienheureuses. Il a débarqué à l'île du Diable. Bien sûr il n'écrira pas la *Pucelle*. Il a encore la main trop fine. Mais vous pouvez être sûr que son histoire de Jeanne d'Arc sera un blasphème déguisé. Toutes les délices ambiguës de son style ne rachèteront pas une vue volontairement amoindrissante, qui est en lui, quant aux miracles de l'héroïsme. Son âme prime son éducation. Sa révolte prime son élégance acquise, je veux dire son charme de lettré.

Néophyte de la mauvaise science, celle qui combat la religion, il fait de sa doctrine un dogme obscur; il mettra désormais au service des plus vulgaires conceptions — humanitarisme, abolition des armées, des patries, des frontières — une langue limpide, agile et savoureuse, manteau de soie et d'or qui longtemps nous dupa sur un organisme assez faible, formé de pièces et de morceaux. Souhaitons seulement que les neuf muses ne l'entraînent pas jusqu'aux tréteaux du socialisme, que cette délicieuse ballerine ne devienne pas, comme apothéose, un sauteur.

LES ENFANTS ET LES PÈRES

Sous ce titre, les *Amitiés Françaises*, qui signifie élégamment les affinités de sang et d'esprit, M. Maurice Barrès vient de publier un livre délicieux, parfumé de sagesse et de tendresse, sur les devoirs moraux du père envers son fils. Ce manuel de l'éducation traditionnelle tombe à son heure exacte en un moment où de malheureux égarés — par l'alcool, la secte et l'ignorance — soutiennent cette monstruosité que les droits de l'Etat sur l'enfant doivent primer et supplanter ceux du chef de famille.

J'ignore si les fuligineuses affirmations du Foottit sénatorial M. Lintilhac, si les vineuses théories du Chocolat de la marine M. Pelletan, prévaudront ; mais à coup sûr l'enseignement selon ces piliers de la démagogie, c'est-à-dire anarchiste et révolutionnaire, n'atteindra pas le jeune Philippe Barrès aux cheveux blonds et bouclés, au regard lucide et candide. Son papa a eu soin, en effet, de placer devant ses regards des tableaux familiaux et patriotiques, colorés par son verbe subtil et puissant, dessinés par l'émotion intérieure et que rien, jamais, n'effacera.

M. Maurice Barrès, en tant qu'éducateur de son cher petit Philippe, a fait sienne cette parole de Gœthe que la poésie et la réalité sont deux inséparables sœurs. Le lyrisme ne vaut que s'il transforme et exhausse les spectacles les plus fréquents et les plus simples. Ceux-ci ne prennent leur valeur vraie que s'ils se prolongent en un peu de rêve : « Si nous cherchons le meilleur dressage pour qu'un enfant se fasse de convenables amitiés, il faut d'abord que son imagination se forme en toute confiance auprès de ses parents. Une magnifique condition, c'est ensuite que le pays où il habite, au lieu d'être une chose inanimée, un milieu morose, devienne une influence. Toute région présente une pensée et cette pensée demande à pénétrer les cœurs. »

C'est en vertu de ces principes que l'auteur, né Lorrain, promène son fils sur les coteaux de Sion Vaudemont, puis à Domremy pour lui enseigner l'héroïsme provincial et national. Il le met en contact, ce petit être fragile et vibrant, avec les sources de sa race, soit qu'elles jaillissent frémissantes du rocher originel, que menaça de tout temps l'invasion allemande, soit qu'elles se mêlent au grand fleuve français dont les Anglais entravèrent le cours. Ce père montre à son enfant des images ; mais au lieu que celles-ci soient extérieures à l'élève, elles faisaient déjà obscurément, par l'hérédité, partie de son bagage sensible, de sorte que la démonstration paternelle ne fait que les réveiller, les affirmer, les ennoblir.

Merveilleuse méthode, et qui prouve bien qu'il n'est d'instruction profonde que familiale ! Que l'Etat vole son fils à l'écrivain et essaye de persuader à ce jeune patriote par legs sentimental que l'idée de Revanche est une insanité et que le Nationalisme n'existait pas avant la Révolution, le poison sera inefficace, car Philippe Barrès aura, dans le cœur, les veines et l'esprit, de quoi résister à tous les venins : l'ébranlement de nobles spectacles, le frisson de la musique militaire et l'écho de la voix paternelle, précise et poétique, renforçant la voix plus lointaine et instinctive des ancêtres. Son papa a mille fois raison, physiologiquement et psychologiquement, quand il affirme qu' « un petit enfant chez qui l'on distingue et vénère les émotions héréditaires... tout au cours de sa vie, dans son fond, possédera une solidité plus forte que toutes les dialectiques, un terrain pour résister à toutes les infections, une croyance, c'est-à-dire une santé morale. »

C'est une mode, même chez les Apaches, d'alléguer à tout propos la Raison. Les primaires — auxquels s'adjoignent quelques candidats aux portefeuilles laïques, tels que M. Marcelin Berthelot — ont le goût des déesses symboliques. Ils aiment à dresser des autels abstraits sur des convoitises de carton. Dans le fait, la raison — avec un petit r — est un équilibre qu'une longue culture, une longue expérience et le sens parfait des réalités, permettent à quelques rares personnes privilégiées d'atteindre de quarante à cinquante ans. Elle est le fruit du développement, de la maturité cérébrale, et elle comporte la modestie, le respect de l'opinion adverse. C'est dire qu'elle ne hante ni les sectaires, ni les orgueilleux, ni les enfants. Elle est un état rarissime et suprême de l'intelligence, non un outil capable de modeler des intelligences en formation.

C'est ce qu'a parfaitement compris et expliqué cet ami de la vie vivante qu'est M. Maurice Barrès. Certes, il souhaite que son enfant atteigne un jour à la plus grande somme de raison, mais, pour lui permettre d'accomplir ce pénible voyage, il fortifie ses instincts nobles, il l'encourage dans la voie droite, vicinale, régionale, puis nationale, qui mène à l'idée capitale, celle de patrie. Il le conseille aux croisements de route, lesquels sont aussi les entrecroisements du doute qui retarde et du scepticisme qui égare, il le renseigne sur les pièges, les sophismes ; il lui murmure en pressant sa mignonne main : « Guide-toi, mon chéri, d'après ton cœur... » Et je ne sais rien de plus émouvant que ce père, qui connaît la célébrité, le mécanisme de la joie et de la douleur, et qui garde pour lui sa science dure, ne guide son petit continuateur qu'à l'aide d'émotions douces et de songeries dosées.

Ainsi Philippe a chance d'être un jour un homme complet et tenant à sa race, fort de sa légende, au milieu de tous les déracinés, de tous les désarticulés, de tous les errants, fils de l'éducation révolutionnaire, qui rôderont demain, entre le dégoût et la déchéance, sur les terrains vagues de la Raison maçonnique. Ainsi Philippe saura de bonne heure qu'il n'est qu'un grain dans un chapelet, une feuille dans un arbre... généalogique. Il s'émancipera plus tard dans *sa* ligne, celle qui continue *sa* tradition, non par le biais ni par le recul, et tous les efforts des cuistres ou des farceurs ne le détacheront pas de ses amitiés, qui sont les liens et les étais de sa volonté. Il aura appris en s'émouvant, sous une tutelle ingénieuse et prévoyante.

En vérité, ce livre de Barrès peut et doit être médité par la plupart des pères de famille. Aujourd'hui, on dénie leur droit. Bientôt on le supprimera en fait. Qu'ils s'entraînent donc à le rétablir. Il n'est pas de maison si humble qu'elle n'ait ses dieux lares et ses mânes et ses annales en raccourci. Que le chef responsable explique ces images à son enfant. Qu'il le mène parmi les paysages où s'est écoulée la vie des aïeux. Qu'il lui fasse toucher le crucifix devant lequel ont prié les grand'mères, le sabre qu'a conservé et transmis, des luttes d'autrefois, le grand-père. Qu'il lui inculque, par le délicat maniement, le respect et la préservation des reliques. Tout ce qui nous tint au cœur n'est-il pas relique, et la croyance en Dieu n'enferme-t-elle pas toutes nos petites vénérations, celles qui donnent une signification et un but de sauvegarde à notre bref passage ici-bas ?

L'école étatiste et matérialiste, qu'on nous prépare en ces temps absurdes, enseignera l'oubli, le mépris des choses saintes et l'orgueil. Elle effacera du passé, qui est plein, ce qui dérangera son absurde doctrine, et remplira l'avenir, qui est vide, avec des utopies haineuses. Elle essaiera de morceler et diviser cette âme fragile et impressionnable de l'enfance, qu'a déjà morcelée et divisée le divorce. Du père qui conseillera de faire sa prière et de donner son sang pour la patrie, ou du maître qui enjoindra de jeter le Christ à la voirie et de fusiller les généraux par derrière, qui le malheureux nourrisson de la laïque devra-t-il croire ? Entre ces affirmations inconciliables, ces thèses contraires et irréductibles, ne risque-t-il pas d'être écartelé, tiraillé ? Il sera le terrain de nos querelles politiques et sociales, l'innocente victime de nos dissensions.

Mais si chaque chef de famille, dans sa mesure et selon ses moyens, imite l'exemple de Barrès, l'instruction d'Etat, le rudiment venu du dehors ne prévaudront pas contre l'éducation par les images héréditaires. Une antithèse qui n'émeut pas ne fera qu'assurer et rendre plus attrayante et plus belle une thèse chaque jour enrichie d'exemples. Il y aura encore lutte, mais lutte inégale et au profit de la croyance et du patriotisme. L'enfant souffrira, mais d'une souffrance féconde, qui le ramènera violemment à la doctrine de ses pères, de son père, et l'arrachera à l'anarchie.

Je vais vous citer un exemple, chers lecteurs, parce que, si le moi est souvent haïssable, il est parfois indispensable. La première leçon sur le pessimisme — que nous fit à Louis-le-Grand feu Burdeau, de républicaine mémoire — m'avait rempli de dégoût et d'amertume. Je rentrai chez moi la tête farcie de visions moroses et de perspectives désenchantées. Mon père, qui s'occupait de mon moral autant que M. Maurice Barrès de celui de Philippe, détruisit en quelques minutes ce travail déplorable du maître. Il me démontra, par l'exemple, la fausseté de ces doctrines métaphysiques allemandes, qui obscurcissent, comme leurs brumes, tout le ciel, toute la terre, et prédisposent aux plaintes stériles. Il me débarbouilla de Schopenhauer, de Hartmann, de toute la clique sombre à lunettes d'or. Désormais, les arguments de Burdeau ne firent qu'accentuer ma révolte, mon amour pour la vie et la clarté françaises.

Il en sera de même chaque fois qu'à la notion, fragilement greffée par l'Etat, le chef de famille opposera la

réalité venue de loin, la réalité de la race. « Père, dira
l'enfant, est-il vrai, comme le prétend le maître, d'après
MM. Berthelot et Furnemont, que tous les Français aient
été des imbéciles, tant qu'ils faisaient leur prière du soir,
et que la science soit destinée à remplacer lundi matin la
croyance ? — Mon chéri, répondra le père, Pasteur avait
beaucoup plus de génie que M. Berthelot, Pascal était encore
plus intelligent que M. Furnemont et, cependant, l'un et
l'autre respectaient la prière du soir. — Alors, pourquoi
disent-ils cela, père ? — Parce que M. Berthelot voudrait
bien être encore ministre et parce que M. Furnemont,
qui est Belge, désirerait qu'on parlât de lui en France. »

Tous ces citoyens ennemis de Dieu tendent à remplacer
Dieu par l'Etat. Or l'Etat, d'après le crédo démocratique,
n'est que la volonté de tous. Il est donc entendu que la
volonté de tous opprimera désormais la volonté de
chacun. Il n'est pas, chez les sauvages, de plus grotesque
idole que cet Etat-Moloch, auquel nos mauvais prêtres
de la maçonnerie sacrifieront tour à tour les droits du
père de famille, la liberté, puis l'épargne, puis la propriété de tous les Français. Si ce Moloch ne s'affaisse pas
dans le ridicule, il crèvera d'indigestion. Mais c'est quand
toutes les richesses et tous les pouvoirs sont réunis en
un seul endroit qu'il est le plus facile à un consul, à un
dictateur, à un tyran de les emporter. Ainsi la république
jacobine est-elle, pour notre ironie, la véritable école du
césarisme.

En attendant cette prochaine et fatale revanche, ins-
pirez-vous de ce bel ouvrage : *Les Amitiés françaises*. Il
vous fournira les moyens d'une résistance intime et
victorieuse : car la loi souveraine de la nature est au-
dessus de toutes les lois. Enfreinte, elle se venge terriblement. La tyrannie révolutionnaire sera vaincue, je
vous le prédis, par la contre-révolution de la famille.

UN GRAND CRITIQUE

Il n'est peut-être pas trop tard pour dire encore quelques mots sur le grand critique dont on inaugurait le
monument l'autre jour au cimetière Montparnasse.
Sainte-Beuve est en effet de ces écrivains qu'il n'est
presque plus besoin de relire tant ils sont passés, par la
diffusion de leurs doctrines, dans nos moelles, tant ils
font partie de l'air du temps. Les analyser et les examiner, c'est, en quelque sorte, porter jugement sur nous-
mêmes.

On raconte que Taine, mourant, demanda qu'on lui lût
une page ou deux de l'auteur des *Lundis*, afin, disait-il,
« d'entendre quelque chose de clair ». Ce suprême et
magnifique éloge était mérité. La clarté et la curiosité
furent sans doute les deux vertus dominantes du prodigieux travailleur qui, pendant quarante ans — de 1828 à
1869 — ne cessa de classer et d'organiser les matériaux
de sa vaste enquête. Il n'est point de moment de notre
histoire littéraire, important ou caractéristique, sur
lequel Sainte-Beuve n'ait dirigé le jet de sa lumière,
sèche et brûlante, pénétrante et passionnée, qu'il n'ait
éclairé d'un rayon personnel et définitif.

Il est, à mon avis, de la même lignée d'esprits que
Montaigne, Bayle et Diderot. L'auteur des *Essais*, celui

du *Dictionnaire historique et critique*, le principal collaborateur de l'*Encyclopédie*, ont en lui un descendant direct. Chez ces quatre observateurs de la vie à travers les œuvres humaines, même scepticisme foncier, même ardeur à descendre toujours plus avant dans les rouages de la pensée et le mécanisme de la sensation, même souci du détail typique, même netteté dans la formule qui résume ou laisse en suspens. Chez ces quatre fiévreux de la connaissance — qui ne méconnurent le Divin que parce que l'inconnaissable les irritait — je remarque une véritable parenté et comme des regards identiques. Ils sont solides, présomptueux et fins. Leur orgueil est masqué d'une bonhomie sournoise. Les âpres plaisirs de la chasse aux raisons et aux analogies, de la découverte morale, suppléent en eux tout idéalisme.

Comme Montaigne et Bayle, comme Diderot, Sainte-Beuve a la méfiance instinctive des théories. Cette méfiance va si loin chez lui qu'elle l'écarte des idées générales. Il borne son système à faire le tour d'un individu. Il démêle, avec une extrême sagacité, l'influence du tempérament, des prédispositions, du milieu. Ce que Taine érigera plus tard en principe se trouve morcelé dans les *Lundis*, en une infinité de remarques judicieuses qui s'ébattent sur l'auteur et l'œuvre comme des fourmis sur un corps gisant. Sainte-Beuve dépèce afin de comprendre. Quand il s'acharne à une réputation qu'il croit usurpée, à une gloire prématurée ou excessive, aucun scrupule ne l'arrête plus.

Il possède une cruauté toute spéciale, faite de rapprochements et d'insinuations, dont les exemples, faciles et fameux, n'ont pas besoin d'être évoqués ici. Sa rancune, qui ne pardonne pas, est fonction de son impressionnabilité, d'autant plus vive et frémissante qu'il doit la refréner constamment. Jamais on ne vit historien plus sensible à l'actualité, érudit du passé plus attiré vers ses contemporains; de sa bibliothèque il louchait vers le monde, des grands modèles vers ses rivaux, ses émules

immédiats. De là ses qualités qui vont jusqu'à la vertu,
ses défauts qui vont jusqu'au vice.

Première qualité : l'indépendance. Sans elle, il n'est
point de critique. Sainte-Beuve secoua, comme personne,
le joug des opinions antérieures, des préjugés d'école ou
de secte. Cet incrédule sut, dans *Port-Royal*, parler magnifiquement des croyants. Il n'admit jamais que les relations amicales ou mondaines dussent intervenir dans les
appréciations littéraires. Civilisé hors de chez lui, brillant
causeur, convive aimable, il redevenait sauvage dans son
cabinet de travail et d'une sincérité intransigeante. De là
pas mal de mécontentements, de déceptions, dont la postérité ne tiendra aucun compte. Elle lui saura gré bien
plutôt de n'avoir jamais pu désaffubler ses armes.

Deuxième vertu : l'art de faire revivre ce qui est ense-
veli dans les archives, de reconstituer, avec une habileté
et un entrain inégalés, des époques, des pans de société,
d'évoquer des atmosphères et des groupes. La peinture
qu'il nous a laissée de Chateaubriand et de son entourage
ne s'effacera point, ne perdra jamais ses couleurs. Les
diverses générations de Port-Royal, des écrivains, des
solitaires, des penseurs qui s'inspirèrent de la célèbre
abbaye ont halluciné son imagination si exacte jusqu'à
faire de lui un visionnaire. Relisez, pour vous en convaincre, les pages sur le grand Arnauld, Racine, Pascal
et Nicole. Elles sont lourdes de sens, chargées de tous les
sucs de l'histoire et d'une admirable lucidité. Le fort et
le faible de l'âme humaine y sont inscrits en signes singuliers.

On lit, on devine en ces chapitres, derrière les phrases
subtiles et pressées qui moutonnent comme les flots de
la mer sur une tombe, une connaissance désenchantée
de la grandeur, de l'héroïsme et de leurs conditions ici-
bas. Il y a l'amertume Sainte-Beuve, qui n'a point son
équivalente, qui imprègne et conserve des figures si
variées, des aventures si philosophiques. Ce narrateur
plutôt désabusé entre dans les illusions théologiques de
Saint-Cyran et de ses successeurs avec des pantoufles

de dilettante. Il pénètre partout indiscrètement. Il ouvre,
sans faire de bruit, toutes les portes. Mais il n'est ni
blasphémateur, ni sacrilège, et par moments il se recueille et il réfléchit comme on prie. Cet athée arrive à
écrire, par un prodige de compréhension : « De nos jours
même, en ce temps très peu fertile, ce semble, en miracles, j'ai entendu parler à plus d'un chrétien clairvoyant de quelqu'un de sa connaissance qui s'était modifié soudainement par un coup intérieur... En un mot,
bien que sans écho retentissant, n'y a-t-il pas toujours
lieu au tonnerre et à la voix, sur le chemin de Damas ? »

En cette œuvre austère et sereine il est poète, bien
plus que dans *Joseph Delorme*, les *Consolations* et les
Pensées d'août, qui donnent une impression d'infanterie
montée et non de chevauchée lyrique. Sa mélancolie,
pour être noble et hautaine, a besoin de s'appuyer sur la
mélancolie des autres. Ce cœur de sceptique palpite surtout quand il s'approche du cœur des croyants, quand il
modèle son rythme sur le leur, selon ce mimétisme critique, qui atteint, chez lui, au génie. Dans son roman de
Volupté, il y a presque une tendance mystique.

Une autre fois, il fut vibrant et comme transporté hors
de lui-même. Je parle de l'étude sur Lamennais et la
colonie idéologique, que l'auteur de l'*Indifférence en
matière de religion* essaya de fonder à la Chesnaye, à
l'imitation de Port-Royal. Mais la plupart du temps, dans
ses monographies et ses portraits, il se défend de tout
enthousiasme, de toute sympathie, de tout penchant. Il
vise à n'être, en toute circonstance, qu'un naturaliste qui
échantillonne, qui établit des catégories : « Tel contemporain notable, qu'on a bien vu et bien compris, vous
explique et vous pose toute une série de morts... Un individu bien observé se rapporte vite à l'espèce qu'on n'a
vue que de loin, et l'éclaire. »

Le vice d'une telle méthode, quand un idéal ne la soutient pas, c'est qu'à collectionner des tournures d'esprit
et à chercher éperdument la petite bête, on devient vite
une sorte de maniaque, un curieux du défaut, de ce qui

avilit et dégrade. Sous prétexte de serrer la réalité de
près et de définir par le genre et l'espèce, on se prend à
recueillir le racontar, le bas potin, on fait état de la médi-
sance. L'implacable investigation de Sainte-Beuve le
conduisit jusqu'à la perfidie. Il eut l'annotation vireuse
et le sous-entendu sans mansuétude.

Envers ses plus notoires contemporains, de préférence
il se laissa aller à son humeur. J'imagine qu'aux Champs-
Élysées, où fréquentent après leur décès les bons écrivains, dans une immortalité suracadémique, les ombres
de Balzac, Musset, de Vigny, Hugo lui-même doivent
bouder l'ombre de Sainte-Beuve qui prend sans cesse des
notes à l'écart sur ses mystérieux carnets. Chaque fois
qu'un cher camarade disparut, il lui servit un plat de sa
façon, une sauce économe de laurier. Il fut injuste,
envers ces riches, à la manière d'un parent pauvre. Il
accueillit, sur leur compte, les pires commérages. On vit
transparaître, sous la critique, une sorte de concierge
empoisonnée.

Jetons un voile. Ce vilain côté fut le châtiment d'un
matérialisme qui, chez un esprit de cette envergure,
attestait un défaut de vision et de perspective. Cette
œuvre touffue manque de ciel et d'air, de prise sur l'infini. Elle agrandit et scrute la face humaine au point de
ne nous faire grâce d'aucune verrue. Il y a un joli mot
de Senac de Meilhan sur Duclos, qui venait de publier
son histoire de Louis XI : « Duclos ne connaissait bien
que les personnes chez qui il avait soupé. Il n'avait pas
soupé chez Louis XI ». Sainte-Beuve, lui, au contraire, ne connaissait bien que les personnes chez qui il
n'avait pas soupé. Le contact et le voisinage soulevaient
en lui un tourbillon d'antipathies irréductibles... Il ne
regardait pas assez souvent les étoiles. J'entends par là
que, même à un faiseur de portraits, un peu de contemplation est nécessaire.

Tel quel, il fut le père de la critique contemporaine,
qui s'est tellement élevée et élargie par les efforts de
Taine et de ses successeurs. Il la mit sur le chemin des

idées, des échanges intellectuels et des correspondances.
Il la fit juge de la valeur humaine dans ses métamorphoses. Il établit des repères indispensables et traça des
lignes de démarcation que l'avenir observera. Si je ne
craignais d'être irrespectueux, je dirais que dans sa mé-
nagerie, dont il inventa la forme et les cages, les grands
fauves de l'esprit et de la littérature, quoique captifs et
mal nourris, conservent cependant quelque allure, im-
pressionnent encore les visiteurs et sont judicieusement
groupés, classés et étiquetés.

LE PÈRE DES ROUGON

M. Emile Zola fut un contemporain et un émule de
mon père. Il a parlé sur sa tombe avec une éloquence
émue. J'ai eu pour lui autrefois une admiration qui est
moindre aujourd'hui dans mon cœur. A qui la faute ? Les
actes des hommes déteignent sur leur œuvre, dont ils
sont, par ailleurs, une prolongation et une dépendance.
Plongés dans notre temps, participant à ses erreurs et à
ses défaillances, il nous est bien difficile de porter un
jugement sincère. C'est pourtant ce que je vais essayer
de faire, au sortir de cette représentation de la *Terre*,
qui a soulevé en moi tant de sentiments opposites.

Je vous dirai tout de suite que la pièce tirée de ce livre
brutal ne donne aucune impression de beauté. La bes-
tialité même y demeure obscure, l'ordonnance en est
plate. Cela voudrait être une tragédie, et ce n'est qu'une
contrefaçon belge du *Roi Lear*, mise à la portée des ciné-
matographes. En revanche, les défauts et verrues de ce
qu'on a appelé le *naturalisme* éclatent ici sous une lumière crue, blessante, qui vaut tous les soleils d'Antoine.

Dans l'esprit de son inventeur le naturalisme était l'introduction dans la littérature, dans tous les arts, du sentiment forcené de la nature. Il y avait à une pareille
conception quelque naïveté. Le naturalisme fut en quelque

sorte une greffe du romantisme, de la boursouflure romantique sur cette désolante philosophie de la matière qui constitua, pendant la première partie de la vie et de l'apostolat d'Auguste Comte, le positivisme.

Positivisme, naturalisme, ces mots laids, mal formés, d'apparence inculte et ténébreuse, correspondent bien aux choses qu'ils représentent, aux œuvres et doctrines dont un certain bouillonnement intérieur n'arrive pas à masquer l'indigence.

Le défaut capital, le vice fondamental de M. Emile Zola en tant qu'écrivain et que penseur, c'est le manque de culture, d'humanisme et, par conséquent, de tradition. Même si l'on ignorait sa méthode de travail, on le devinerait, lui, rien qu'à ses entassements, à ses compilations, nourri de manuels, de résumés, de travaux de seconde main, inhabile à ce choix que détermine un goût inné, à cette élimination du secondaire qui est, en grande partie, la maîtrise. Il entre dans des connaissances neuves pour lui, chimie, sociologie, physiologie, arboriculture, généalogie, ainsi qu'un enfant étonné qui toucherait à tout, inventerait à mesure un ordre inexistant et des analogies incertaines et prendrait ses plus humbles remarques pour des découvertes de première importance.

Il est indiscutable qu'il y a, dans le constructeur des Rougon-Macquart, un don d'architecte et une intuition. Il ne crée pas des sujets neufs, mais il va à ceux qui sont dans l'air. Comme tous ceux que nulle culture ne garantit contre l'immédiat frisson du dehors, il est impressionnable à l'actualité. Sa curiosité ne vient pas de lui, elle émane de son entourage, de la préoccupation politique et sociale du moment. Avant tout assimilateur, il appelle travailler, organiser hâtivement au cordeau une route où lancer des tirades pathétiques, où faire courir la foule haillonneuse et hagarde qui se bouscule par quarante volumes ; mais il croit que quand on n'écrit ni n'organise, on ne travaille pas. Tout le domaine de la finesse — je prends le mot au sens pascalien de la sensibilité en développement — lui est fermé. Il ignore aussi bien la finesse en amour, qu'en amitié, qu'en haine, qu'en admiration. Or, comme il est très orgueilleux, ce qu'il ignore il le néglige, le méprise et bientôt l'insulte.

L'œuvre de ce fruste véhément et de ce visionnaire du Trivial est ainsi telle qu'un échafaudage où apparaîtraient tout à coup, suivant une fantaisie disparate, des pièces à demi terminées, presque achevées, des gargouilles bistournées, des fausses fenêtres pour la dissymétrie. Au bas de ce monstre le constructeur lui-même, pas mécontent de son labeur, et expliquant comment tout l'avenir se modèlera sans conteste là-dessus.

Celui qui prendrait les Rougon-Macquart dans deux cents ans comme un tableau de la société contemporaine acquerrait des notions étranges. Il trouverait là une série de carrefours peuplés mais déserts, de tramways déraillés et bousculant, éparpillant des bibliothèques en plein vent, une encyclopédie de déchet. La gesticulation de notre époque y est peut-être en gambades et clameurs de réunion publique. Mais toute la quête lente et délicate de nos esprits surchargés, de nos cœurs hésitants en est absente. Aucun des beaux et vrais problèmes qui se jouent en dehors de nous n'y apparaît, que ce soit la lutte sourde et matoise entre la légende et l'analyse, que ce soit le reflux momentané de la foi laissant la sécheresse à découvert, que ce soit la restriction de la violence et la naissance d'une cruauté mineure.

M. Emile Zola sait rendre le désir qui naît du besoin et le divinise, la soif, la faim, toutes les rudes convoitises de l'animal à peine redressé. Il semble ignorer absolument qu'il est dans l'être des parties hautes, des zones réservées, des terres encore inconnues où la science ignorante place provisoirement des boussoles et des lions, à la manière des vieux géographes.

Ses procédés littéraires, qu'il cherche rarement à varier, car il a la paresse d'achever, sont : l'énumération, le contraste, l'effet oratoire et la répétition. L'énumération est, chez lui, du genre classique, semblable au dénombrement des vaisseaux et des guerriers dans Homère, avec cette restriction qu'elle porte souvent sur le négligeable. Il ne sait pas le charme d'omettre, ni le prestige de laisser entendre.

De même, le contraste est, chez ce coutumier de son propre style, le premier venu. Il arrive au premier appel, ainsi qu'un esclave humble et docile. Jamais M. Emile Zola ne cherche des métaphores dans des zones distantes ni même distinctes. L'ellipse lui est étrangère, l'ellipse, don suprême des poètes, éclair dans la nuée des images. Il vous affirmera que c'est par goût de la clarté qu'il reste ainsi dans le « ça ira comme ça », dans le « ce sera toujours assez bon pour eux ». N'en croyez rien. C'est par obstination, presque par superstition. Il a le scrupule du bâclé. Vu son grand usage de la plume, il peut bousculer avec adresse une ruée de silhouettes ébauchées, donner l'illusion du tremblement de terre par un tremblotement du terre-à-terre.

L'effet oratoire, amené à tout propos, nous révèle chez M. Emile Zola un tribun qui s'est ignoré jusqu'à ces toutes dernières années. Il laissait dialoguer son goût de la bagarre et donnait des noms différents à une série de Rougon-Macquart qui représentaient en bloc son amour de la controverse politico-sociale. Il était fatal que cet écrivain aboutît au socialisme presque doctrinaire. L'idée d'un évangile quasi-collectiviste, d'une prédication aux bords du marxisme hante depuis longtemps son esprit. Cela a commencé chez lui par un cliquetis de vocables abstraits qui se sont peu à peu revêtus de ce mélange de chair et de papier, ont senti couler dans leurs veines récentes ce mélange de sang, d'encre et de lymphe doctrinale qui caractérise les héros naturalistes. La redingote, la blouse ou le haillon remplacent ici l'armure des Burgraves.

De là naîtront *Fécondité*, *Travail* et les autres œuvres où l'appétence de la grandeur se montre plus évidente que la grandeur, et où les horions qu'échangent des instincts remplacent volontiers les joutes d'idées.

Par son manque de culture, M. Emile Zola était pré-

destiné à servir de guide et de pasteur pour l'innombrable
armée de l'instruction primaire. Il est sans conteste le
roi des métis et de tous ceux qui veulent, sur des notions
mal définies, édifier des idées générales, un système, surtout des revendications. Il administre un empire trouble
qui va de la convoitise à l'utopie, empire qu'il parcourt
vivement, laissant dans chaque province un ouvrage en
cinq cents pages, tel qu'un sommaire, une bible, un rudiment. Il tâtonne à fin de conclure.

Ses frénétiques eux-mêmes le lisent peu; ils le parcourent, préférant croire que c'est démontré plutôt que
de suivre une démonstration absente d'ailleurs ou fuli-
gineuse. Entraîné par son poids mort, il est descendu
dans ces régions du poncif démocratique où le prêtre est
un ratichon, le militaire un ramollot et le matérialiste un
ami du peuple qui tient aussi la justice et la vérité dans
sa ferblanterie maçonnique. Il est jadis parti de Claude
Bernard, tel du moins que le concevait Paul Bert, mais
il aboutit à Millerand.

Ce qui dominait cette représentation si caractéristique
de la *Terre*, c'était la joie évidente du naturalisme à
nous surprendre et à nous révolter, puis sa hâte à dresser une tribune entre deux romans et à nous prêcher
cette religion vague qu'on appelle l'humanitarisme. Il y a
ici une erreur première. Le laid ne moralise pas. La bas-
sesse n'est pas une école. Je comprends bien que
M. Emile Zola et ses disciples ou adaptateurs s'imaginent
porter le fer rouge dans les plaies. Mais ils n'y portent,
la plupart du temps, qu'un fer tiède qu'ils y laissent sé-
journer trop longtemps, et cela exaspère les plaies.

J'ai connu un temps où l'on s'irritait du coin de romance qui subsiste chez les vagabonds et les vaga-
bondes, où l'on traquait « la petite fleur bleue », comme
l'on disait ironiquement, qui pousse même sur les dé-
tritus de la société. Il me semble aujourd'hui que cette
romance criarde est encore adorable, que cette petite
fleur bleue doit être strictement épargnée et cultivée
avec ferveur. Elle est non une hypocrisie, mais une ten-

dance vers le rachat. Elle est une lueur dans la nuit noire.

La détresse humaine est un grand puits où ceux qui ont charge d'âme, écrivains, orateurs et poètes, ne doivent puiser qu'avec précaution. Une certaine boue stable et trop gluante constitue un poison mortel, et ce n'est pas en faire un contre-poison que d'écrire sur le gobelet : *antidote*. Le Christ releva Marie-Madeleine. Il ne la courba point davantage vers le sol. Or c'est vers la doctrine du Christ que marchent en rampant ceux-là mêmes qui s'imaginent la corriger ou la combattre parce qu'ils donnent à un ivrogne son nom divin.

EDGAR QUINET

Le projet de canoniser d'une manière laïque (si l'on peut dire) Edgar Quinet par le transfert de ses restes au Panthéon est une de ces idées saugrenues comme il en germe, par les jours de pluie, dans les cervelles molles de la défense républicaine. Cette façon de décorer les morts, sans les consulter, est quelque chose de singulier. Au moins voici le nom de l'auteur d'*Ahasvérus* tiré de l'oubli pour quelques semaines.

Si j'avais à définir brièvement Edgar Quinet, je dirais qu'il fut le penseur le plus qualifié de la Vieille Barbe. Comme tel, il avait droit à ces limbes mélancoliques où rôdent, au cours des siècles, les faux hommes de génie, les philosophes du vague, les architectes de chimères et les poètes de la boursouflure. Comme tel il convenait à cet enthousiasme primaire, à cette érudition primaire, à cette pseudo-culture de tribune et de carrefour où vont s'approvisionner aujourd'hui les Jaurès, les Millerand, les Clemenceau, les Ferdinand Buisson. Comme tel il méritait, pendant toute une législature, d'être le Roi de l'école du soir.

Il y a bien un point sombre dans son affaire : il aima passionnément sa mère, dont il admirait la rigidité calviniste, et sa patrie qu'il vit, dans sa jeunesse, tantôt alarmée et tantôt glorieuse. Le bruit des tambours, le frémissement des armées en marche étaient demeurés dans sa mémoire. C'est par ce côté traditionnel qu'il se rachète de tout son fatras et qu'il vaut encore à nos yeux. Mais l'orateur officiel ou officieux, qui fera son éloge du fond des cryptes froides et sonores, devra se taire soigneusement là-dessus, s'il veut obtenir sa récompense, pêcher, comme tant d'autres, en tombe trouble.

Il eut le malheur de vivre dans le même temps qu'un écrivain aussi fameux que lui quant aux idées, mais incomparable quant au langage, à l'élan lyrique, lequel suivit aussi la doctrine révolutionnaire, dénonça également les progrès du cléricalisme (1) et les entreprises de la réaction, chanta la *Marseillaise* et le *Ça ira* d'une voix beaucoup plus souple et nuancée. J'ai nommé Michelet, visionnaire de la démocratie, héritier de Rousseau pour la secte et de Chateaubriand pour l'éloquence, chez qui la fièvre romantique se hissa parfois jusqu'à l'hallucination de l'histoire. De sorte que le pauvre Quinet obtint cette destinée néfaste de demeurer ce qu'au lycée on appelle un bon second. Il n'est que cela et il ne restera que cela.

Comparez, pour vous en convaincre, cette œuvre charmante, claire et vivace comme une aube, qu'est *Ma Jeunesse*, de Michelet, et ce navrant recueil de poncifs et d'anecdotes insignifiantes prétentieusement intitulé *Histoire de mes idées*, par Quinet. Voilà cette dernière résumée, dans une étude à la suite, par la dévouée compagne de l'historien : « Le premier nom qu'il apprend à aimer, c'est Voltaire. Le premier morceau de musique, la *Marseillaise*. Sa première notion du droit d'autrui, la guerre de l'indépendance espagnole. Sa première peine, l'exil de madame de Staël. »

Ajoutons à ces renseignements que le peu d'originalité qu'on remarque dans les *Révolutions d'Italie*, par exemple, vient en droite ligne de la méthode allemande, de Herder notamment, dont Quinet traduisit, avec un zèle de disciple, la célèbre *Philosophie de l'histoire de l'humanité*. Il écrivit même, à cette occasion, à l'âge de vingt et un ans, une sorte de préface hyperbolique et sibylline où se trouvent en germe tous les défauts et toutes les bizarreries de l'avenir. N'oublions pas cependant (je signale le fait à nos humanitaristes de gouvernement) que, dans un des plus intéressants chapitres de ces *Révolutions d'Italie*, l'évocateur du démembrement et de la décadence de la péninsule les explique de la manière suivante : « Enfin, pendant que le reste de l'Europe ne vivait que de la guerre, l'Italie, comme on dit aujourd'hui, désarme. Cette opinion, que quelques esprits ont cherché à faire prévaloir de nos jours, que la guerre est un legs de la barbarie, que le temps en est fini, que la pensée toute seule doit désormais combattre, ce sentiment est embrassé prématurément par les Italiens.... » Renvoyé, pour plus mûr examen, à M. Ferdinand Buisson et à la commission panthéonesque. Il est bon de connaître avant de célébrer.

Edgar Quinet fut, avant toutes choses, un littérateur debout, un conférencier verbeux et disert, mélange de prédicateur et de tribun très conforme à cette période romantique où l'on mettait du panache à l'érudition, des bottes polonaises au libéralisme, qui appuyait l'émeute sur l'histoire, et les barricades sur la logomachie. Il eut cette gloire courte d'inventer le mysticisme révolutionnaire : « Pour moi, j'estime que toute la France a communié le jour du serment du Jeu de Paume. L'enthousiasme désintéressé pour la cause de l'univers, n'est-ce pas aussi la nourriture des anges? » Ces deux phrases extravagantes vous donnent le ton des leçons tumultueuses du Collège de France sur le Christianisme et la Révolution française. Cette abominable et sanglante anarchie, qui s'étend de 1789 à 1800, est représentée comme une réminiscence, une recrudescence de la Foi, mais d'une foi terrestre, comprenez bien, d'après saint Robespierre, Saint-Just, saint Guillotin. La Terreur est un mystérieux sacrifice qui s'accomplit hiératiquement dans les rues. On arrose de sang la fraternité pour la faire pousser, comme les petits pois.

Cette vieille doctrine du couperet idyllique et de l'étoile qui guide les mages jacobins vers l'émancipation du divin peuple enfant, cette folle et sacrilège parodie a son origine dans ce livre. Le style est ici digne des idées. Il re-

lève de la déclamation à froid et de la rhétorique gesti-
culée. C'est l'Apocalypse mise à la portée de toutes les
intelligences : « J'entends la voix de sainte Thérèse...
Ecoutez-la... Venez donc, hâtez-vous, saintes colères du
ciel... Il faut à l'homme un levier réel pour déplacer
même un ver de terre... Saint Dominique apporte avec
lui la parole de l'Espagne. Cette parole se change aussitôt
en glaive. » On erre dans ces chapitres poussiéreux comme à
travers un bric-à-brac romantique étiqueté de fausses ins-
criptions : La pendule de Victor Hugo, le chapeau de
Michelet, le canapé d'Adam Mickiewicz. La prétention de
tous ces contemporains était d'écrire la Bible de l'émancipation, d'apporter les tables de la révolte au milieu de
la foudre verbale et des éclairs métaphoriques. Ils agitent
leurs plumes comme des glaives. Ils font « comparaître »
au tribunal de l'histoire. Ils sont à la fois la clémence et
le châtiment. Dans leur dextre se tient debout, par sa
seule force, la preuve sans réplique qu'ils asséneront sur
la tête du contradicteur.

Malheureusement la barbe d'apôtre de Quinet était
postiche, mal attachée et elle tombe dès qu'il s'agite, ce
qui fait rire les spectateurs. On voit alors un bizarre
mélange de pédagogue exalté et de puritain, sorte de
sculpteur en plein air qui malaxe le passé à sa guise,
gourmande les empereurs et les papes, renvoie les théo-
logiens à l'école. Il frotte l'un contre l'autre Grégoire VII
et Napoléon, Mahomet et Martin Luther, saint Ignace et
Calderon, pour en faire jaillir des étincelles. Il n'arrive
pas à faire de la lumière. Il écrit l'histoire universelle
avec la passion de l'actualité. Sa philosophie est « à allu-
sions », c'est-à-dire lamentable et rudimentaire.

Quand un événement ne cadre pas avec son fanatisme
à rebours, il le casse et le fourre dans sa poche : « N'en
parlons plus. » Puis il lui vient un remords. Il le ressort,
en parle, s'appesantit, mais à contretemps et de travers.

C'est dans ses douloureux poèmes en prose qu'il faut
voir le bonhomme empêtré. Hypnotisé décidément par
l'Allemagne, il voulut recommencer *Faust*, et de cette

noble ambition est sorti le plus déconcertant buisson de banalités grandiloquentes. Tout le monde parle là-dedans, les fleuves, les villes, les oiseaux et jusqu'au désert qui aurait cependant droit au silence. Personne d'ailleurs n'a rien à dire si ce n'est : « Je suis le fleuve... je suis la ville... je suis l'oiseau... je suis le désert. » On dirait une revue de fin du monde, pour un théâtre suburbain. Il se fait là une consommation d'anges déchus comme nulle part chez Lamartine, de conquérants et d'ermites comme nulle part chez Victor Hugo. Cela s'appelle *Ahasvérus*, le diable emporte l'auteur si je sais pourquoi.

Vous pensez bien qu'un vieux lutteur de ce tempérament ne négligea pas la guerre aux Jésuites. A ce grand ordre, si calomnié, si mal compris, il consacra plusieurs leçons où tous les anas qui circulent le long des brochures maçonniques et détrempent dans les bocaux de Homais sont soigneusement catalogués. On rougit pour Quinet quand on lit ces niaiseries indignes du laborieux qu'il était après tout.

Puis on réfléchit que ces jugements n'ont guère plus d'importance et de valeur que cette apostrophe du même à l'Allemagne, apostrophe dont la clairvoyante sagacité n'échappera à personne : « Adieu terre hospitalière, terre *paisible!* que puis-je te rendre pour tout ce que j'ai reçu de toi ?... Au fond de tes silencieuses vallées, jaillit encore, sous les chaînes d'Arminius, la source pure du beau moral, où tôt ou tard viendront se désaltérer les peuples qui t'entourent. »

Si le ministère le désire, je lui ferai, pour l'apothéose de Quinet, un petit choix de citations véritablement instructives. Acceptons cet heureux augure d'un régime qui choisit le moment où le feu couve pour glorifier son principal « pompier ». Mais quelle fantaisie — par Combes et son Mœrdès ! — d'aller réveiller, chez les mânes, tant de clichés ensevelis, de tirades éteintes, d'erreurs mortes après avoir épuisé leur venin !

BALZAC TRADITIONNEL

« Moi, j'aurai porté une société tout entière dans ma tête. »

H. DE BALZAC, *Correspondance*.

Il faut revenir sur le cas de Balzac, dont la hautaine statue gêne si prodigieusement nos lilliputiens démocrates. Celui que Taine déclarait être, avec Shakespeare, « le plus grand magasin d'accessoires de l'humanité », fut avant toutes choses un traditionnel. Il démêla nettement les sophismes révolutionnaires, prédit le gâchis où nous sommes, dédaigna la gloriole populaire et facile où se complurent Michelet et Victor Hugo. J'entends par là qu'il ne saurait servir de point d'appui aux détestables métis qui vont être forcés d'inaugurer son marbre. Son œuvre gigantesque et inattaquable arc-boute les idées que nous défendons. Il est de notre bord, non du leur. Les fantoches de la comédie parlementaire n'ont rien à voir avec le génie de la *Comédie humaine*.

On se rappelle la déclaration célèbre qui devrait être gravée sur ce piédestal : « J'écris à la lueur de deux vérités éternelles : la religion, la monarchie... » N'eût-il pas prononcé cet aveu, qu'on l'eût pressenti rien qu'à l'ordre qui régit son immense production. Les lois de l'organisme social y copient celles de l'organisme individuel. Balzac reconnaît, à chaque page, la nécessité de la méthode, de la hiérarchie, de l'autorité. A chaque page il dénonce les erreurs d'un pseudo-libéralisme, lequel ne peut aboutir qu'à l'anarchie, de ce suffrage pseudo-universel qui fait affleurer les plus viles convoitises, les plus bruyantes incapacités d'une nation. A chaque page il affirme son respect du catholicisme, de la patrie, de la famille, triple lien de la France moderne sans lequel la France s'éparpille, se déroute et se corrompt.

Il est juste de rappeler ici qu'un autre observateur de la vie et de la race, M. Paul Bourget vient, après une longue traversée ethnique et psychologique, d'aborder aux mêmes conclusions. Il y a là plus et mieux qu'une simple coïncidence. Le flambeau traditionnel est indispensable à quiconque veut explorer les dernières grottes du sentiment et de la pensée modernes. Toutes nos variations, tous nos malaises, toutes nos convulsions même ne sont que l'aboutissement d'une longue doctrine. Le virus révolutionnaire n'agit pas depuis si longtemps sur notre organisme qu'on ne puisse, au-delà de ses ravages, étudier des parties saines et probantes. C'est le haut mérite du romancier de venir ainsi en aide à l'historien, de remonter, par l'analyse, jusqu'aux sources de la légende.

Dans cette confession détournée qui porte le titre de *Louis Lambert*, Balzac déclare que « les plus beaux génies humains sont ceux qui sont partis des ténèbres de l'abstraction pour arriver aux lumières de la spécialité » Telle est la route de l'intuition. Et Balzac fut un intuitif. A Raymond Brücker, l'éloquent et mystique auteur du *Chas de l'aiguille*, qui lui demandait avec effroi comment il avait pu étudier tant de caractères, il répondait spontanément : « Je n'ai pas le temps de les étudier, j'ai à peine celui de les décrire. »

Ce n'était point là un paradoxe. L'œuvre d'Honoré de Balzac doit être envisagée comme la projection, par un style ardent et tumultueux, d'une de ces personnalités représentatives qui charrient dans leur hérédité toute

une société, toute une époque. Dans la lignée de chaque
homme il y eut des amoureux, des ambitieux, des avares,
des prodigues, des guerriers, des timides, des sages et
des fous. Mais il n'appartient qu'à l'écrivain de génie de
rendre, par ses livres ou ses drames, la vie à toutes ces
parcelles de la descendance, à ces éléments ancestraux.
Honoré de Balzac est, ainsi que son émule Shakespeare,
le biographe inspiré de lui-même en tant que lui-même
renfermait une multitude de personnages distincts. Il a
rendu la voix à ces fantômes qui nous parcourent incessamment, dont notre individualité n'est que le carrefour
éphémère.

Plus ces fantômes sont nombreux, plus leurs traits de
caractères sont nets, plus leurs physionomies sont obsédantes et plus l'âme de l'auteur, qui ressuscite et fait
mouvoir tant d'âmes différentes, doit être déterminée
dans sa croyance et dans sa conviction. Chaque fois
qu'au milieu de ses récits l'auteur de *Louis Lambert*, des
Chouans, du *Père Goriot* prend la parole pour son propre
compte, il insiste, avec une force singulière, sur le prestige de la foi et du loyalisme, sur la nécessité architec-
turale des vieux cadres sociaux et familiaux que cherchent
à disloquer nos iconoclastes contemporains, nos rusés
flatteurs et dupeurs du peuple.

J'ouvre le *Curé de Village*, chef-d'œuvre douloureux
et tragique, et j'y lis ceci : « En perdant la solidarité des
familles, la société a perdu cette force fondamentale que
Montesquieu avait découverte et nommée l'honneur. Elle
a tout isolé pour mieux dominer, elle a partagé pour
affaiblir. Elle règne sur des unités, sur des chiffres agglo-
mérés comme des grains de blé dans un tas. » Aucun
économiste, aucun légiste n'a dégagé, de l'heure actuelle,
une formule plus saisissante et plus âpre. Quelques pages
plus loin je trouve la réflexion suivante, qu'on ne saurait
trop méditer : « L'Eglise traverse des conjonctures diffi-
ciles. Nous sommes obligés de faire des miracles dans
une ville industrielle, où l'esprit de sédition contre les
doctrines religieuses et monarchiques a poussé des ra-

cines profondes, où le système d'examen né de la Réforme et qui s'appelle aujourd'hui libéralisme, quitte à
prendre demain un autre nom, s'étend à toutes choses. »

On pourrait multiplier ces exemples. Comme Taine,
son admirateur et son critique, Balzac eut la Révolution
en horreur. Comme Taine, par d'autres voies, car il utilisa l'introspection alors que l'historien de nos origines
utilisa les manuscrits et les bibliothèques, il démêla le
danger que ces misérables jacobins et leurs fils moins
sanglants, mais plus lâches, faisaient courir à la patrie.
Comme Taine, par une autre méthode, car il nous pré-
senta des images au lieu de nous donner des raisons, il
alla jusqu'au bout de sa critique et de sa démonstration
sans se soucier des clameurs ou du silence qui essaie-
raient, par alternatives, de couvrir le cri de sa conscience.

Joignez à cela qu'il fut toujours, dans l'exposé des
événements, impartial. Lisez, pour vous en convaincre,
et rapprochez l'histoire rudimentaire et haineuse de la
chouannerie, telle qu'elle est contée par Michelet, puis
cet admirable livre, le premier en date de la *Comédie humaine*, qui a pour titre : *Les Chouans*. L'historien, ici,
c'est Balzac, alors que Michelet n'est que le pamphlétaire.
Le philosophe, c'est encore Balzac, qui a su dégager, de
cette héroïque antithèse entre la tradition et la révolution, une aventure de passion contrariée par des haines
politiques, comparable seulement, pour la puissance lyrique, aux *Amants de Vérone* de Shakespeare.

Traditionnelle, réaliste et lyrique, l'âme de Balzac était
ce qu'on peut imaginer de plus contraire au romantisme
de Victor Hugo, au sous-romantisme brutal et fétide des
prétendus naturalistes. Il est exempt de toute vaine rhétorique, de tout cliché démagogique ou fangeux. En lui
aucun appel aux Etats-Unis d'Europe ; il était bien trop
sagace et pénétrant pour mettre en majuscules ou en ita-
liques les mots aujourd'hui prostitués de Vérité, d'Humanité, de Justice. Il fut un visionnaire et non un uto-
piste, un prophète et non un rhéteur. Penchez-vous sur
cet océan de vertus et de vices, d'ambitions déchaînées,

d'ardeurs forcenées. Vous n'entendrez monter de là aucune rumeur malsaine, aucun appel à l'envie, à l'insurrection, à cette lutte de classes qu'utilisent tant de poètes troubles et d'idéologues incertains.

On a pu dire, non sans vraisemblance, que cette merveilleuse imagination balzacienne avait servi de guide au réel, que la société présente s'était en quelque sorte modelée sur son peintre par anticipation. Nous avons vu, nous voyons chaque jour Vautrin, le scélérat insaisissable ; Philippe Brideau, qui se fraie un chemin par le crime et la hardiesse : César Birotteau, l'inventeur et le commerçant malheureux ; des chercheurs d'absolu, des bons et des mauvais juges, des frénétiques de jouissance comme Rubempré, de pouvoir comme Rastignac, de domination morale comme de Marsay, des héros obscurs comme le père Goriot, David Séchard, des vicieux comme Hulot, des rouées comme Mme Marneffe, des femmes délicieuses de grâce et de dévouement comme la princesse de Cadignan, la duchesse de Langeais. Cependant, les êtres plats et bornés qui sont maintenant aux affaires, les patients rongeurs du pays n'ont guère de place dans cette galerie.

Chaque personnage du glorieux créateur, même abject et vil, est relevé par une pointe de désir qui empêche la souillure complète. Même les policiers tels que Corentin, Coutenson, Peyrade, ont des accès de courage, d'abnégation, de dévouement à la chose publique. Toute l'œuvre est soulevée, purifiée par un souffle d'idéalisme qui lui permet de flotter sur les âges, « vaisseau favorisé par un grand aquilon », comme dit Baudelaire.

Le propre du génie de Balzac c'est d'avoir dressé, dans une lumière à la Rembrandt, des figures inoubliables, d'avoir typifié des êtres qui nous servent encore de points de ralliement, car on dit un Hulot, un Gaudissart, un cousin Pons. Or, dans l'heure qui sonne, le nivellement démocratique tend à faire de plus en plus, de la masse obéissante, une grisaille où tranchent à peine quelques tartufes rouges, plus accusés ou plus conscients. Il monte, des bas-fonds de la société, une vapeur pestilentielle qui obscurcit tout, confond les traits et les gestes, donne, dans le spectacle quotidien, la prééminence au cabotinage et aux instincts. Les nuances ont disparu et les couleurs elles-mêmes perdent de leur éclat.

Une autre marque de ce génie fut de respecter le lecteur. Où que l'entraînât son investigation, l'auteur de l'*Histoire des Treize* touchait les plaies les plus rebutantes d'une main légère. Il ose tout dire, mais d'une manière détournée, cursive, presque sibylline, qui permet encore le frisson du beau. Regardez où nous a entraînés la socialisation de l'art avec la mise au jour de tous les appétits. Une même impudeur fait le fond du fatras naturaliste. Le vice plat et sordide se joue au premier plan du tréteau littéraire, parmi les coquins sans envergure et les valets de la démagogie.

Aussi, quand les histrions à portefeuille s'approchent du monument de Balzac, n'avons-nous qu'à crier : « Bas les pattes !... » Il n'est pas leur homme. Il n'est pas leur propriété. Il n'est pas même leur chroniqueur. Il leur échappe par ses tendances, par le bloc et le détail de son œuvre, par son puissant relief, par sa force élégante et souple. Que la Révolution réserve ses couronnes à ceux qui l'ont encensée et flattée. Son simple contact serait un outrage immérité pour les deux plus grands et les plus valables représentants de la dignité française dans le siècle qui vient de s'éteindre, j'ai nommé Chateaubriand et Balzac. Nous autres, les tenants de la cause traditionnelle, revendiquons sans cesse ces deux maîtres et prenons exemple sur eux.

WERTHER ET GŒTHE

Que t'apprendrai-je avant tout ?
Apprends-moi à sauter par-dessus mon ombre.

(*Pensée de Gœthe.*)

Par la toute-puissance du génie, l'apparition de *Werther* en 1774 est une date dans l'histoire sentimentale de l'humanité aussi bien que dans la biographie de Gœthe. Cette œuvre si simple, si pénétrante obséda toutes les imaginations allemandes depuis le moment où elle fut publiée jusqu'à nos jours. Le dernier frisson en est transmis par la plainte mortelle de Tristan sur la terrasse de son vieux château et l'on peut dire que Wagner a concentré, magnifié, puis libéré sur les ondes sonores de son drame lyrique, *Tristan et Yseult*, toutes les complaintes nées, sous divers climats, des tragiques souffrances du jeune amant de Charlotte, depuis *René*, *Adolphe* et *Obermann* jusqu'aux poèmes de Nicolas Lenau et de Léopardi, jusqu'aux mélodies de Robert Schumann. La France, par le cataclysme révolutionnaire, fut plus lente à recevoir l'empreinte.

L'amour mêlé à la nature et suivant le cours des saisons, l'amour décrit harmonieusement et scrupuleusement depuis la joie initiale du premier regard jusqu'à la

douleur de l'adieu, avec ses phases adorables et vireuses,
ses bouffées de crainte et d'espérance, sa permanence et
son inéluctabilité, voilà ce qui se trouve en ces quelques
pages, écrites en quelques semaines par un jeune homme
de vingt-cinq ans qui se délivrait ainsi de sa fièvre. Il y a
le mari, Albert, la jeune femme, Charlotte, le héros infortuné qui rêve et gémit et, dans un décor de vallons, de
tilleuls, d'intérieurs paisibles, ces trois personnages suf-
fisent à refléter le feu le plus ardent de l'humanité. Ils
en ont la rougeur sur la face. Nous distinguons ainsi leurs
traits et nous nous reconnaissons comme leurs frères.

Ceux qui ont étudié l'œuvre de Gœthe savent qu'elle ne
fut qu'une confession détournée. Ce grand homme le
sentait si bien qu'il nous a laissé lui-même ses repères et
les renseignements de ses mémoires. Là où il oublia certains détails nous avons sa correspondance et les entre-
tiens avec Eckermann. Nous pouvons ainsi nous assurer
qu'il eut comme collaboratrices idéales toutes celles vers
qui se tourna son désir, et que la palpitation de ses héroïnes est faite des battements de son propre cœur. Mais,
en magique simplificateur qu'il était, il superposait parfois
les images; et c'est ainsi que la délicieuse Charlotte de
Werther, qui donne des tartines aux petits enfants et ne
sait consoler son amoureux qu'en pleurant beaucoup
plus fort que lui, c'est ainsi que cette aimable et inoubliable personne est non seulement Charlotte Kestner,
mais encore Maximilienne Delaroche, laquelle épousa
l'épicier Brentano, et surtout cette Frédérique Brion, par
qui fleurit, sur la tige parfumée du génie, l'immortelle
idylle de Sésenheim.

La courte passion pour Lotte, à la robe blanche, avec
des nœuds couleur de rose pâle, s'intercale chronologi-
quement entre l'amour pour la douce et candide Frédérique qui disait de lui plus tard : « Il était trop grand,
je n'avais pas le droit de m'emparer de lui », et l'ardeur
plus violente pour Lili — Elisabeth Schœnemann — fille
d'un banquier de Francfort, à laquelle l'auteur de *Faust*
et de *Stella* dédia, en une page fameuse, le sentiment le

plus profond de sa vie. Chacune de ces ravissantes figures
suscite, dans l'âme tumultueuse mais vite rassérénée du
poète, un groupe de rêveries distinctes que perfectionna
l'âge mûr, que divinisa la vieillesse. Ceux qui possèdent
à fond l'œuvre la plus parfaite et la plus variée qu'ait
léguée au genre humain le dix-neuvième siècle peuvent
s'écrier à coup sûr : Tel trait est de Frédérique, tel autre
de Charlotte. Celui-ci appartient à Lili... Quand leur
maître les mêle et les confond, c'est qu'il veut alors géné-
raliser ou respirer toutes à la fois les fleurs féminines
de son beau domaine. Sa mélancolie se plaisait à ces
jeux.

A celui qui a écrit : « Le sage ne fait jamais de petites
folies » et « le bon sens est le génie de l'humanité », le
suicide n'apparut jamais que comme un dénouement littéraire. On sait qu'il en emprunta le thème à la mort du
jeune Jérusalem, fils d'un théologien qu'il avait connu à
Wetzlar, au plus fort de ses souffrances bizarres aux
pieds de Charlotte Kestner. Je dis « souffrances bizarres »,
car Gœthe la savait fiancée et très vraisemblablement il
ne se complut autant dans ce désir que parce qu'il en jugeait la réalisation impossible. L'obstacle, en l'exaltant,
le rassurait sur les suites. Nous avons là-dessus des don-
nées caractéristiques. Au sortir de sa douloureuse rupture avec Frédérique, qui, elle, était libre et ne demandait qu'à le suivre, il s'adonna à la fréquentation des
jeunes ménages — Lotte et Kestner, Maximilienne et
Brentano. Il pouvait, en se désespérant, considérer la
porte entre-bâillée. Son horreur des tiraillements, des
conflits et des responsabilités sensuelles lui rendait de la
sorte le chagrin moins cuisant.

Le plus comique de l'aventure, c'est que le brave
Kestner, l'apprenti diplomate qui fait dans son rôle de
consolateur conjugal une si cocasse figure, écrivit le 2 novembre 1772, à Gœthe, lequel, mécontent d'avoir dû
quitter Lotte, préparait *Werther* en sourdine, un long
récit circonstancié de la mort par suicide de Jérusalem :
« Bravo, j'ai ma fin, j'ai mon dernier chapitre! » dut

s'écrier Gœthe enthousiasmé. Il était tellement satisfait qu'il intercala séance tenante les principaux passages de la lettre émue de Kestner dans son livre. Ce ne fut que quelques mois après que le couple reçut cette « tranche de vie », comme on dirait aujourd'hui, toute saignante d'un épilogue emprunté. Kestner, furieux des analogies, plus furieux encore des ajouts, écrivit à son illustre ami : « La vraie Lotte serait désolée de ressembler à celle que vous avez peinte. » Dans le fond, il trouvait Albert — c'est-à-dire son sosie — peu flatté.

Gœthe répondit allègrement : « Je vous adore, je suis désolé, mais il est trop tard pour changer quoi que ce soit. » C'est le sens, sinon la teneur exacte de ses excuses. Le succès et le temps firent l'apaisement. Il semble bien que Charlotte fut ravie d'accaparer l'attention de l'Allemagne. Quelques années plus tard, le cher Kestner lui-même s'attendrit quand le grand ami manifesta l'intention de retoucher le portrait d'Albert, de le représenter de telle sorte que, « s'il est méconnu encore par le jeune homme passionné, il ne le soit plus par le lecteur ». Projet qui demeura platonique, mais donne une certaine saveur au propos suivant, tenu, vers la fin de sa vie, par Gœthe au fidèle Eckermann : « J'ai nourri *Werther*, comme le pélican, du sang de mon propre cœur... Le livre, je ne l'ai relu qu'une fois depuis sa publication et je me garderais bien de recommencer... Il me ferait mal et je craindrais de retomber dans l'état pathologique qui l'a produit. » De la jaunisse du pauvre Albert il n'est plus du tout question. Ce que c'est que d'héberger un grand écrivain !

Le plus humain de tous les auteurs et le plus « auteur » entre tous les hommes ajoutait que chacun a dans sa vie une époque où *Werther* semble avoir été composé exprès pour lui. Ceci explique le rayonnement qu'eut tout d'abord l'ouvrage. Le suicide devint à la mode, surtout la conversation sur le suicide. Il faut se rendre compte qu'une véritable frénésie sentimentale et romanesque tenait à ce moment la société allemande. Cette période, baptisée « de tempête et d'assaut », accumule, sur un court espace de vingt années, toutes les formes de sagesse et d'aberration. Jean-Paul Richter, au centre d'un vrai sérail intellectuel, écrit ces poèmes étranges où de grandes lueurs traversent les ténèbres ; la philosophie demi-historique, demi-fantasmagorique de Herder passionne de jeunes intelligences que grise, par ailleurs, la métaphysique la plus originale qui soit. L'esprit de la Renaissance et celui, contradictoire, de la Réforme bouillonnent dans la même cuve lyrique.

On veut tout apprendre, tout énoncer, tout formuler et tout éprouver. Les Schlegel fouillent l'Inde et la Grèce, Winckelmann renouvelle l'étude de l'antiquité. Bientôt Novalis inaugurera le mysticisme de la beauté. Un autre mystique, Schleiermacher, écrit, dans l'*Athenæum*, le *Décalogue des femmes romantiques*, recueil de préceptes bizarres, de sentences morales et immorales par lesquelles l'écrivain prélude à des études de théologie ! Tieck pastiche *Werther* dans son *William Lovell*. Arnim le démarque dans sa *Vie amoureuse de Hollin*. Aux douleurs, aux larmes, aux songes-creux, aux apostrophes du jeune amoureux en habit bleu, en gilet jaune, tel que l'illumine la flamme d'un pistolet, aboutissent et convergent toutes les curiosités, tous les malaises, toutes les ardeurs d'une de ces formidables montées de sève comme en déterminent, au printemps des siècles, les lois obscures de la vie nationale. Sur le paroxysme du désir germe l'appétence du tombeau, surgit le bourgeon noir du pessimisme en qui se calcine, à peine née, l'espérance.

Quand j'ouvre mon exemplaire de *Werther* j'entends, derrière ce récit dépouillé d'artifices et d'autant plus saisissant, bruire et se presser le peuple des morts. Les uns sont illustres et chargés de lauriers. Je puis les nommer à la file. Les autres, anonymes, me renseignent aussi, parce qu'ils firent cortège aux premiers, aidèrent instinctivement à leur triomphe. L'échec sentimental de Gœthe à Wetzlar entre une fille sensible et raisonnable, un

nigaud de mari, l'armoire aux confitures, est devenu le carrefour de toutes les illusions du cœur et de l'esprit. Napoléon en pleine gloire a ce témoin dans sa valise pour se
renseigner sur la défaite. Gœthe, non sans une certaine
fierté, le rappelait dans la suite à Eckermann, et il con-
cluait à ce propos : « Les blâmes ne m'inquiétaient nullement, car ces jugements tout personnels d'esprits remarquables, pris en masse, se compensaient. Celui qui n'espère pas un million de lecteurs ne devrait pas écrire. » Il
eût pu dire un million d'adeptes.

Que signifiait donc ce *Werther* pour ses plus remarquables et ses plus obscurs contemporains ? Quel était le
secret de son action ? Je crois, pour ma part, que, tombant en plein scepticisme et criticisme, il fut comme une
réapparition du panthéisme en des âmes chrétiennes à
demi désaffectées. Il remplaça la foi, momentanément
défaillante, par un rêve d'amour idéal. Dans le crépuscule
de la chapelle, où les tableaux de piété s'effaçaient, il fit
retentir un chant profane, chant venu du vieux paganisme et où la mort purifiait tout. Il eut une vertu de sup-
pléance et une magie de transposition. Dans l'âme du
doute, inquiète, ouverte à tous les bruits du dehors, par-
lèrent la plainte du vent, le murmure de la source et
l'accent de la bien-aimée.

Ce fut une forme nouvelle de béatitude, jusqu'à ce
qu'on s'aperçût du vide et du déchet immenses laissés
par cette dévotion inférieure, de l'amertume, de la dé-
ception, de la nostalgie du néant qu'entraîne avec soi
l'amour le plus pur.

C'est ainsi que Werther naît du scepticisme pour
mourir aux confins du pessimisme, car celui-là trouve
finalement la vie mauvaise et gâchée qui limite son exaltation à la vie et cherche la lumière dans les yeux de la
femme.

Ceci, Gœthe le pensa plus tard. Quand il écrivit le rachat de *Faust*, dans ce sublime accord mystique que seul
Schumann a pu rendre par le son, il songeait en même
temps, cela est certain, au rachat de ce déplorable Wer-

ther étendu près de la fenêtre, sans mouvement, sur le dos, entièrement habillé et botté, son pistolet fumant auprès de lui; à cette victime du doute, de la non-résignation, des paysages, « qu'aucun ecclésiastique n'accompagna », qui, retenu par de vains mirages, n'avait pas su enjamber son ombre.

HENRIK IBSEN

Ibsen, le vieux dramaturge, est, nous apprennent les journaux, moins malade. Au moment où paraîtront ces lignes, il n'aura peut-être pas disparu d'un monde où il aura jeté en passant de géniaux et singuliers fantômes.

Je dis fantômes, car en vérité les personnages d'Henrik Ibsen sont moins des êtres de chair et d'os que des apparitions de rêve, mais d'un rêve logique, enchaîné, où le relief est parfois plus dur, plus âpre que dans la vie, où les paysages et les événements contractent entre eux de ces liens de fatalité, de ces relations symboliques dont le réveil gardera l'empreinte, la persistance. Cette demi-matérialité des protagonistes, cette flexibilité brumeuse de leurs âmes et de leurs corps, de leurs sentiments et de leurs instincts, voilà ce qui donne à ce théâtre son caractère inquiétant, intermédiaire. Tout ce monde-là habite le purgatoire. L'éclairage même y devient douteux. Est-ce le jour, la nuit, le crépuscule ? La douleur éclate au plein soleil. La joie se perd, se dissout dans les brouillards ; de pareils contrastes déroutent notre besoin latin de rectitude et d'harmonie.

Je viens de relire, dans l'ordre, tous ces drames, depuis *Maison de Poupée*, bien connue aujourd'hui par l'admirable interprétation qu'en a donnée ici Réjane, jusqu'à cet extraordinaire testament du vieux poète : *Quand nous nous réveillerons d'entre les morts.* Il m'est apparu qu'entre ces conceptions diverses et tumultueuses, il y avait un accord profond et latent, que cette œuvre hautaine et troublante avait une flèche de direction. C'est ce que je voudrais exprimer en peu de mots, et le plus simplement possible. Aussi bien nous trouverons là un puissant jalon pour des idées qui nous sont chères.

L'œuvre d'Henrik Ibsen est un schisme, comme la plupart des grands témoignages contemporains sur ces problèmes moraux si pressants dont la pointe aiguillonne l'homme moderne.

La diminution, le reflux de la foi dans des cœurs de croyants et d'apôtres, dans des imaginations de créateurs, laisse ces imaginations et ces cœurs dans un désarroi infini. C'est proprement l'angoisse par manque d'un Dieu : *Angor Dei.* De là le drame primordial, invincible et profond, dont toute la série des drames philosophiques n'est que la conséquence et en quelque sorte la projection.

Des hommes représentatifs, des sommets de pensée comme Ibsen pour la Scandinavie, Tolstoï pour la Russie, Meredith et Swinburne pour l'Angleterre, Walt Whitman pour l'Amérique sont pareils à des pèlerins que la foi en route abandonne. Privés de leur support, ils tombent soudainement en proie à toutes les horreurs et les terreurs de l'analyse. Ils ont leur enfer sur terre, la gloire par-dessus le marché, mais ce sont là des flammes conjointes et qui ne s'excluent nullement.

Ils sont, par rapport à l'amour divin, dans cette situation déchirante que connaît bien l'amour humain, et où l'absence, l'abstinence de l'objet aimé décolorent le ciel et la terre, empoisonnent les tranquilles bonheurs de la journée, les forces insurmontables de la mémoire, font de la monotone succession des heures une suite de cruels petits sacrifices.

« La race peut-elle être sauvée ? » se demande Brand, un héros d'Ibsen. Et sur toutes les belles, savoureuses,

puissantes choses traditionnelles, le poète, par la
bouche de ses personnages, se pose la même terrible
question. Voyez comme y répond chez nous Frédéric
Mistral qui, lui, est un croyant et un apôtre, en essayant
de sauver la race. Heureux celui dont le génie est ainsi
d'accord avec l'instinct.

La foi n'est pas seulement une sauvegarde. Elle forme
le faisceau de toutes les énergies ardentes et secrètes
dont le déchaînement contradictoire amène les ténèbres
ou la folie. La foi conjoint le rêve et le réel. Elle donne
et rythme la lumière. Elle série et gradue les problèmes.
Elle autorise, telle une respiration morale, le jeu alter-
natif de la liberté et de la fatalité.

Toute œuvre humaine que la foi ne soutient plus se
met à loucher, affreusement. Les vieilles contradictoires,
les anciens syllogismes engourdis se réveillent. La
dualité de l'esprit et du corps réapparaît, ainsi que celle
du hasard et du destin, que celle de l'intelligence et de
la sensibilité. Voici l'être partagé entre plusieurs
angoisses à chacune desquelles il donne un nom, un
visage, un costume et un rôle.

Henrik Ibsen n'a fait jamais que cela : partager son
angoisse en plusieurs morceaux qui dialoguent d'ailleurs
admirablement. Ces tronçons cherchent à se rejoindre et
ne se rejoindront jamais. Si vous voulez une image
païenne, c'est Orphée en proie aux furies, furies intérieures qu'il déchaîna lui-même. Il est un proverbe
espagnol qui formule ceci : « Damné pour manque de
foi. »

Vous comprenez maintenant à merveille pourquoi ce
théâtre est si troublant, si complexe, à certaines heures
rebutant et douloureux, à certaines autres attrayant
comme un fruit étrange dont on chercherait la saveur
toxique. S'il nous prend en état de grâce, il nous effraye et
nous déconcerte. S'il nous saisit en état de sécheresse,
en accord avec lui, il nous attire et nous retient.

Car c'est un théâtre rusé et subtil. Henrik Ibsen est
un vieux mage. Il connaît les détours du cœur humain,

les carrefours, les cryptes, les labyrinthes. Il connaît l'influence au bon moment d'un paradoxe cuisant et hardi. Il sait comment la destinée se grime, comment telle petite action, tel regard insignifiant, telle parole sans portée apparente acquerront, par l'entraînement des circonstances, une valeur exceptionnelle. Il sait les ferments du désir. Un homme et une femme se sourient au tournant d'un sentier et dans ce sourire furtif tiennent leur amour de demain, leur haine d'après-demain, toutes les laides grimaces des choses qui empirent. Dans *Solness le constructeur* une petite jeune fille sauvage, doucereuse, tendre et criminelle arrive en vêtement de voyage chez un architecte philosophe. Dès son entrée, dès son premier mot, elle a porté dans le logis la ruine morale et la détresse. Il m'a toujours semblé, en cet instant, voir le premier doute entrer dans l'âme d'Ibsen.

L'auteur du *Canard sauvage,* de l'*Ennemi du peuple,* de la *Dame en mer,* de *Romersholm,* est l'observateur attentif des bizarreries nerveuses qui passionnent notre époque, des influences des êtres les uns sur les autres, des attractions, des fascinations, des pressentiments. Ses héros ont soif d'imagination ; ils rêvent de sociétés idéales où, la règle n'existant plus, la bonté fleurira, spontanée. S'ils ne rassemblent point sur terre les éléments de leur construction, ils demanderont des formes et des contours aux nuages, une substance à la vapeur bleue. Ils seront des demi-vivants, des manières de prophètes aux confins de la folie et de la divination, des « sur-hommes », dirait Nietzsche. Tels Brendel dans *Rosmersholm* et Grégoire dans le *Canard sauvage.*

Dans ce théâtre révolutionnaire, où tout fermente et s'agite, les femmes surtout — *Nora, Hedda Gabler, Hilde Wangel,* la *Dame de la mer* — sont des révoltées : impressionnables, maladives, mystérieuses, de décision saugrenue et contradictoire, avides de grand air, de pleine mer, d'inconnu, de voyages, promptes à secouer le lien conjugal, mais pures, austèrement passionnées, ou, quand

vient la souillure, savourant à longs traits l'aveu et le
remords.

On a noté maintes fois la ressemblance entre certains
thèmes d'Ibsen et d'autres de George Sand ou de Balzac
— *Indiana*, *Mauprat*, la *Femme de trente ans*, la *Recherche de l'absolu*. Ces coïncidences indéniables tiennent
sans doute à ceci que, pour aboutir au tourment de
l'analyse, Ibsen traversa un romantisme fait de déformations, de grossissements, de contrastes et d'antithèses,
lequel fut le même pour toute l'Europe, et, sous tous les
climats, comme une crise nécessaire des esprits.

Dans son drame légendaire de *Peer Gynt*, Henrik
Ibsen représente le diable sous l'aspect saugrenu d'un
fondeur de boutons. Il jette les âmes dans des moules
successifs et contradictoires d'où elles ressortent bos-
selées et tordues. Il semble bien que l'esprit du mal
procède, pour nos plus notoires contemporains, d'une
façon presque identique. Il prend les légendaires, cet
esprit du mal, il les boursoufle, les déforme et les lance
dans le romantisme. Alors ils sont mûrs pour l'analyse, l'individualisme, l'anarchie morale. Aux grands
mots, pas de remède.

Maintenant, et pour revenir à un point de vue plus
familier, nous devons savoir gré à Henrik Ibsen de nous
avoir, au courant de ces dernières années, épargné ces
leçons, admonestations, considérations généralement
absurdes ou superficielles dont nous abreuva son
congénère, le bouillonnant et comique M. Bjoernstern
Bjornson. Henrik Ibsen est trop fin, trop sagace pour
méconnaître les différences du jugement entre gens
de races différentes. Il sait, il sut toujours que la
vérité, la justice, la lumière, sont des personnes capri-
cieuses et fuyantes, que seuls les cuistres croient tenir
pour toujours. Jamais il ne fut un pion brumeux, ni un
bénisseur à formules, ni un prédicateur à férule.

LES LIAISONS DANGEREUSES

Je détourne un peu de son sens le titre du célèbre ouvrage de Laclos pour l'appliquer à ces liaisons historiques entre hommes et femmes de lettres qui constituent, à mon avis, le piège le plus dangereux de la gloire sentimentale et partagée. Il y a quelques années M. Paul Mariéton, muni de documents nouveaux, nous avait conté l'histoire amoureuse de George Sand et d'Alfred de Musset. Plus récemment, M. Charles Maurras, utilisant, avec une rare finesse, des pièces désormais connues et incontestables, vient de tirer de cette équipée vénitienne et romantique toutes les conclusions psychologiques qu'elle comporte. Je ne me permettrai d'ajouter que quelques mots d'une portée d'ailleurs générale.

Ce qu'il y eut de plus frappant dans le romantisme, ce fut le manque absolu de sincérité. Les meilleurs de cette pléiade, dont nous admirons justement la puissance créatrice et visionnaire, ne purent jamais se résigner à accepter la vie telle qu'elle est, avec ses servitudes et ses grandeurs. Ils considérèrent comme préjugés ce qui n'est que force traditionnelle. Le bon sens leur parut odieux, la règle insupportable. Le mot de « génie », dont on abusa, devint synonyme d'excentricité. On crut que le lyrisme consistait à admirer et à produire des monstres, quand il est, tout au rebours, une exaltation dans la santé et une continuité légendaire.

Voyez Hugo, sa vie, son œuvre, ce goût de la bravade et du défi, ces attitudes rebelles et révoltées devant Dieu et devant les hommes, cette incessante parade du Moi devant le cosmos, l'insondable, la Providence, cette jactance antiphilosophique à tout propos et hors de propos. Voyez Baudelaire, affublé, on ne sait pourquoi, des oripeaux du satanisme, écrivant *poison* sur la coupe où il nous versait un vin merveilleux, tandis qu'à l'autre bout de l'affectation Mme Sand offrait à la ronde, dans une cruche de grès rustique, une boisson aromatique et vénéneuse. Voyez Michelet, qui absout, d'un grand geste, les échafauds révolutionnaires et condamne la royauté au nom du droit..., du droit sans doute qu'a chaque citoyen de trancher la tête de son frère. Les exemples seraient innombrables.

Cette frénésie venait de Byron. Au noble lord appartient le mérite d'avoir inventé la figure du poète qui brave le destin dans la bourrasque. Il connut aussi l'amour littéraire — joignons nos talents et nos cœurs ! — dans la personne de Caroline Lamb, dame vaniteuse et exaltée que ne tarda pas à exaspérer l'orgueil de son illustre partenaire. De là sortit une brouille ou plutôt une série de brouilles retentissantes que suivit un mauvais pamphlet. Byron, jadis adulé et encensé, trésor incomparable du ciel, de la terre et des eaux, devint sous les traits de Glenarvon, un personnage atroce et blafard, une désillusion de tous les instants. Remarquons en passant que la torche secouée à Venise par Byron sur l'autel de la comtesse Guiccioli, qui elle du moins n'écrivait pas, devait plus tard guider vers cette cité des passions désastreuses Mme Sand et Alfred de Musset, dociles serviteurs de Vénus romantique.

On avait hâte, à cette étrange époque qui tint les cinquante premières années du défunt siècle, de rentrer dans les règles du jeu, de se désespérer au sein de la grande nature, de se déchirer sur les lagunes, de s'invectiver,

de se pardonner, de se quitter, de s'immortaliser en prose
et en vers, de profil et de trois quarts, de se déformer
surtout, selon le rite des parfaits amants qui se jettent
sur leur papier et leur encrier dès qu'ils ont eu une petite
alerte. On se fâche à l'ode et au sonnet, on se raccommode
au grattoir. C'est en vérité une rude besogne que de
mener de front, dans un même couple, le métier littéraire et le délire du cœur, l'abandon réciproque et l'auto-
biographie, les pages et les baisers.

Songez que Benjamin Constant lui-même, le subtil et
le raisonnable, y fut pris. Il nous a laissé dans l'Ellénore
d'*Adolphe* un portrait composite de Mme de Charrière,
de Mme de Staël et de Mme Récamier ; mais ce fut la seconde qui tint sa vie sentimentale, tant par son ascen-
dant moral que par son charme irrésistible. Dans cette
aventure de Coppet et de Weimar, car il la suivit en exil,
ça n'alla pas non plus tout seul, si l'on en croit l'honnête
témoignage du bon Sismondi, que le spectacle de leurs
querelles et de leurs réconciliations épouvantait et émer-
veillait. Adolphe et Corinne étaient deux virtuoses avides
chacun d'influencer l'autre et de conserver sa propre indépendance. Les discussions, d'abord politiques et philosophiques, dégénéraient en disputes véhémentes. Dans
les éclairs des regards croisés, chacun entrevoyait une
métaphore immortelle, dans les arguments entrechoqués
l'aubaine de réviser un principe. Ce Paolo et cette Fran-
cesca se disputaient sur le même livre et s'acharnaient à
lire plus avant.

Cette liaison de Mme de Staël et de Benjamin Constant
rappelle par plus d'un point celle de Mme Sand et d'Alfred de Musset. L'analogie est surtout curieuse entre les
protagonistes féminins. Toutes deux avaient une sûreté
d'allures, une flamme inextinguible, un art de magnifier
le réel et d'entrecroiser les intrigues qui, sensuellement,
sentimentalement et historiquement, les rapprochent.

Pendant que Benjamin Constant se bourrelait de remords et de scrupules à l'occasion de sa trente-sixième
rupture, la belle ennemie de Napoléon écrivait, sans

perdre de temps, à Camille Jordan, que devait remplacer lui-même le précepteur de son fils, le docte Schlegel, sorte de Pagello germanique : « Oublier tout ce qui m'oppresse pendant six mois ; l'oublier avec vous, que j'aime profondément, sous ce beau ciel d'Italie — encore et toujours l'Italie ! — admirer ensemble les vestiges d'un grand peuple... ce serait le bonheur pour moi... » Dans une autre lettre datée de Coppet, adressée au même, elle s'écrie : « Benjamin sera peut-être retenu par son père à Genève la moitié de l'hiver, et vous me reverrez seule et peu de jours après mon roman (*Delphine*). »

Heureux Benjamin ! Heureux Alfred ! Ils connurent la joie sans mélange de passer par toute la filière de naïvetés et de renonciations que leur ménageaient ces personnes sensibles. Car il est remarquable que, dans ces glorieuses associations, c'est toujours le poète qui est roulé, qui gémit et se frappe la poitrine, alors que sa muse demeure sereine et clairvoyante. Je ne vois guère que Gœthe, le plus pénétrant des observateurs et le plus tranquille des amants, qui ait fait exception à la règle. Jusqu'à l'extrémité de son âge il se méfia des dames trop bien douées, et il est amusant de lire les conseils de technique littéraire et prosodique à l'aide desquels il calme l'enflammée Bettina. Alors qu'elle lui parle des étoiles et de la transmigration des âmes, il la renvoie aux fiches de sa bibliothèque.

C'est ainsi qu'on évite le couteau d'Alphonse Karr. C'est ainsi qu'on évite les tracas de Flaubert qui faisait la grosse voix et se comportait, le pauvre grand homme, en petit garçon.

Il faut lire dans les *Amants de Venise*, de M. Charles Maurras, les chapitres intitulés : la Culture d'un scrupule, Musset expie, Musset répare. Il semble à peu près certain aujourd'hui que le poète des *Nuits* connut, dans une nuit de fièvre, par une tasse de thé, un miroir et un paravent déplacé, toute l'étendue de son infortune et sut démêler, par la suite, l'hallucination du réel.

Mais l'ingéniosité de l'auteur d'*Indiana* et des *Lettres*

d'un voyageur fut de susciter, dans l'âme oscillante de celui qu'elle connaissait bien, un mélange de crainte, de remords et de générosité dont la fermentation subsista jusqu'aux derniers jours de cet éternel convalescent si mal gardé : « D'autres maîtresses de Musset — dit M. Charles Maurras — eurent par la suite à souffrir de ces détours inévitables. Un trait farouche s'inscrivit sur son visage, et sur son cœur des plis amers que rien ne défit... De décadence en décadence, il connut, par le trouble de la pensée et la décomposition de la volonté, une sorte de mort vivante... Le poison de Venise lui remonta aux lèvres jusqu'à la fin. »

Le poison de Venise... et celui surtout du romantisme. Cette grande école d'insincérité amenait ses disciples aux pires douleurs quand elle ne les usait point dans la déchéance. Car il vient toujours un moment où l'être est dupe et victime de son attitude, où son rôle colle à sa chair et le brûle. C'est avec l'étoupe de Jocrisse qu'est faite la tunique de Nessus. Byron, qui brûla le corps de Shelley sur la plage de l'histoire, avec la pompe que l'on sait, mourut lui-même brûlé par sa figure héroïque à Missolonghi. Magnificence, oubli de soi-même, direz-vous. Hélas ! surtout dégoût de soi-même pour s'être trop regardé dans son miroir. Suicide à forme généreuse et classique qui nous laisse inquiet sur l'intention vraie, de sauver la Grèce ou de perdre l'auteur de *Don Juan*, de *Manfred*.

C'est une étrange mélancolie qui tombe sur nous de ces illustres exemples. En tête de ces lignes, j'ai écrit : liaisons dangereuses. N'eurent-elles pas le défaut, en effet, ces géniales essayeuses d'hommes de génie, d'exaspérer, par leur contact et le désir d'augmenter leurs connaissances, des sensibilités déjà trop vives? Elles furent, pour la lignée littéraire, ce que l'illicite est pour la race. Elles poussèrent au paroxysme ce don d'analyse et de tourment qu'il eût fallu plutôt apaiser. Aux images tendres ou voluptueuses elles superposèrent les images violentes que charriaient leur propre pensée, leur propre style. Car l'amour vrai consiste avant tout dans une conjonction des images profondes. Il est une façon de voir la vie avec quatre regards comme avec deux. Mais une de ces visions, la féminine, doit être estompée, tranquille et douce ainsi qu'un reflet.

Byron et Caroline Lamb, Musset et George Sand, Benjamin Constant et Mme de Staël, ces couples traversent le purgatoire en s'adressant de mutuels reproches. Ils confrontent leurs œuvres et leurs destinées, leurs mensonges, leurs ruptures, leurs reprises. Ceux-là ne seront jamais unis que met en concurrence et en rivalité une égale faculté créatrice.

LE VIEIL HUISSIER

(APOLOGUE)

La préface de M. Anatole France aux
discours de Combes est admirable.

(CHŒUR DES CASSEROLES.)

Cela se passait au ministère de l'Intérieur, place Beauvau, quelques jours après le 1er janvier. La porte du cabinet de Combes était gardée par un vieil huissier à mine confite qui répondait aux visiteurs en penchant la tête de côté, avec un demi-sourire attendri.

Son visage avait l'inclinaison, la fausse onction que donne l'habitude de la servilité. Ses regards luisaient de zèle. Il s'exprimait en chevrotant par des paraboles rapides et fleuries et se frottait souvent les mains, ce qui faisait danser sa chaîne professionnelle. Celle-ci était du plus pur modern-style : chaque anneau représentait une vérité sortant de son puits. L'ensemble s'appliquait sur une cravate de commandeur. En outre, ce singulier personnage portait au côté une petite épée d'académicien. Ses collègues le considéraient avec un mélange de crainte et d'envie.

Un député du Bloc survint, l'air arrogant, très pressé. Il ralentit cependant son allure quand il aperçut le vieil huissier et lui tendit cordialement le bout des doigts :

— Ça va, père Anatole?... Quand nous donnerez-vous encore un joli petit morceau de votre façon ?... Ma parole, mon cher, c'était très chic, votre préface, et surtout très courageux. Ah ! vous leur en bouchiez un coin aux calotins !

— J'ai fait de mon mieux ; enfin, oui, tout de même, répondit modestement le complimenté.

Un autre, cynique et fringant, mi-panamiste, mi-journaliste, arrivait, la canne en avant, le chapeau en arrière. Il s'informa familièrement si « le petit papa Combes » était là : « Ce que j'ai à lui signaler est important. Il s'agit d'un nouveau coup des Jésuites. Mais, au fait, vous voilà, vous, Anatole. Prenez votre crayon. Je m'en vais vous dicter une courte notice. »

Pendant que le serviteur obéissait, cherchait en tâtonnant sa poche et son portefeuille derrière son épée d'académicien, un sénateur voûté, aux yeux clignotants, entra, sans une parole, dans l'antichambre. Il portait entre ses bras une grosse serviette. Il s'assit sur une banquette de cuir, comme un qui a l'habitude, se mit à déplier et parcourir ses paperasses. Nul n'osait le déranger, car tous avaient reconnu, avec admiration, le célèbre citoyen chimiste Marcellin Berthelot, lequel, sans se lasser depuis quarante ans, stationne dans les vestibules ministériels afin d'ajouter à son talent le prestige des emplois, des sinécures, des décorations.

La vue de cet illustre personnage plongea le père Anatole dans une stupeur mêlée de dévotion. Il joignait les paumes, levait vers le plafond des prunelles humides, marmonnait une sorte de prière laïque à la Renan, quand une voix brutale et une poigne de secrétaire le tirèrent de sa contemplation :

— Eh bien, Thibaut, vous dormez ! Ne m'aviez-vous pas promis de me rédiger mon rapport sur la liquidation des biens des Assomptionnistes ?

— Excusez-moi, mon cher ami, excusez-moi (dit le vieil huissier avec un soupir), j'admirais, sans qu'il y prît garde, cet extraordinaire savant qui ne craint pas de présider les meetings solennels de la libre-pensée, qui nous apporte son verbe vengeur, sa droite raison, la plus belle raison qui, depuis Athénée au casque invincible.....

— Laissez là ce raseur, cet éternel solliciteur (repartit nerveusement Edgar Combes, car c'était lui) et venez en griller une et rigoler un peu dans ma boutique.

—·Mon bon, mon excellent ami, je vous objecterai, comme Solon à ses concitoyens quand ils lui offrirent sa statue en or, que cela m'est tout à fait impossible, car j'attends ici que votre admirable père me fasse signe pour pénétrer, oui, n'est-ce pas, dans son cabinet, dans le sanctuaire.

— Tu ne sais pas ce que tu refuses, vieux frère. Bonsoir, alors, et ne t'enrhume pas, conclut Edgar, le distingué, en tournant les pieds vers son antre. Mais déjà le père Anatole excusait sa pétulance en ces termes : « C'est un charmant jeune homme, tout à fait vif et érudit. Il me rappelle Alcibiade, oui, c'est bien cela, Alcibiade, et je comprends qu'il enchaîne les cœurs. »

— Est-il poseur et embêtant ! (grommelaient les autres huissiers jaloux). Il cite toujours du monde qu'on ne connaît pas. Ah ! ça n'est pas Constans qui nous aurait imposé un idiot pareil ! »

— Anatole France est-il là ? (demanda l'ignoble Mœrdès, qui surgit, la plume à l'oreille, d'un petit escalier dérobé). Excusez-moi, mon cher Thibaut, si je vous donne votre nom de guerre... L'habitude... Racontez-moi donc encore cette histoire qui orne votre préface, vous vous rappelez bien, cet ecclésiastique qui vous reçut chez une dame, à Saint-Emilion...

— Mais vous n'avez qu'à consulter, n'est-ce pas, oui, enfin, le recueil des discours du patron.

— Non, ma parole, il est épatant ! (Et Mœrdès éclata de rire.) Est-ce que vous vous imaginez, ma vieille, que j'ai le temps de lire vos bouquins ? Je veux gagner ma rosette d'officier, sacrebleu ! Allons, soyez gentil, père Thibaut. Faites risette au camarade Mœrdès, et si jamais vous avez besoin...

A ce moment, la porte du cabinet s'ouvrit ; la tête blafarde et chafouine de Combes apparut. Tous ceux qui stationnaient dans l'antichambre devinrent graves. Marcellin Berthelot rangea précipitamment ses papiers.

— Envoyez-moi Thibaut..., ordonna Combes.

Et la tenture se referma.

Quand le ministre et son scribe furent seuls, celui-là dit à celui-ci :

— Mon brave Anatole, je n'y vais pas par quatre chemins. Il faut me faire une seconde préface. La première n'était pas amusante. Elle empêche le volume, *mon* volume, de se vendre, et j'ai l'intention de la supprimer.

— Avec tout le respect éminent que je vous dois, je vous ferai cependant remarquer (objecta Anatole France, tout pâle et prêt à pleurer)...

— Il n'y a pas d'observation. Vous admettrez que je ne suis pas le premier venu et que l'on parle de moi dans le public. Eh bien, mon libraire me téléphone que l'on a vendu seulement, en deux semaines, cinquante exemplaires de mes discours. C'est invraisemblable.

— Il faut tenir compte de l'action noire, de la propagande cléricale...

— J'en tiens compte. Si violente qu'elle soit, elle ne suffit pas à expliquer un insuccès qui m'émeut et me rend trop pareil à Clemenceau. Combien avait-on vendu d'exemplaires du *Grand Pan?* Ma police m'affirme que dix-sept est le chiffre exact, officiel.

— Je l'ignore, en vérité (répondit le vieil huissier avec mélancolie). Je sais seulement que le bonhomme Amyot rapporte que sa traduction de Plutarque... »

Combes interrompit sans ménagements : « Je me fiche du bonhomme Amyot. Vous allez me refaire votre préface. Tâchez; cette fois, qu'elle allume l'acheteur. Pourquoi n'y mettriez-vous pas des bonnes grosses gauloiseries anticléricales comme celles qui ont fait la fortune de Zola?...

— C'est que... cela... oui, enfin... n'est guère mon genre.

— Tous les genres sont bons, hors le genre ennuyeux, monsieur l'académicien. On m'avait bien prévenu que votre prose nuirait à la mienne. Edgar est un garçon de goût. Il n'a cessé de me répéter : « *Papa, ce vieux France est fichu.* » Ce sont ses propres expressions. « *Les Juifs eux-mêmes ne le lisent plus.* »

» C'est vrai, ça ? Je croyais qu'au contraire vous étiez très goûté dans le monde israélite... Allons, ne vous désolez pas. Je m'en voudrais de vous décourager. Vous êtes plein de bonnes intentions, je le sais, et je vous promets qu'au jour de l'an prochain, si je suis encore ministre, vous aurez de mes nouvelles... Là, là, séchez vos yeux. C'est ridicule de pleurer à votre âge et avec une épée au côté... Tenez, je vais vous consoler : Loubet compte publier prochainement, sous son nom, un recueil de discours de Lamartine et vous demander, lui aussi, une préface. Vous ne vous embêtez pas, père Thibaut... »

. . . .

Celui qui fut Anatole France est rentré chez lui, dans son logement orné de livres et de bibelots. Il a accroché sa chaîne au mur. Il s'est endormi avec des soupirs, ainsi qu'un vieil enfant grondé. Et maintenant le pauvre huissier rêve... Il rêve que le père Crainquebille, poussant sa voiture pleine de légumes, que le chien Riquet, que l'élève Roux, que le professeur Bergeret lui-même viennent lui reprocher sa déchéance, l'abjection où il est tombé. Le père Crainquebille hoche la tête, Riquet aboie douloureusement, M. Bergeret le désigne à Roux d'un doigt qui tremble : « Voici celui qui reçut des dieux le don de s'exprimer en français et la faculté de vivre libre, indépendant, honoré de tous. Redoutons la fréquentation des Juifs, les trames compliquées du ghetto, les pièges de notre propre faiblesse, quand une conscience droite ne nous soutient plus. »

LE PEINTRE DES TORÉADORS

Le nom de Goya est de ceux, très rares, qui ne se laissent jamais oublier. Une transaction artistique récente nous prouvait en quelle haute estime se maintient son œuvre parmi les amateurs. La mort du torero Reverte a tout de suite éveillé dans nos mémoires les images ardentes et magnifiques que le grand dessinateur espagnol consacra aux courses de taureaux.

Goya est un réaliste lyrique. Sa colère, sa pitié, sa surprise, sa vision même sont enthousiastes et se juxtaposent quelquefois, sur la même planche ou la même toile, avec une brutalité allègre qui tient du cauchemar. Les malheureux encyclopédistes de la primaire qui inventèrent le naturalisme, la chose et le mot, auraient bien dû prendre quelques leçons à l'école de ce maître, qui demeure sobre dans l'épouvante, chaste et discret dans l'extrême horreur. Il savait, lui, la distance énorme qui sépare le repoussant du terrible. Il savait aussi qu'un détail trop strict ne convient point aux spectacles émouvants. Il eut, comme on l'a dit, la manière abrégée.

J'ouvre cet album étonnant qui a pour titre : *Les horreurs de la guerre* et qui est un résumé de l'indignation soulevée en lui par les campagnes de Napoléon en Espagne. Je tombe sur la planche où une femme ployée

20

dans la mort est emportée vivement par quelques hommes à la figure indifférente, cependant que sa petite fille, les poings dans les yeux, la suit d'une démarche grandie, ennoblie par le désespoir. Cela se passe sous un ciel de poix et de fumée, un de ces ciels inventés par lui, où il n'y a plus de providence, qui sont méchants comme les humains.

La légende est : *Malheureuse mère !* Et cela vous serre le cœur mille fois plus que la description la plus exaspérée de ce livre mauvais et sot : *La Débâcle*.

C'est que Goya, dans la peinture des pires excès, ne renonce pas à son don suprême : l'élégance. Ainsi que Rembrandt et Shakespeare, il tempère par elle l'atrocité. Il sait qu'elle est la sœur de l'héroïsme, et que la frénésie la plus débridée est acceptable, du moment qu'elle reste harmonieuse, qu'elle n'est avilie ni dégradée par rien de médiocre ni de plat. Dans les flammes et dans les tortures, devant les canons des fusils et des piques, ses personnages ont grande allure. Quelques-uns se tordent les mains, regrettent la vie qu'on leur arrache. D'autres, les extatiques, appellent joyeusement, patriotiquement la mort qui sème la juste revanche. D'autres implorent. D'autres ramassent, en un seul regard intérieur, les plus beaux souvenirs de leur existence. Il en est qui sourient et acceptent. Il en est qui grimacent de dégoût. Sur tous est jeté un voile de compassion, de compréhension majestueuse qui fait passer le sang et la sanie.

Il n'y a pas d'artiste plus sincère, ni qui se livre plus entièrement. Après avoir longuement et souvent considéré ses œuvres, même si je ne savais rien de sa biographie, je pourrais vous exposer son caractère, ses manières d'être et de réagir. Ses portraits nous montrent un homme robuste, au visage solide et construit par plans, ainsi qu'un Balzac, avec des yeux d'un feu admirable. C'est le masque d'un combatif qui aime la vie passionnément, dans sa force et dans sa finesse, dans sa lumière et dans ses ombres.

Sa fantaisie, son diabolisme, son aptitude à représenter des sabbats, des chimères impossibles et mons-
trueuses, les « ægri somnia » du poète, qu'il retraça si
étrangement dans ses *proverbes* et ses *caprices*, tout ce
cortège de déformations et de gnomes lui vint évidemment
en partie d'impressions d'enfance et des contes de sa
nourrice (comme chez Pouchkine et tant d'autres), en
partie des débris de réalité que recuisait et réagglomé-
rait constamment le creuset de son imagination formidable. Il était de ceux chez qui rien ne se perd et chez
qui tout se crée, de ces privilégiés qui, avec une peur de
la septième année, font un chef-d'œuvre vers la cinquan-
taine. Pendant le jour il observait ; au crépuscule, alors
que la lumière est moins crue et que les couleurs se
fondent, tandis que les lignes généralisent, il composait
et projetait. La nuit, ouvrier laborieux, il ramassait
ses copeaux et ses scories pour en former de curieux
phantasmes.

Avec un peu d'attention, en effet, on retrouve, dans la
plupart de ses Caprices, des fragments de réalité utilisés
dans d'autres œuvres, notamment les scènes d'Inquisition et les maquettes de tapisseries. Son génie se sou-
lageait de visions obsédantes en les dessinant ou les gra-
vant. Ainsi sa main délivrait son œil du tourbillon, sans
cesse renouvelé, des images.

Il est, bien plus que Hogarth et tout autrement, le
peintre de la mauvaise intention, de la cruauté en tapi-
nois, du projet pernicieux. Il sent, comme un enfant ou
comme un pieux ermite, le Diable, le Malin, l'esprit des
ténèbres rôdant et grinçant sans répit autour de nos
actions et de nos pensées. La plupart de ses figures sont
guettées. Il y a, derrière ce qu'elles expriment, autre
chose que ce qu'elles expriment et qui n'est pas la fatalité. Je parle ici même pour ses portraits, pour ses représentations, en apparence souriantes ou impassibles,
d'amis, de princes et de princesses. Tous et toutes ont
des regards trop aigus, des mains trop nerveuses, semblent craindre de se retourner.

Il prend, par exemple, ce thème aimable et gracieux : des jeunes filles s'amusant, dans un parc, à faire sauter et se contorsonnier un mannequin sur un drap qu'elles tiennent aux quatre coins, tendent et relâchent alternativement. Ce serait une scène à la Watteau, n'était l'air sournois des demoiselles, la chute raide et douloureuse de la poupée, où perce déjà l'intention satirique et philosophique du jeu de la femme avec l'homme. Plus tard, au hasard des sujets, ce divertissement deviendra un supplice, une scène infernale, passera de la réalité à l'allégorie et de l'allégorie à la réalité par phases brusques, nous dessinera, par ses modifications, la ligne sinueuse et nuancée d'une fantaisie qui se plaît aux métamorphoses.

Rien n'est intéressant comme de suivre ainsi, chez ce grand artiste, les transformations du réel, les ressources infinies de son crayon.

Mais ce qu'il y a peut-être en lui de plus remarquable, ce qui constitue à mon sens sa principale originalité, c'est la rapidité de sa vision.

Vous connaissez ces images photographiques instantanées qu'utilise le cinématographe, qui décomposent la marche, le saut ou le vol. L'œil de Goya saisissait le mouvement avec une vitesse et une précision analogues. Son art nous restitue la crispation musculaire à l'instant où elle se forme, la crainte, l'angoisse, la stupeur, le choc dans le moment même de leur genèse, à leur point d'attaque sur l'organisme. Ce cavalier qui tombe, ce cheval qui s'effare, ce bras qui se lève armé d'un couteau, cette main qui lâche les rênes, ce pied qui se dégage de l'étrier, tous ces éléments d'un même tumulte sont clichés par une rétine sensible aux empreintes du dixième, du vingtième de seconde.

Les gestes ont l'air faux quelquefois, tellement ils sont vrais dans la promptitude. Dans le fameux tableau de Vélasquez, les *Fileuses*, le maître a négligé de dessiner la main qui tourne le rouet au premier plan, et c'est un de ces détails de métier que les professeurs signalent aux élèves avec une admiration d'autant plus vive qu'ils ne le toléreraient point chez un autre. De pareilles licences sont fréquentes dans l'œuvre de Goya. A force d'être naturelles, elles ne se laissent même plus remarquer.

Quand on a longtemps regardé ces cortèges macabres, ces fusillades, ces tortures, tout ce tragique forcené, on éprouve une sensation singulière : on est littéralement assourdi. Les clameurs, les vociférations, les sanglots, les soupirs, tout le système acoustique du massacre, de la haine et du désespoir, bien qu'absents de l'art de la peinture, sont exprimés par l'art de ce peintre. En d'autres termes il nous expulse de son métier pour nous rejeter violemment dans la vie. Ce visionnaire est un dramaturge d'une intensité et d'une habileté rares et qui se sert des moyens classiques.

Il a cette force : il laisse deviner. Il se garde bien de tout dire. Il met la beauté au premier plan, une Espagnole, comme il sait les traiter, qui se tord et qui se débat entre les bras de ses ravisseurs, et il plonge ceux-ci, au deuxième plan, dans une bagarre sanglante et confuse, un enchevêtrement de bras et de poignards. Le lointain est une petite forteresse, sur une colline brûlée, dans un terrain inculte, ou un rempart de ville, défoncé, sinistre, ou la baie maussade d'un cellier.

Sa précision mesure sa fureur. Il achève surtout ce qui l'indigne. Il ne nous épargne aucune des plaies, aucune des vaines implorations, aucune des palpitations de la victime, et il inscrit, en traits de feu, la joie sauvage et docte du bourreau. Il personnifie ceux qu'il hait, comme un imagier du moyen âge, par des ressemblances d'animaux, de tigres, de hiboux, de renards. Jamais, pour attendrir, il ne se sert de moyens bas, ni d'artifices de mélodrame. La petite fille qui pleure sa mère morte et dont je vous parlais tout à l'heure serait irréalisable à l'Ambigu.

Il a été imité et plagié comme personne. Le meilleur de Manet vient de Goya, sans feinte ni intermédiaires.

Manet s'est inspiré de Goya dans sa couleur, dans son
relief âpre et mat, dans la molle inflexion de ses héroïnes
et jusque dans ses sujets tragiques. Mais il n'a pas la
fougue innée et sincère de son maître, ni sa vision de
proie ; et la fatigante volonté de la hardiesse supplée
chez lui à l'audace inspirée, à la flamme vraie du peintre
espagnol.

RACE ET CASTE

M. Albert Guinon, l'auteur de *Décadence*, que vient de
représenter le théâtre du Vaudeville, a écrit pour la scène
deux drames amers et puissants, les *Johards* et le *Partage*.
Il est de ceux dont on attend beaucoup. Ceci nous met à
l'aise pour relever ce que j'appelle les erreurs sociales de
sa dernière œuvre.

Cette *Décadence*, saisie jadis puis lâchée récemment,
non sans quelques gouvernementales coupures, par les
ciseaux des censeurs, met en présence et en antagonisme
les fils de Sem et les fils des Croisés Elle prétend à l'im-
partialité par le rapprochement, brutal et véhément,
d'une aristocratie dégénérée et de financiers corrupteurs
et corrompus. Elle oppose une race à une caste. Opposition que l'on pourrait d'ailleurs contester et que l'on
doit regretter, car elle manque de logique et elle rape-
tisse le plus dur, le plus pressant problème des temps
modernes. Alors que le *Retour de Jérusalem* va cruellement, nettement au fond des choses, *Décadence* se perd
dans un détail oiseux qui est le plus souvent inexact.

Si j'en crois les récits de ses biographes, M. Albert
Guinon vivrait, la plus grande partie de l'année, à l'écart
de ses contemporains, à la campagne. Mauvaise condition pour un satiriste. Il faut aller trouver les travers et

les vices chez eux. Autrement, le plus habile court le
risque de fustiger de vains fantômes. A quiconque veut
châtier le monde, je déclare : « Sois mondain et sache ce
dont tu parles. Fréquente et observe les milieux. Seul le
métaphysicien, cet astronome du cœur, a le droit d'être
un solitaire. »

Or, le moraliste de *Décadence* se fait une idée vraiment extraordinaire de la société qu'il dépeint, des personnages qu'il anime sous nos yeux. Quand je dis qu'il
les anime, j'exagère. Il les habille de conventions. Il les
bourre d'une étoupe de poncifs à laquelle il met le feu
arbitrairement. Les comtes, les princes, les marquis qu'il
nous offre ont l'air de sortir des articles du citoyen
rentier Jaurès ou des songeries d'un caïman radical.
M. Camille Pelletan lui-même les récuserait comme
auxiliaires et commensaux. Le duc de Barfleur parle à sa
fille ainsi qu'à une demoiselle de chez Maxim ; Jeannine
Strohmann, née de Barfleur, répond à son père dans un
style qui ferait rougir, au-dessus de sa poêle éteinte, le
dernier des marchands de marrons. Ces nobles des deux
sexes se tiennent dans un salon aussi mal que des ma-
raîchers ivres dans une salle d'attente de troisième classe
un jour de marché. Il ne leur manque plus que de porter
des blouses et d'écraser, avec de gros rires, les pieds de
leurs contradicteurs.

M. Albert Guinon se représente et nous représente
l'homme titré comme un fainéant, un « tapeur » sans
vergogne ou un acrobate amateur. Quand ce détenteur
d'une particule et cet héritier d'un blason a fini de jongler
avec des haltères, il s'amuse à escroquer et injurier
Shylock. Il ne cesse d'être un athlète ou un flirteur que
pour devenir un parfait goujat. Dans la cervelle molle de
ce descendant du Gotha, il n'y a place que pour la galan-
terie la plus plate, le sport, l'emprunt ou un déplaisant
et cynique badinage.

Conception enfantine, que les commis-voyageurs en
démagogie, que les élèves de Homais et de Boquillon pro-
pagèrent, depuis un demi-siècle, dans l'imagination d'un

peuple naïf, amalgamèrent à d'autres calembredaines touchant le moyen âge, l'infortune des serfs et des manants, l'omnipotence de « la faction romaine », le coup de foudre des droits de l'homme. Le primaire de six ans se figure, sur la foi du primaire de soixante ans, que, sous le règne des Capétiens et des Valois, les petites gens ne s'occupaient qu'à battre les marais afin de faire taire les grenouilles qui gênaient les repos du seigneur. Ces grenouilles ont pris depuis leur revanche sous la forme de parlementaires. Il est fâcheux de voir un jeune auteur dramatique, plein de vigueur et de talent, sacrifier à un « Epinal » du même ordre.

Chose étrange dans une république, ce que l'on envie le plus, ce n'est pas l'argent, qui s'acquiert et se dépense, c'est le don inné de la bonne tenue ou le privilège héréditaire. Le vulgaire supporte qu'on le ruine, qu'on le dupe, qu'on l'exploite de toutes les manières, pourvu que ces choses se passent sur son plan, à son niveau. La supériorité d'éducation l'offusque. De là le succès facile et prodigieux de tout tribun, de tout auteur qui lui dépeint comme pourris, « gangrenés jusqu'aux moelles » — c'est la formule consacrée — ceux qui, de leurs anciens avantages, n'ont conservé que celui de la naissance. La masse reste longtemps fidèle aux images mélodramatiques qui assurèrent le triomphe de Marianne égalitaire, ennemie des châtelains et des tyrans. Ecoutez, dans la pièce de M. Albert Guinon, le dernier écho, affaibli et déformé, du *Ça ira*.

Si l'auteur de *Décadence* avait pris la peine élémentaire de se renseigner avant d'écrire, il saurait que l'entourage de Monsieur le duc d'Orléans — qu'il faut bien citer puisqu'il le cite — ne renferme point de duc de Barfleur ni même de marquis de Chérancé. La compagnie de bons Français et de Français de vieille race qui se sont groupés spontanément autour du noble prince en exil est une élite d'esprits et de talents. Vaillant et charmant, orateur éloquent et causeur spirituel, le duc de Luynes séduit ceux qui l'approchent par un ensemble de qualités tout à faire rare ; MM. André Buffet, de Lur Saluces, Léon de Montesquiou sont des érudits de premier ordre. Mon cher et merveilleux ami Charles Maurras ne passe point ses soirées dans des cirques. La pléiade des écrivains de l'*Action française* est à l'avant-garde des idées contemporaines, provoque toutes les contradictions, procède lentement et sûrement à cette restauration par l'esprit qui présage la restauration dans le fait. Enfin, ce n'est pas ici que je dois rappeler les mérites et services éclatants de poètes, de penseurs, d'historiens, de philosophes, tels que MM. de Mun, de Vogüé, d'Haussonville, Costa de Beauregard, d'Audiffret-Pasquier et tant d'autres, comme les François de Curél, les Henri de Regnier, les Robert de Montesquiou, les Pimodan, que leurs particules n'ont point gênés pour la conquête d'une renommée indiscutable.

Que les sots et les envieux de la roture — si honorable, quand elle n'est pas ostentatoire et oppressive — en prennent leur parti. Le privilège du nom n'empêche pas toujours celui du goût, du talent, voire du génie. Vainement l'on a reproché à Lamartine, à de Maistre, à Musset, aux Goncourt d'être de « sales aristocrates ». Pauvre querelle en vérité et qui témoigne, chez ceux qui la soulèvent, d'une risible petitesse de sentiments, d'un manque de fierté peu honorable.

La critique que je fais ici s'adresse moins à *Décadence* qu'à l'état d'esprit, presque périmé heureusement, dont ce drame est le reliquat retardataire. En voulez-vous une preuve flagrante ? L'amour immodéré des sports de force et d'adresse, poussé jusqu'à la manie, tel que le pratiquent les « nobles » de M. Albert Guinon, est aujourd'hui une tare bien démocratique. Les messieurs titrés ne sont pas les seuls à fréquenter les champs de courses. La bicyclette, l'automobilisme, le canotage, la natation, la gymnastique sous toutes ses formes ont actuellement comme clientèle passionnée le suffrage universel notre maître. Oserai-je même insinuer que l'exercice frénétique et « sans but » de ses muscles, inemployés

par un idéal quelconque, est, pour ce maître exigeant,
après l'alcool et l'utopie égalitaire, une troisième menace
d'abrutissement? On est parti de cette idée fausse que le
plus robuste et le plus entraîné est toujours le plus
valeureux. Oui, s'il vise quelque grand et noble but col-
lectif. Non, s'il remue simplement son oisiveté et trompe
son besoin d'activité par une agitation stérile.

M. Albert Guinon, qui n'est pas plus coupable en cela
que beaucoup d'entre nous, s'est laissé prendre au vieux
cliché de la race usée par son ancienneté, d'autant plus
débile et tarée qu'elle date de plus loin. Ceci est encore
un pont-neuf révolutionnaire qu'aucune observation vraie
n'appuie et que tout dément autour de nous. Il n'est pas
du tout démontré que ce qui s'affine s'affaiblit. La théorie
de la sélection de Darwin, si souvent citée par nos primaires, affirme, au contraire, que la durée est, en physiologie, un gage de perfectionnement. Nous connaissons
des brutes corrompues. Elles sont même fréquentes,
paraît-il, parmi les peuples neufs et issus de croisements
récents.

Les types les plus caractérisés de décadence, si l'on se
donnait la peine de les rechercher, se découvriraient,
sans doute, parmi les parvenus, les brûleurs d'étapes,
pour employer la terminologie de M. Paul Bourget. Le
pire déséquilibre moral est celui qu'entraîne le passage
brusque d'une situation sociale à une autre, quand la foi
chrétienne n'est pas là pour enseigner la résignation à
à ceux qui descendent et l'humilité à ceux qui montent.
Ce changement soudain de niveau désaccorde l'œil et la
raison. Je conseille, à ceux qui ne le connaîtraient pas
encore, la lecture du terrible roman dialogué de M. Claude
Berton, *Ces messieurs du tiers*. Ils trouveront là, dans un
mouvement à la Pétrone, l'effrayant tableau de milieux
sociaux qui ne sont certes pas aristocratiques, mais qu'a
dégradés, en une seule génération, le matérialisme à la
mode.

Au résumé, il n'y a plus de castes, dans le sens que
l'on donnait autrefois à ce vocable suranné. Les traditions

de tenue et de goût, qui subsistent dans certaines familles, créent désormais des obligations, non des privilèges, et ne constituent point des barrières. Par le travail, par l'intelligence, par les aspirations identiques, il y a libre communication, je puis bien dire communion d'âmes, entre ceux que l'on qualifiait, il y a cent ans, d'aristocrates et les plus clairvoyants parmi leurs concitoyens, non titrés, du tiers ou du quatrième Etat. Je crois être bon prophète en affirmant que la soudure se fait de plus en plus stable entre tous ceux, nobles, bourgeois, ouvriers, qui aiment leur pays avant tout, mettent son intérêt au-dessus de tout. Chaque classe a sa lie et son déchet. Chaque classe a aussi son élite. La collaboration de ces élites est indispensable à notre relèvement. Les ennemis de la monarchie n'ont pu la renverser et briser la France qu'en utilisant l'envie, fléau social, comme moyen de guerre et de haine civiles, qu'en faisant croire aux petits et aux humbles que les puissants vivaient de leur oppression. Il nous appartient de ruiner ce préjugé, de rappeler aux uns et aux autres que la vraie noblesse c'est la race et qu'il y a, entre concitoyens, par le patriotisme, une fraternité réelle et constante, un pacte d'entr'aide et de solidarité mutuelle.

Il nous appartient surtout de démontrer, inlassablement et vigoureusement, que ce terme de décadence est synonyme de révolution.

LE BAS DE LAINE

L'argent s'en va de France, c'est un fait, et, différent
en cela des hirondelles, il ne reviendra sans doute pas au
printemps prochain. Il a peur, il n'est pas tranquille. Les
divers projets du gouvernement ne sont point faits pour
le rassurer. Elle n'est pas réconfortante non plus la
perspective d'un avenir révolutionnaire, où le droit primordial de propriété, où l'épargne et l'héritage seront remis
en question.

Cet exode des capitaux est une chose si menaçante
que les promoteurs de l'impôt sur le revenu cherchent
des atermoiements, reportent à l'an qui vient des mesures
absurdes et vexatoires ; celles-ci n'augmenteront le bien-
être de personne, mais molesteront les rentiers, les « borgeois », ajouteront au désarroi, à l'anxiété, à cet état de
malaise latent et menaçant assez comparable au silence
accablé, à la molle torpeur d'avant l'orage.

« On ne sait pas comme la France est riche ! » Ce mot
d'un banquier célèbre, demeuré vrai jusqu'à maintenant,
s'explique par l'abondance de nos ressources et la solidité du bas de laine. Nous avons un sol surprenant, des
richesses naturelles incomparables, de quoi vivre heureux et calmes au fil de notre tradition. Nous n'avons pas,
nous n'aurons peut-être jamais la fiévreuse activité
industrielle et financière de l'Amérique, l'expansion considérable de l'Allemagne. Mais nous avons le génie de

l'épargne. Quiconque a fréquenté des paysans, connu un notaire de province, causé avec un boutiquier comprend bien ce que je veux dire. La peur de manquer est dans l'âme française, si conservatrice, si prévoyante. Non seulement on a peur chez nous de manquer dans un avenir prochain, mais on envisage l'avenir lointain, les enfants et les petits-enfants.

Instinctivement, par la profonde, vigoureuse, saine intuition populaire, si différente de la fallacieuse raison des utopistes et des dreyfusards — je prends ce dernier terme au sens philosophique — instinctivement nous visons la race et la préservation de la race. Le dilapidateur et le prodigue qui apparaît de temps en temps comme un cataclysme au sein de nos familles économes, n'est que le déclenchement de la soupape, le trop-plein d'une surveillance excessive qui va parfois jusqu'à l'avarice.

Le Français n'oublie pas la peine ni le travail de ses ascendants directs et de ses ancêtres. Il tient à la matérialité de son argent, qui représente cette peine et ce travail sous une forme sonnante et trébuchante. Il a l'horreur du gaspillage du fruit de l'effort hasardé et compromis. De là, le bas de laine, le tiroir du bahut, la cachette sous la commode et toute la finasserie rustique. Les écus sont à la fois des moyens et des lares. Ils tiennent au logis et à l'habitant. Ils servent, sans doute, le calcul et l'intérêt, mais ils adhèrent aussi au sentiment par des voies détournées et subtiles.

Cette zone étroite et non définie, où la tradition collabore avec la nécessité de chaque jour, où l'amour du gain coïncide avec l'amour de la patrie et de la famille, si vivace encore dans les cœurs, je la baptiserais volontiers la couche ardente. Je la vois sainte et redoutable. Je crois que le régime assez imprudent, quel qu'il soit, pour s'attaquer à cette réserve de numéraire et d'espérance, à ce coffre-fort tabernacle est perdu.

Cela va plus loin que la théorie. Car c'est l'expérience de l'histoire et de la vie de tous les jours. C'est aujourd'hui une vérité banale que les révolutions ont toujours

coïncidé avec de grandes secousses financières. La réforme, même en Allemagne, qui commença, en apparence, par un point de dogme et un schisme, pour aboutir à la révolte des paysans, n'échappe point à cette loi
générale. La hideuse aventure de 1793, dont nous subissons encore aujourd'hui les néfastes conséquences, n'y
échappe pas non plus. Le reflux de l'argent dans notre
nation ne doit pas dépasser un certain point : celui où
l'épargne est à sec, où l'on voit, hideux coquillages, les bas
artifices de gouvernements qui ne surent ni prévoir, ni
enrayer.

En ce moment, la défense républicaine attaque résolument la couche ardente. Je pense que les Français ne
sont plus dupes des grands mots ni des beaux discours
et qu'ils ont compris tout de suite à quelles nécessités
immédiates et redoutables correspondaient la loi de spoliation anticongréganiste, le projet des retraites ouvrières, et le projet d'impôt sur le revenu.

Pour diriger un pays à contre-sens, pour l'extirper
de sa légende, de ce qui fit, à toutes les époques, sa
haute destinée et son glorieux renom, il faut dix fois plus
d'argent que pour l'administrer avec sagesse. Dans un
pays de suffrage universel, où le bulletin de vote joue un
tel rôle, une armée de fonctionnaires est indispensable
qui voteront par ordre, obéiront au doigt et à l'œil. Ce
point particulier, Jules Lemaître l'a, en maint article,
admirablement mis en lumière. Dans quelques années,
si les choses ne changent point par un coup de fortune,
la terre de France ne donnera plus comme produit que
du fonctionnaire. Celui-ci sera d'autant plus exigeant et
insatiable que ce qu'on exigera de lui sera plus contraire
à ses tendances. C'est une des formes de la ruine.

Une autre forme de la ruine, c'est la nécessité d'un
fonds de roulement pour une politique antinationale qui
refoule en ce peuple-ci ses ardeurs naturelles, son besoin
d'expansion, son amour du panache et du drapeau, sa
hâte à marcher derrière les tambours. L'argent volé aux
congrégations servira à mater le sabre, à désorganiser

l'armée, l'esprit militaire un peu plus encore, n'en doutez pas. En outre, les élections approchent. Ces élections, que redoute avec raison le pouvoir actuel, vont être la grande gabegie, la danse des millions, la source peut-être de la très prochaine, très inévitable débâcle. Que promettra-t-on aux financiers, aux agioteurs, aux usuriers qui vont se saigner pour le ministère ? Quelles récompenses exceptionnelles les attendent? Peut-être l'autorisation plus complète encore de se payer sur la bête, sur la bonne bête, sur Gogo de France et de Navarre.

C'est ainsi que chaque période électorale est une prime à l'immoralité et à l'audace de la grande flibuste. On explique ensuite au prolétaire que la misère découlant de là tient aux infâmes aristocrates, aux officiers et aux curés.

Ceci nous mène directement à la troisième forme de la ruine, toute caractéristique, toute spéciale à notre époque et à la jolie secte que nous subissons : je veux dire l'alliance étroite et récente entre l'internationale des riches et ceux qui, à tort ou à raison, prétendent représenter l'internationale des pauvres. Certes, de grandes divergences séparent ces deux internationales, puisque l'une tend à exploiter et que l'autre tend à se révolter contre l'exploitation, contre l'usage même de la valeur humaine. Mais elles ont un ennemi commun qui n'est autre que l'épargne, que le sentiment traditionnel et national, que ce que je baptisais tout à l'heure la couche ardente.

Le principal résultat de l'affaire Dreyfus a été de dénuder ces tendances qui préexistaient, mais recouvertes de notre indifférence. Aujourd'hui, l'alliance de l'internationale des riches avec l'internationale des pauvres est complète. Elles marchent la main dans la main vers un idéal de chambardement et de révolution à outrance. La durée du ministère actuel tient à ce qu'il s'appuie sur cette étrange cohorte.

Peu importe aux juifs, aux nomades, la ruine progressive de la France. Ils pêcheront toujours en eau trouble. Quand la pêche cessera d'être fructueuse, ils transporteront leurs tentes ailleurs. Il leur faut l'argent

du bas de laine. Ils comptent sur la sociale, sur le collectivisme, pour le leur fournir par des lois favorables, ces
effrayantes lois que nous voyons surgir en ce moment, à
faces de tribuns, à ventres d'exploiteurs, et qui, comme
Ugolin, dévoreront leurs enfants.

Notre pays est mis en coupe réglée par une bande
sournoise et habile ; voilà ce qu'il faut bien savoir. Ceux
qui tiennent les ficelles ne sont pas ceux qui pérorent,
qui clabaudent, qui agitent le spectre fumeux de la réaction religieuse et militaire. Ceux qui tiennent et tirent
les ficelles, qui font mouvoir les pantins du Parlement et
du tout-au-Sénat, ceux-là sont d'habiles calculateurs,
des messieurs très bien mis assis dans des bureaux et qui
organisent posément à grand renfort de commandites,
d'agents véreux et d'actionnaires louches, une entreprise
de baraterie contre le vaisseau de la France. Ils ont caché
la bombe dans la cale avec un rouage d'horlogerie et ils
attendent que cela saute, en pleine mer, pour toucher la
prime d'assurances.

Voyez les grèves. Elles font partie de ce système nouveau et elles sont d'un rendement sûr. Chacune d'elles
met en vedette un nouveau leader socialiste. C'est une
bonne école de députés. On y apprend à séduire, à duper,
à mentir. Chacune d'elles est une cause d'appauvrissement pour telle ou telle branche de l'industrie nationale.
En quoi cela gêne-t-il les pirates dont je vous parlais
tout à l'heure ? Ils sont des nomades. Ils vivent en parasites parmi les sédentaires. Ils souhaitent que le feu soit
à la maison pour piller et razzier à la faveur de l'incendie,
des éboulements et des clameurs.

Le Français est confiant et naïf. Il croit au boniment
du marchand de vin, de son enfant le parlementaire. Il
croit à la musique humanitaire. Il se laisse molester et
tromper. Il ne se réveille brusquement que si l'on perce
son bas de laine. Ce jour-là, par exemple, il devient terrible. Salut au mauvais entendeur.

21

FRÉDÉRIC MISTRAL

Je considère Frédéric Mistral, et c'est, je crois, l'avis de tous, comme la gloire la plus pure de notre temps.

Je considère Frédéric Mistral, et nous sommes quelques-uns de cet avis, comme le plus grand poète lyrique du dix-neuvième siècle français. Il est pour notre pays ce que Gœthe et Wagner sont pour l'Allemagne moderne, ce que Byron et Tennyson sont pour l'Angleterre, ce que déjà Lamartine fut chez nous.

Mistral est surtout un lyrique, en ce sens qu'il est le contraire, j'allais dire l'antidote d'un romantique. Alors que le poète romantique, si grand qu'il soit, si tonitruant, si fameux, assembleur de nuées verbales où bruit le cliquetis des métaphores, ne nous apparaît jamais que comme une individualité exaspérée, une sibylle du moi, un Tyrtée révolutionnaire, alors qu'il nous saisit en nous rebutant et nous ravit par la stupeur, le poète lyrique nous tend, d'un geste harmonieux, la pleine corbeille de la tradition et de la légende. Il est chargé de la race, soutenu, rythmé, guidé par elle. En lui chante la voix des ancêtres, sans intervention de clameurs indignes ni de méprisables applaudissements. Il n'a rien d'un tribun, ni d'un virtuose.

Jamais un lyrique comme Mistral ne chercha, dans la

circonstance, l'occasion d'un succès facile. Bénir les peuples, maudire les rois, vitupérer la tyrannie, il laissa ces thèmes aux rhéteurs, il eut la majesté sans pompe et la génialité affable, souriante, qui n'agite pas des foudres de carton et ne prend pas des attitudes devant l'infini. Il ne tutoya jamais la Providence, jamais ne réfuta le Dieu des Evangiles au bénéfice du Dieu des bonnes gens, lequel est trop souvent le Dieu des mauvaises gens. Il ne prit pas le Diable par la main pour le mener voir le plus beau poème du monde.

Dans son hospitalière petite maison de Maillanne, entre les lauriers, les oliviers grêles, les cyprès aigus, sous un ciel tiède et parfumé, dans la candeur des choses et des êtres, écoutant à la ligne d'horizon ce murmure lointain de la gloire qui frémit comme un passage de tambours, là vécut, vit et vivra longtemps encore Frédéric Mistral, entouré d'immuables amis, d'affections chères à son cœur. Il a su, en lui et autour de lui, préserver la Sérénité, cette déesse du Foyer antique, qui semble avoir déserté le Foyer moderne. Elle a, par un juste retour, éloigné de lui l'orgueil, l'infatuation stérile, la politique dégradante, toute l'ivraie du succès trop prompt où se mêlent des éléments impurs.

Ainsi, la vie de Mistral est telle qu'une route blanche de son pays, où la poussière parait la cendre des ancêtres, une route bordée de souvenirs grandioses, où rôde et s'assied la légende dans une nature humanisée.

Suivant un dicton fameux, Mistral peut dire à tout autre poète : « J'aime mon village plus que ton village, j'aime ma province plus que ta province, j'aime la France par-dessus tout ». Il est familier et rustique. Il suit la charrue dans son sillon, il se mêle au chœur des vendangeurs et à la cueillette des olives. Il a, comme fit le Dante, recueilli dans l'usage et remis en valeur épique ces mots et locutions admirables, chargés de sens comme un fruit de suc et que méconnaissent les pédants ou les chercheurs de sensations complexes. Entre la terre brune et les astres il a, par une belle nuit d'été, évoqué le vieux vocabulaire provençal, le verbe coutumier qui, serti dans son vers, prend une incomparable majesté.

Or, il manie le français comme son idiome. Il suffit, pour s'en assurer, de lire les traductions de ses poèmes, faites par lui-même en regard du texte, avec un scrupule extraordinaire, où l'amour et la connaissance parfaite du français moderne enserrent et complètent l'amour, la connaissance instinctive de la langue d'oc.

En Mistral, comme en tout vrai lyrique, s'entrelacent étroitement la culture et l'instinct. Il n'ignore rien du terme qu'il emploie, de ses origines, de ses métamorphoses, mais il l'emploie au moment juste, en place et dans son plein éclat. Les paysans et les guerriers, les amoureux, les rois, les héros qu'il nous montre parlent le langage qui leur convient, dans la lumière qui leur sied, et accomplissent une destinée touchante ou tragique conforme aux jeux profonds de leurs âmes. Rien de discordant et de sournois. Mireille, Nerte, Calendal, la reine Jeanne, le prince d'Orange sont et demeureront des types universels et précis, ces images éternelles de la poésie où se rencontrent, pour notre joie, la splendeur de la fresque et le liséré de la miniature.

Aussi vous ai-je dit que chez Mistral comme chez nul autre, palpitaient conjointement la force et la finesse. Or, comme il paraît excessif aux hommes d'accorder à la fois à un autre homme, fût-il génial, la force et la finesse, la gloire du poète de *Mireille* a mis longtemps à mûrir et grandir. Mais aujourd'hui elle nous étonne par ses proportions.

Je prie ceux qui considèrent mon admiration comme excessive de bien examiner que ce poète a une signification nationale et sociale. Nous le revendiquons pour chef nous autres les défenseurs de la légende, de *notre* légende, de notre terroir, nous qui, bien qu'Européens de culture et amis, quand elle est saine et brillante, de la pensée étrangère, aimons la France par-dessus tout. A ceux qui nous vantent l'internationalisme, l'humanitairerie vague, la logomachie suisso-belge et toute la

fumure du bordereau, aux détracteurs de l'esprit français, le plus clair, le plus hautain qui soit ici-bas, nous
répondons : « Voyez Mistral. »

Nous ajouterions, si c'était nécessaire : « Celui qui
conta les amours de Mireille, le cours impétueux, passionné du Rhône où sont tous les reflets de l'histoire, la
légende merveilleuse de la *Communion des saints* et le
Tambour d'Arcole, celui-là fut sensible à la beauté vraie
de l'épopée, enlaurée, brillante et tragique, comme à la
tranquille beauté intime des simples et des paysans.
Mais celui-là aussi crut tellement à la chaîne des aïeux, à
la nécessité de regarder souvent en arrière, au pouvoir
transmis, qu'il mit au niveau de ses œuvres les plus magnifiques cette œuvre si curieuse du musée d'Arles. »

Oh! ce musée ethnographique et traditionnel, organisé par Mistral lui-même dans la ville grecque et sarrasine, dans un de ces vieux palais somptueux et sordides
qui bordent les rues étroites aux cailloux aigus! Je ne
saurais trop engager à le visiter ceux qui liront ces
lignes et verront en elles moins l'apologie, d'ailleurs inutile, d'un poète, que l'éloge ému d'un patriote.

Il y a, dans un ordre merveilleux, derrière ces vitrines
du musée d'Arles, toute l'histoire de la vie méridionale,
depuis les berceaux et les robes de fête, depuis les rouets
et les bassines jusqu'aux clochettes des troupeaux. Rien
de touchant comme les étiquettes qui portent le nom de
chaque objet et sa destination en raccourci. Ce qu'on
peut appeler, avec une courte avance sur la postérité,
l'esprit mistralien, règne ici. Le goût de précision et de
méthode, qui valut au poète ses plus beaux effets et ne
brida jamais l'essor de l'aigle, s'impose ici à l'imagination. Nous retrouvons aussi cet amour religieux des
dieux lares, ce pieux paganisme qui, chez l'auteur des
Iles d'or, ne nuit en aucune façon à un catholicisme sans
réserves.

Au lointain de mes souvenirs je vois Mistral à côté de
mon père, causant et chantant avec lui, car la reviviscence de tous les rythmes et de toutes les sonorités était

en ces deux âmes vibrantes Je distingue mieux qu'alors
dans leurs regards ce sourire ému et charmant qui hu-
manise l'enthousiasme et lui permet de circuler autour
de la table, par la causerie. Sourire d'indulgence et de
bonté qui n'a vraiment rien de commun avec le ricane-
ment d'un Henri Heine, qui ne porte jamais sur les élans
sincères et spontanés du cœur, qui n'est pas en retrait
mais en évidence, et qui est à lisière de larmes.

Ce n'était plus l'âge héroïque du félibrige, mais c'en
était encore le bon temps. L'auteur de la *Grenade entr'ouverte* et des *Filles d'Avignon*, Aubanel le charmeur, vivait
encore ainsi que Roumanille et Félix Gras. Mon père
apportait là cette fougue multiforme et cette gaieté, cette
prodigieuse course d'idées dans la vie que nul contemporain n'a oubliée. Mistral et lui tiraient, de leur intaris-
sable mémoire, un chant, un récit, un proverbe, qui illus-
traient les paroles joyeuses et prolongeaient la fantaisie
par le rêve...

Au début de ces lignes, j'évoquais le grand nom de
Gœthe qui fut pour l'âme allemande ce que Mistral est
pour l'âme française. Car il la clarifia et l'harmonisa dans
le temps même où Jean-Paul Richter voulait l'enfermer
d'un noir romantisme. C'est invinciblement aux aphorismes de Gœthe que l'on songe encore quand on entend
ces lumineuses paroles de Mistral que nul Eckermann
patient et docile n'a jusqu'à présent enregistrées. Sur
bien des points le sage de Weimar et le sage de Maillanne
se rejoignent. Tous deux adhèrent si fortement à la réalité qu'ils arrivent en quelque sorte au verbe par l'intuition profonde de la vie, au lieu que le verbe s'impose à
eux et les grise. Tous deux ont le miraculeux et lucide
amour de la nature qu'a chanté le plus spontané, le
mieux doué des nouveaux lyriques : j'ai nommé la comtesse de Noailles, dans son beau livre le *Cœur innombrable*.

> Nature au cœur profond sur qui les cieux reposent,
> Nul n'aura comme moi si chaudement aimé
> La lumière des jours et la douceur des choses,
> L'eau luisante et la terre où la vie a germé.

C'est cette communion avec le grand Pan qui fait de
Mistral comme de Gœthe le plus étonné des rêveurs et le
plus conscient des analystes. Dans un musée ethnographique qui serait pour l'histoire des traditionnels ce que
le musée d'Arles est pour la tradition du Midi, je ferais
voisiner, sous la même vitrine, l'œuvre de l'Allemand
Gœthe et l'œuvre du Français Mistral. Je prouverais ainsi
aux récalcitants de l'avenir, en un énergique parallèle où
éclateraient même les différences, que les plus grands
arbres géniaux, ombrageant une longue descendance, ont
leurs racines indiscutables dans le principe des nationalités.

UN VISIONNAIRE DU RÉEL

Je crois bien que ce nouvel ouvrage, *l'Inde sans les Anglais*, est le plus beau livre de Pierre Loti. Les dons divers et si particuliers de l'écrivain de notre temps le plus sensible au monde extérieur sont ici portés au paroxysme. On est pris dans ces descriptions, à la fois larges et minutieuses, comme dans une hallucination colorée, parfumée, où tourneraient d'étranges musiques, des regrets imprécis, des désirs irréalisables. En un style clair comme une voix d'enfant, neuf et charmé, comme elle, par ce qu'il raconte, ce poète du départ, du lointain et de la surprise nous révèle une Inde qu'aucun autre n'avait ainsi « éprouvée » avant lui.

On a dit de l'auteur de *Mon Frère Yves* et de *Fantôme d'Orient* qu'il était un peintre merveilleux. Cela est tout à fait inexact. Si l'on groupait et reconstituait, par le trait et par la couleur, les paysages qu'il nous ressuscite, tels qu'ils dormaient dans son étrange mémoire, on obtiendrait des monstres baroques. Il serait absolument impossible de réaliser le décor de sa littérature. C'est que ce décor se meut, bouge sans cesse, plus auditif que visuel, et tremble d'un frisson continu, comme la feuille tremble sous l'orage, et nous trahit bien plus la sensibilité géniale de Loti qu'il ne nous traduit l'Inde ou la Chine, ou les îles engourdies dans la chaleur, ou les petites chaumières bretonnes.

Il est permis, pendant la semaine sainte, de frôler quelques pensées graves. La principale source, chez les poètes, du lyrisme mélancolique est la constante image de la mort, de la fuite irréparable des heures. Aussitôt qu'une impression vive, éclatante, héroïque, sublime ou joyeuse entre en eux, elle fait résonner dans les profondeurs ce glas qui l'accompagne en sourdine, l'exhausse d'ailleurs et la magnifie. Par ce biais, les plus grands lyriques sont des prédicateurs voilés. Ils disent à leur désir : « Hâte-toi, mais sache que tu es transitoire. » Ils disent à leur curiosité, à leur besoin de déplacement : « Empêche-moi d'entendre la pendule et de compter les couchers de soleil. » Ils nous enchantent à fin de s'étourdir. Ils nous émeuvent et nous exaltent en charmant leur crainte du néant.

Chez aucun comme chez Pierre Loti, cette préoccupation ne fut souveraine. Il est hanté par la déesse noire qui se tient derrière tout pèlerin et il semble ne marcher toujours que pour ne pas regarder en arrière ; il est talonné par une fièvre funèbre. Les termes de ruine, débris, linceul, décombres, poussière, reviennent sous sa plume avec une insistance pénétrante et fine comme les gouttelettes glacées d'une brume d'automne. Pour cet inlassable navigateur, Cythère est toujours l'île triste et sombre que déplorait magnifiquement Baudelaire. Sa convoitise de l'autre horizon, qui vient après cet horizon-ci, a quelque chose d'une fuite devant l'énigme. Il souhaite des paysages inconnus pour se délivrer du mystère.

Il se débat dans sa prison flottante d'eau, de ciel et de perspectives, comme un papillon dans un tombeau, le plus rare, le plus nuancé des papillons, dans le plus orné des tombeaux. C'est pourquoi il est cher, comme pas un, à ses innombrables lecteurs. Il exprime leur angoisse secrète et il lui prête tant de beauté, il la diversifie avec un art si magique, qu'ils en gardent une reconnaissance.

Toute sa litanie consiste à conjuguer le verbe « échapper », mais de quel accent somptueux il l'égrène !

Par son irrémédiable mélancolie, par sa hâte à se prêter à la nature, à remplir d'émotions renouvelées son émotivité, tonneau des Danaïdes qu'une admirable ardeur dessèche presque aussitôt, par son inquiétude, par sa porosité, il a l'air d'un mystique en chemin, d'un rêveur mobile et insatiable, qui cherche la stabilité et la permanence du divin à travers les ruines de l'histoire, les civilisations disparues et superposées. C'est l'Etoile qu'il invoque à travers tant d'étoiles. C'est le havre de grâce qu'il convoite, celui qui courut tant de ports de mer.

Cela est tellement vrai que dans cette *Inde sans les Anglais,* après avoir traversé les temples gigantesques, les villes roses et blanches où la population meurt de faim dans les rues, les grottes, les jungles et les déserts, il aboutit à Bénarès, à la maison des sages et des théosophes qui lui parlent du bouddhisme et du brahmanisme, bercent sa perpétuelle anxiété, aiguisée par un tel voyage, de paroles lentes, graves et douces à son cœur, car elles drapent de raisons l'Impénétrable. Après les danses rituelles des bayadères, elle lui plaît, cette austère harmonie des vieilles idées cosmiques et philosophiques, qui gravitent dans l'esprit de ces solitaires, transmises des temps immémoriaux, telles les planètes dans la nuit pure. Il les aime, ces paroles pieuses, ainsi que les sœurs du silence.

Ah ! ce silence ! Il est, avec la famine, le motif de ce livre extraordinaire. Silence de pierre et d'éboulement, que troublent seuls les cris voraces des corbeaux, conquérants ultimes d'une terre d'où essaimèrent tant de peuples, toutes les races de l'Europe moderne. Silence solennel et d'histoire, que la nuit aggrave et refroidit, où la suite des siècles se tient figée et menaçante ainsi qu'une de ces idoles à mille bras armés qui terrifient le voyageur. Et le voyageur ne se lasse point de répéter ce mot nu de « silence » qui a la stupeur du passé, la morne

tristesse de l'accompli. La forêt se tait, pleine de lianes
où la sève a cessé de monter et qui ne sont plus, comme
toute l'Inde, que le moule, la coque d'une vie disparue,
usée par sa force de transmission.

Le temple se tait dans la forêt, avec sa déesse atroce
et muette dont le culte se poursuit par fortune, comme
surnage dans l'esprit des derniers desservants le scrupule religieux, presque éteint, de jadis Les tombes sont
retournées à l'humus, mais l'humus est devenu infertile
et la métempsycose semble arrêtée. L'excessive durée
viendrait-elle à bout de la transmigration des âmes, lasses
de parcourir des corps éphémères ? Au milieu de déserts
ocreux où souffle un vent pâle et froid, l'aspect de ce que
furent les cités retourne tacitement à la poussière ; chaque demeure a son pan ruineux. Ce qui sépare les villes
des campagnes n'est qu'un amoncellement de pierres
effritées.

Par son intuition du moment des choses, de l'instant
où elles donnent leur son intime, Loti, rôdant par le cimetière de l'Inde, affectionne l'heure du crépuscule. Elle
est plus tragique que les ténèbres, puisqu'elle coïncide,
par son entrelueur, avec l'agonie de ce pays, de cette
race et de ce climat. Elle est à l'image de ce qu'elle
étreint et situe le passé dans la seconde exacte où il
donne la main à la nuit. Le poète s'assied .aux portes
chancelantes de ces villes dont le nom seul subsiste ainsi
qu'un dernier rayon de gloire. Ou bien il longe les bords
du fleuve demeuré le suprème élément de vie et qui,
hélas ! se tarira bientôt, renonçant à fertiliser l'ossuaire.
Sur les bords du Gange limoneux et sacré, il voit brûler
le corps d'une belle Indoue : « J'arrive trop tard au re-
coin des morts. Un grand bûcher flambe, un bûcher de
riche, d'où s'échappent des étincelles et des flammes en
tourmente ; elle est au milieu, la jeune fille, et on ne voit
plus rien d'elle, rien qu'un lugubre pied, un seul, qui a
les doigts écartés étrangement, comme par un excès de
souffrance, et qui se découpe en silhouette noire devant
la lueur du feu. »

Je ne connais rien, depuis le Dante, qui donne une impression d'horreur semblable à la belle ville de camaïeu rose. Loti la décrit voluptueusement, amoureusement, comme il décrivait sa bayadère. Nous la voyons surgir devant nous avec ses palais et ses miradors pareils à de vieilles étoffes fanées, ses minarets ajourés, ses façades polies. Nous sentons la tiédeur des pierres, le parfum des fleurs, odorante parure sur le catafalque de la légende ; nous jouissons d'un ciel fin, léger, suspendu au-dessus de ces couleurs tendres qui se fondent en lui sans s'affadir.

Mais voici que par une « aura » soudaine, une influence mauvaise et sournoise, ce joli rêve tourne au cauchemar :

« Au croisement de deux avenues de palais et de temples roses... un étranger, un Français vient d'arrêter sa voiture près d'un tas sinistre de décharnés qui ne bougent plus, et il s'est baissé pour mettre deux pièces de monnaie dans leurs mains inertes. Alors, soudainement, c'est comme la résurrection d'une tribu de momies : les têtes se dressent de dessous les haillons qui couvraient les figures ; les yeux regardent, puis les formes squelettales se remettent debout... Et l'étranger, en une minute, est entouré d'une ronde de cimetière, pressé, griffé par des mains déjà terreuses, aux grands ongles, qui cherchent à lui arracher son argent, tandis que les pauvres yeux, au contraire, demandent pardon, remercient et supplient. »

Il faudrait tout citer. Je cherche en vain, dans mes souvenirs littéraires, une pareille puissance d'évocation avec des moyens aussi dénués d'artifice. Et plus je réfléchis et plus je me convaincs que la génialité de Loti tient à cette persistance d'une âme enfantine, d'une âme de désir et de naïveté dans une angoisse de la mort aussi pressante, sourde et continue que celle d'un Pascal ou d'un Bossuet. Il en résulte un contraste inédit, la superposition d'une expérience funèbre à une candeur de marin novice, et d'une terreur secrète à une grâce insouciante et nomade; en cette œuvre l'ampleur est involontaire et les idées s'élèvent en foule d'un véritable charnier de sensations brusques et frémissantes, ainsi que ces vols de corbeaux qui assombrissent le ciel de l'Inde. Un réaliste de la première empreinte, un rêveur éperdu et douloureux voisinent en ce maître des mirages, en ce désillusionné d'ici-bas... qui se déplace pour honorer les morts.

LE CHOC DE DEUX AMES

La guerre gaspille de l'argent et des hommes — (je
mets en premier ce qui est le plus difficile à refaire) — et
elle amoindrit, pour un temps, l'énergie morale des
vaincus. Mais elle a ceci de fécond, qu'elle confronte.
Dans sa lumière rapide et brutale, les contrastes sont
plus violents, apparaissent irrémédiables. Il n'est pas, à
ce point de vue, du choc plus singulier que celui des Japonais et des Russes.

La rapidité et la facilité des communications sont en
train d'établir, sur le monde entier, un niveau superficiel
et factice de civilisation, ou, pour parler plus exactement,
de machinisme industriel et belliqueux. Partout se
dressent des usines. Partout s'exportent des canons, des
croiseurs cuirassés, des tourelles blindées. Partout aussi
se fondent des laboratoires. La science, d'une main, soulage ou expérimente et, de l'autre, détruit. Ses manipu-
lations bienfaisantes ou nocives donnent, à l'activité de
toutes les races humaines, une apparence d'uniformité.
C'est ce qui ébahit les primaires. C'est ce sur quoi ils
basent leurs stupides utopies.

Cependant, sous cet uniforme scientifique, qui n'est
parfois qu'un déguisement, l'individualité foncière, ori-

ginale et originelle des peuples rivaux, continue de veiller
et de fermenter. Toutes les nations ont le même âge, la
même figure quant à la télégraphie sans fils, aux torpilleurs ou aux rayons X. Chaque nation a son âge, ses
droits distincts, son mode d'existence, d'idéal et de convoitise quant à son évolution politique et morale. Dans
toute crise, dans toute alerte, elle retrouve et dévoile ses
caractéristiques profondes, sa façon d'honorer Dieu et de
pratiquer le culte des ancêtres. Le danger ramène les
peuples, comme les individus, à leurs instincts essentiels
et patriotiques.

La dominante du Japonais, au cours de l'histoire, paraît être sa faculté d'adaptation. Ces petits hommes ont
une souplesse, une agilité extraordinaires. Leur génie mi-
nutieux et patient, qu'aucune difficulté matérielle ne
rebute, fut toujours fécondé par des apports extérieurs et
dépassa toujours ses éducateurs. On sait à quel point de
perfection ils ont porté l'art, venu de Chine, de peindre
sur la soie, de graver en couleur, de travailler l'ivoire, le
bronze et la laque. Leur prodigieux réalisme témoigne,
chez eux, d'un idéalisme restreint. Ils n'interprètent pas
la nature. Ils ne la symbolisent pas. Ils la copient, mais
avec un scrupule sans pareil.

Il n'y a rien, pour nous autres Européens, de plus
charmant au début, de plus fatigant à la longue que l'art
japonais. Ce que nous réclamons, depuis la Renaissance,
depuis les âges classiques, c'est un équilibre harmonieux
entre la réalité qui nous environne et nous saisit et le
rêve qui nous permet de lui échapper. Nos pères ont inventé l'humanisme, cette forme surélevée du goût, qui
préserve les droits de la libre conscience contre l'automatisme ambiant. La ressemblance exacte d'un oiseau dans
son vol ou au repos, par exemple, nous lasse vite si elle
nous est offerte comme une réalisation absolue de beauté,
comme une fin esthétique.

Nous réclamons, autour de cet oiseau, de l'espace et de
la lumière, une perspective ; c'est un besoin de notre sensibilité et de notre esprit qu'il y ait, derrière l'objet dé-

terminé, un horizon indéterminé. Les chefs-d'œuvre
impeccables, réduits, clos en quelque sorte, d'Hokousaï
oppriment peu à peu notre imagination, au lieu que les
chefs-d'œuvre de Rembrandt lui donnent des ailes. L'art
japonais est un art de captifs, par sa précision même et
l'acuité de son analyse. Notre art, à nous autres occiden-
taux, est de libération, d'aspiration. Nos plus grands
maîtres achèvent peu.

Or, le Japonais s'est mis, au cours de ces quarante
dernières années, à la préparation de la guerre et aux
études industrielles, comme il s'était mis jadis aux travaux d'art. Nous le retrouvons sur ses torpilleurs tel qu'à
sa table de ciseleur, patient, précis et appliqué, sans
envolée, beaucoup plus vaniteux qu'autrefois, puisqu'il
est pareil à un petit garçon armé jusqu'aux dents avec
lequel comptent les grandes personnes. Sa diplomatie,
son armée et sa flotte tomberont dans tous les pièges de
l'outrecuidance, comme ces personnages de Paul Bourget
qui ont brûlé volontairement les étapes.

Ainsi muni, le Japonais s'attaque au Russe, peuple
mystique, trop robuste pour être vaniteux, qui a pour
lui l'espace et le temps. M. de Vogüé, dans ses beaux
livres, nous a fait pénétrer jusqu'au fond de cette âme
slave, complexe et lente, qui accumule patiemment des
images, puis les expulse violemment dans un acte de foi,
d'héroïsme ou de frénésie. Ce que nous admirons dans
la littérature de nos alliés, c'est la puissante originalité,
la saveur mêlée de mysticisme et de réalisme.

La poésie d'une nation est, je crois, son plus grand
témoignage, le plus vif reflet de sa conscience. Cette
poésie, de Pouchkine à Gogol, à Tolstoï, à Dostoïewsky,
est singulièrement aérée, libérée, humaine. Ici et là, un
jet métaphorique ou sentimental plus hardi s'élève jusqu'à l'illuminisme. Le Slave ne s'arrête au particulier
que comme au premier degré du général. Il ne s'attarde
au détail, à la nuance, que pour donner du champ et de
l'élan à sa pitié, à sa colère ou à sa soif du sacrifice. Il
est encore aujourd'hui labouré par l'Évangile, en puis-

sance de prédication, en genèse de schismes et de contes-
tations théologiques.

Le Russe, barrière de l'Asie, est aussi le peuple où
viennent germer, s'entre-croiser, prospérer, sur un sol
fécond en croyants et en prophètes, les théories errantes
de l'Europe. Ils eurent des romanciers et des lyriques, ils
ont des musiciens et des physiologistes, ils auront demain
des philosophes et des historiens admirables. Tandis que
leurs adversaires actuels, les Japonais, sont d'abord des
imitateurs, les Russes sont, avant tout, des autochtones,
des créateurs.

Personnellement, j'ai l'horreur du Jaune. Je le sens,
physiquement et moralement, une autre bête, séparée de
nous par des abîmes que rien jamais ne saurait combler.
Ces petits Japonais viennent étudier, dans nos écoles, les
mathématiques, la stratégie, la médecine. Ils se far-
cissent la tête de notions, de formules, de chiffres, de
méthodes qui constituent entre eux et nous un langage
commun, nous donnent l'illusion que nous les compre-
nons et qu'ils nous comprennent. C'est là un échange
mensonger. Nous avions autrefois, au lycée Louis-le-
Grand, comme camarades, des fils de souverains nègres
que leurs parents envoyaient compléter à Paris une éducation plus que rudimentaire. Ils faisaient leurs thèmes
et leurs versions, récitaient leurs leçons, manquaient la
classe, brimaient les maîtres d'étude comme les autres,
laborieux ou paresseux, indisciplinés ou obéissants. Ils
ingurgitaient Platon, Plutarque et Kant. Puis, ce stage
achevé, ils retournaient dans leurs villages, oubliaient ces
illusoires études et, maîtres du pouvoir, succédant à papa,
organisaient, comme papa, des supplices, des massacres,
des fêtes en l'honneur du grand fétiche. L'instinct de
race est indélébile.

C'est pourquoi tout Européen conscient devrait souhaiter la victoire des Russes, même s'il ne fait point partie
d'un groupe russophile, même si son peuple est momentanément en compétition avec la Russie. Le Jaune est
pour nous le pire des adversaires, celui avec qui on ne

peut s'entendre, se comprendre, se deviner en rien. Il
est un habitant d'une autre planète, un de ces « Martiens »
que, dans sa *Guerre des Mondes*, Wells nous montre
envahissant la terre, répandant la ruine et la terreur. Ce
n'est point parce qu'il nous emprunte nos procédés de
destruction que nous devons le considérer comme respectable, l'admirer et l'encourager. Le Japonais est un
simulacre de civilisé que mène une barbarie inconnue
de nous.

FIN

TABLE DES MATIÈRES

La science et la croyance. 1
Dans la prière et dans la lutte 6
Le besoin de croire. 12
L'âme chrétienne et l'âme païenne 18
Les deux jeunesses. 24
Les barbares de demain. 30
Les trois amis de la liberté 36
Les chemins de Damas. 42
Le juif aux feux de la rampe 47
Musique de victoire et littérature de défaite 52
La peur de la guerre 57
L'historien de Napoléon 62
Les deux courages 67
Le code et l'épée 72
L'Église et l'armée 78
Marchand le héros 84
Ceci tuera cela. 91
L'Italie qu'on voit et l'Italie qu'on ne voit pas. 96
Science et bonté 101
La tyrannie des primaires 106
Les leçons du radium. 112
Génie et patrie 117

L'astronome 122
Le sol et le langage 127
Les horreurs de la paix. 132
Une visionnaire de la passion. 138
Respectons la légende 144
L'anarchie dans la famille 149
La mauvaise pitié 155
La fin des snobismes 161
Le schismatique et l'apostat 167
Le vertige de la mort. 173
L'empereur et la sociale 178
Les influences anglaises et allemandes 184
L'Europe désunie devant les États-Unis 190
Edouard Drumont. 196
L'argentier. 204
La fausse énigme. 209
Ranc ou l'inspirateur. 214
Le Comédien tragique. 219
Le président de la patrie française 225
La première nationaliste 230
Les Goncourt et le réalisme. 235
Un contemporain. 241
Les roses flétries 247
Les enfants et les pères. 253
Un grand critique 259
Le père des Rougon 265
Edgar Quinet. 271
Balzac traditionnel 276
Werther et Gœthe 282
Henrik Ibsen. 289
Les liaisons dangereuses 294
Le vieil huissier. 300
Le peintre des toréadors 305
Race et caste. 311
Le bas de laine 317
Frédéric Mistral 322
Un visionnaire du réel 328
Le choc de deux âmes 334

EMILE COLIN, IMPRIMERIE DE LAGNY (S.-&-M.)

DAUDET (Alphonse)

La Belle Nivernaise. Histoire d'un vieux bateau et de son équipage. Illustr. de G. Fraipont . . . . 1 vol.

Premier voyage. *Premier mensonge*. Illustr. de Bigot-Valentin (20ᵉ mille) . . . . 1 vol.

La Fédor. Pages de la vie. Illustr. de Fabrès (22ᵉ mille). . 1 vol.

Aventures Prodigieuses de Tartarin de Tarascon. Illustr. de Rossi, Montégut, Myrbach (168ᵉ mille). . . . . . . 1 vol.

Tartarin sur les Alpes. Illustr. de Myrbach, Aranda, Rossi (200ᵉ mille) . . . . 1 vol.

Port-Tarascon. Dernières aventures de l'illustre Tartarin. Illustr. par Bieler, Montégut, Montenard, etc. (85ᵉ mille) 1 vol.

Jack. Illustr. par Rossi et Myrbach (115ᵉ mille) . . . . . 1 vol.

Trente ans de Paris. Illustr. de Montégut, Myrbach, Rossi, etc. (50ᵉ mille) . . . . 1 vol.

Sapho. Édition illustr. par Rossi, Myrbach, etc. (200ᵉ mille). 1 vol.

Souvenirs d'un Homme de Lettres. Illustr. de Montégut, Rossi, Bieler, Myrbach, etc. (28ᵉ mille). . . . . . . 1 vol.

L'Obstacle. Dessins de Bicler, Gambard, Marold et Montégut (22ᵉ mille). . . . . 1 vol.

Rose et Ninette. Frontispice de Marold (57ᵉ mille). — Cartonné, tête dorée. . . . . 1 vol.

Les Rois en Exil. Illustr. de Bieler, Myrbach, etc. (78ᵉ m.). 1 vol.

L'Évangéliste. Illustr. de Marold, etc. (50ᵉ mille). . . . . 1 vol.

Robert Helmont. Illustr. de Picard, etc. (22ᵉ mille) . . . 1 vol.

DAUDET (A.) et HENNIQUE (L.)

La Menteuse. 80 dessins de Myrbach . . . . 1 vol.

D'ESPARBÈS (Georges)

Les Demi-Solde. Roman historique. . . . . 1 vol.

FERNAND-LAFARGUE

La Palombière. . . . . 1 vol.

Ruth. Roman moderne . . . . 1 vol.

L'Hostic . . . . 1 vol.

FLAMMARION (Camille)

Stella. . . . . 1 vol.

Uranie (Collection Guillaume illustrée) . . . . 1 vol.

GYP

Un Mariage Chic. . . . . 1 vol.

Un Ménage dernier Cri . . . . 1 vol.

LANO (Pierre de)

Poupée Mondaine . . . . 1 vol.
La Piaffe . . . . 1 vol.

LAVEDAN (Henri), de l'Académie française.

Mam'zelle Vertu . . . . 1 vol.

MAEL (Pierre)

Le Crime et l'Amour. . . . . 1 vol.
Partage de Cœur. 1 vol.
Martyre d'un Cœur . . . . 1 vol.
Terre d'Héroïsme . . . . 1 vol.

MALOT (Hector)

Sans Famille. Édition illustrée. (Ouv. couronné). . . . . 2 vol.
En Famille   —   . . . . 2 vol.
La Petite Sœur   —   . . . . 2 vol.

MARY (Jules)

Les Briseurs de Chaînes . . . . 1 vol.
La Bande des Trois . . . . 1 vol.
Les Dernières Cartouches . . . . 2 vol.

PELADAN (Sar)

Pereat. Roman sur le Divorce . . . . 1 vol.

RICHE (Daniel)

L'Amusette . . . . 1 vol.

SALES (Pierre)

Les Rois du Monde : *Le Roi de l'Acier*. . . . . 1 vol.
     —   —   *Le Roi de l'Or* . . . . 1 vol.
Le Secret du Bonheur . . . . 1 vol.
Oiseau de luxe. . . . . 1 vol.
Les Habits Rouges. . . . . 1 vol.
Césarette . . . . 1 vol.
Le Ruban Rouge : *L'Honneur du Mari* . . . . 1 vol.
     —   *Le Rachat de la Femme* . . . . 1 vol.
Le Secret du Blessé. Illustr. de Rudaux . . . . 1 vol.
Le Haut du Pavé. 1 vol.
Les Madeleines . . . . 1 vol.
Jeanne de Mercœur . . . . 1 vol.
Louise Mornans . . . . 1 vol.
Mariage Manqué. Nouvelles. . . . . 1 vol.

9 782016 119778